中国廉政史鉴

李洪峰题

历史人物卷

2

李洪峰　主编

文化艺术出版社
Culture and Art Publishing House
国家图书馆出版社

第二册目录

概述

秦汉时期，我国历史上第一次建立了大一统的王朝，形成了中央集权的君主专制体制。君主专制体制之下需要有庞大完整的官僚体系为之服务，要维系这种官僚体系的运转，廉政制度的施行是必不可少的。秦汉时期，廉政建设的重点就是如何形成一支具有较高的管理效能、能够履行统治职能的官僚队伍。为此，秦汉政府从廉政理论、官员选拔、官员考课、惩治不称职官员等几个方面进行了重点建设。

对政治最敏感的思想家们首先为王朝的廉政建设提供了理论基础和思想宣传。秦朝用法家思想治理天下，而法家学说中早就有预防官吏渎职的言论。法家将利用职权贪污受贿、谋取私利的官员称为“蠹”，即蛀虫，而“蠹”的存在一定会危及整个国家的利益，必须用法律的手段，及时地予以清除。《商君书·开塞》：“立君之道，莫广于胜法，胜法之务，莫急于去奸，去奸之本，莫深于严刑。”法家强调用轻罪重罚和加罪两项原则来惩治官吏的渎职。

两汉奉行儒教，思想家们一般从加强官员自身修养的角度来预防渎职现象的发生。两汉的儒者们认为，去除渎职之根本，在于加强自身的道德修养，这样才能做到廉正。汉初贾谊《新书·道术》：“辞利刻谦谓之廉，反廉为贪。”司马迁认为利是祸乱的开始，《史记·货殖列传》：“天下熙熙，皆为利来，天下攘攘，皆为利往。”贾谊和司马迁都指出了利欲为贪之本源。持相同观点的还有东汉的班彪：“嗜欲之原灭，廉正之心生。”而去利欲的方法就是加强自身的修养。桓宽《盐铁论》：“欲影正者端其表，欲下廉者先之身。”王符《潜夫论》：“夫修身慎行，敦方正直，清廉洁白，恬淡无为，化之本也。”王充《论衡》：“节高志妙，不为利动。”虽然秦和两汉王朝主张官员达到廉正的途径不同，但要求官员廉正、称职，从而为封建专制统治服务的目的是一样的。而根据实际情况，廉政制度的建设单靠官员们的道德修养是远远不够的。因此，秦汉时期的廉政建设除了理论上的宣传以外，还从制度层面上下了不少工夫。

秦汉时期，形成了一套行之有效的官吏选拔、任用和考核制度。

一、严格官吏选拔制度

秦汉政权非常注重对官吏的选拔。统治者知道，人才对于国家的繁荣昌盛具有至关重要的作用，因此在能够做官的人选方面就非常谨慎。董仲舒《春秋繁露》："以所任贤，谓之主尊国安；所任非其人，谓之主卑国危。万事必然，无所疑也。"

秦朝选举官员主要采取征士制度。征士即聘士，它是秦朝推行的一种招纳贤才的制度。秦朝征士的范围主要集中在文学、处士、告奸者、神童等。如叔孙通在秦时以文学征，待召为博士。另《秦集史·人物传》："周贞实，零陵人也，居淡山石室中。始皇下诏征之，三征，皆不就。"秦朝征士的特点是重法吏。自公元前213年，李斯建议"以吏为师""以法为教"后，仕进大多出自"法"、"吏"二途。秦律《置吏律》中还专门规定了官吏的任职条件，如年龄、经历、学识等。

然秦朝短祚，至两汉则正式建立了完善的选官制度。汉代的选官制度适应了专制主义中央集权的需要，它以察举为主体，包括辟除、征召、私人荐举、博士弟子课试、任子、纳赀等选拔形式。察举之意为考察后予以荐举，反映了统治阶级在选取人才方面的进步。大多史家认为，察举制萌芽于汉高祖晚年，正式确立于汉文帝时期，完全确立于汉武帝时期。察举的主要科目有孝廉、茂才、贤良方正等，其中以孝廉为吏进正途，其注重选贤任能之风可见一斑。孝廉，颜师古认为是"孝谓善视父母者，廉谓清洁有廉隅者"，也就是人们常说的孝子廉吏。孝廉每年由郡国荐举，是定制。在这个制度的刺激下，社会上就形成了一种讲求廉洁的风气。汉朝的皇帝也屡次发出求贤诏书，以期找到贤能的人来应召。汉武帝元封五年（前106）的求贤诏说："盖有非常之功，必待非常之人……其令州郡吏民，有茂才异行等可为将相及使绝国者。"

为了严格选举，汉代选拔人才一是注重回避制度，包括避亲和避籍。汉初规定“宗室不宜典三河”，即禁止宗室弟子担任河东、河西、河南三郡长官；“宗室弟子不得在公卿位”、“王舅不宜备九卿”、“王国人不得宿卫补吏”。汉武帝时期规定，本籍人不得在本籍任官。东汉时期，规定相互通婚之家不得为上下级官员。亲属若在同一地区或者同一机构为官者，必须将品级低者调往其他地区或者机构。甚至规定两州人士有婚姻者，其家人不得交互为官。到桓帝灵帝时，有“三互法”：地方官员不得在姻亲之家所在地任职，两州长官也不许互相到对方乡贯任职。

二是为保证官吏选拔质量，秦汉王朝不仅明确制定具体选拔标准，而且还严格规定选举程序，加强对选举过程的监察。如各个方面推荐上来的人才，须经过考试复合程序，方可授职任用，君主特诏举荐的贤良方正等，则由君主本人亲自测试。

三是在官员人选确定以后，实行“试守”制度，即官吏担任新职，须经一年试用，称职者方可正式担任该官职，不称职者罢归原职或撤职。秦朝时要求官吏“廉而无刖”、“清洁正直”，不得贪图钱财，尤其规定“任人而所任不善者，各以其罪罪之”。即荐举人对所荐举的人要连带担责，以此来保证任用官员的素质。

汉代的察举制也有弊端。不少读书人为了求名被举荐，沽名钓誉、弄虚作假之事屡见不鲜。察举制下官员的选官权力过大，为地方官滥用职权提供了方便，地方官在察举时，“率取年少能报恩者，耆宿大贤，多见废弃”（《后汉书·樊儵传》）。东汉时期，被举荐人成为举荐人的门生、故吏，形成了亲密的私人关系，从而影响到了政治。社会上形成了大大小小的利益集团，发展成了后来的门阀士族，他们更是把持了选官权力，使一般的寒族基本没有晋身之阶。东汉顺帝时，针对这种流弊，左雄提出了“限年考试”之法。左雄改制对官员所举荐的人才进行考核，如果不合格，那么举荐者本人将被处以重罚。经过改制，察举制又能为朝廷搜罗一些贤能之士了。但随着王朝腐败的加剧，这些考核又开始流于形式。

二、完善官吏考核制度

秦朝已经建立了初步的课考制度。秦朝的《课律》明确将“精（清）廉毋谤”列为“五善”之一，而将“居官善取”列入“五失”之中，其考课标准已初具规模。由汉代史料推断，秦朝中央一级考核是由丞相和御史大夫来执行的。各郡的上计簿要呈送丞相和御史大夫，由他们审核并作出评定，再上报皇帝，由皇帝来决定各级官员的黜陟。县一级的考核由郡和一般御史来组织。

“考课”一词，最早出现于西汉。汉代的考课制度承袭秦代，主要由丞相和御史大夫主持，有时皇帝也会亲自参与。对官员的考课沿用了上计制度，专门设置上计吏，专职应对地方官员的考课。每年年终，各郡必须派“上计吏”将上计簿呈报中央，各县则将上计簿呈报郡国，据此实行赏罚。

与考课制度相并行，秦汉时期还通过专门的监察系统对各级官员进行监督。秦时，在中央设立御史大夫执掌全国监察大权，其下设御史中丞，监察殿中违法官员。地方上设郡监县，郡上设监御史监郡。西汉时期，在中央设御史府，中央监察大权由御史大夫执掌，其下设御史丞或中丞。从西汉中期开始，实行多级检查制度。即对中央机关高级官员的监察逐渐变为多重监察，由若干个互不统属的监察机构同时对中央机关及其官员实施监察。如御史府的监察、丞相司直的监察、司隶校尉的监察等，有助于防止监察官员本身违法贪赃行为的发生。同时，汉代对官员实行一年一小考，三年一大考的考核制度。如有需要，接受考核的官员还必须到会，接受询问。西汉末年开始设御史台，作为中央监察机关，其长官为御史中丞。东汉延续此制，御史中丞“监督百官，纠察不法”。汉代监察制度主要执行两个监察法规：一是汉惠帝亲自指定的“监御史九条”：词讼、盗贼、铸伪钱、狱不直、徭役不平、吏不廉、吏苛刻、逾侈及弩力十石以上，作非所当服；另一个是汉武帝时的“刺史六条问事”。东汉时也规定三公主持上计考课，但在实际执行过程中，尚书台已成为真正的中枢机构。东汉还临时设有绣衣直指御史，“出讨奸猾，治大狱”。他们穿着“绣衣”，手持大斧，既尊荣又有权，不仅镇压各地民变，而且还监督地方官吏。

汉代的考课制度在初始时执行严谨，考课完毕之后对官员的升降有明显的影响，即奖惩兑现。例如，元康二年，一向被称为精明强干、治理有功的京兆尹赵广汉，因为“坐贼杀不辜，鞠狱故不以实，擅斥除骑士乏军兴数罪”，而被处以腰斩之刑。但东汉后期，考课制度开始流于形式，主要是因为朝廷中奸臣秉权，地方士族大兴清议之风，以名教论人定是非，考课制度的标准无从实行，考课制度自是废弛。

三、加强对贪官污吏惩处

秦汉都注重对贪官污吏的刑罚制裁。秦律标榜“不别亲疏，不殊贵贱，一断于法”（《史记·太史公自序》）。在秦律《除吏律》和《法律答问》中规定，官员不执行政令的，要处以流放以上的惩罚，即使已经免职或调任的官员也要追究责任。另外还有大量的关于官吏贪污违法行为的处罚规定。例如，如果私自挪用官府财物，则视为与盗窃同罪；趁机接受贿赂的，也要处以徙边等处罚；法官在司法审判中犯错误要负刑事责任。故意错判为“不直”、“纵囚”，据《史记·秦始皇本纪》载，秦时曾“谪治狱吏不直者，筑长城及南越地”。《法律答问》几处也谈到“失刑罪”，可见秦时对不直、纵囚、失刑均要求法官负刑事责任。同时，秦代在新旧官员交接时，还要查验官府仓库，与登记不符的要追究官员的责任，防止官员侵吞官府财产。秦代对官员的受贿更是加以严惩。《法律答问》中载有，甲告乙行贿一钱，一经查实，乙就要被黥城旦。替行贿者保管财物也会被处以重罚。对受贿的规定更为严厉：《秦简·为吏之道》规定：“临财见利，不取苟富；临难见死，不取苟免。欲富太甚，贫不可得；欲贵太甚，贱不可得。毋喜富，毋恶贫，正行修身，祸去福存。”即作为国家官员，不能贪图富贵，否则就会招来杀身之祸，力图以此劝勉官吏们廉洁清明。

汉代也严厉禁止官员以权谋私、贪污腐化。汉代实行“十金法”。西汉王朝规定，官吏贪污数额在“十金”即十万钱以上者，就要处死刑。汉律规定：“主守而盗直十金，弃市。”对利用职权私自挪用官钱，亦作贪污盗窃论处。《张家山汉简》中醴阳令恢于高祖七年挪用官米，被黥为城旦，“当：恢当黥为城旦，毋得以爵减免赎”。西汉官员盗国家财产赃在六百六十钱以上者就要黥为城旦，并且不能用爵位减免赎罪。而黥刑以上的罪犯都在收奴的范围之内，犯赃罪者会被没收为官奴，可见惩罚之重。凡是贪赃受贿的官吏，一经查出，非但本人被罢官，而且世代禁锢，不得为官。对低额受贿者要处以比受贿额高得多的罚金。《张家山汉简》记载，士吏贤“受豚、酒赃九十……廷报：贤当罚金四两”，贤索贿仅仅九十钱却被罚金四两，即两千五百钱。纵观西汉的反贪措施，重罚严惩是其主要特色，这对贪官污吏具有极大的震慑力。在惩治贪官污吏的同时，政府也对一些廉吏进行了提升和表彰。汉武帝时，就用表彰廉吏和重用酷吏的手段严禁贪污受贿。如拔擢官员批评“人主病不广大，人臣病不节俭”的公孙弘位至丞相；酷吏张汤被杀以后，经过清查，家无余财，因而平反；重用“为人廉裾”的赵禹。汉武帝更看重的是酷吏以强硬的手段来震慑官员的贪污行为，如咸宣为左内史，专门以严刑酷法约束下属，不得贪污克扣国家财物。还有历经武帝与宣帝两朝的黄霸，原来是一个地方小吏，因为“簿书正，以廉称”，经多次提拔，官至丞相长史。

东汉前期统治者非常注重对官员进行反贪警示，要求官员“务进柔良，反贪酷”（《后汉书·光武帝纪》）。东汉时期，由于官吏贪污之风严重，对于贪污罪的惩处也加重了，不仅处罚贪污者本人，其家族亦受株连。如东汉安帝时，清河相叔孙光贪赃坐罪，就连及其子，父子二代皆不准再做官。但东汉一朝的贪污之风却屡禁不止。有人认为，东汉历史就是一部反贪史。东汉前期，光武帝加强了监察制度，设立御史台、司隶校尉来监察百官，设州刺史来监督地方官吏，加上光武帝本人的励精图治，监察机制运转相对有序，吏治环境较好，因而能够有效地打击官员贪贿之风。但到了东汉中后期，皇帝年幼，外戚和宦官轮流执掌政权，监察体制遭到了破坏，名存实亡，虽然还不时有清官廉吏出现，但反贪一事就进行得非常困难。

秦汉时期，作为中国传统政治体制走向成熟的一个开端时期，其廉政建设也是后世王朝效仿的榜样。秦汉时期的统治者和思想家们都意识到了官员贪污腐败对国家和社会的危害性，从而投入了很大的精力以期解决这个问题。从实际情况来看，廉政不能仅仅要求官员自觉自律，而更应该从制度、法律层面上进行严格的要求。这一时期，除了《秦律》、《汉律》等通行的法律之外，还有汉代的“御史九条”、“刺史六条”、“三互法”等规定来加强王朝的廉政建设。但是即使是在励精图治的皇帝面前，有法不依的情况也时有出现，因此，封建王朝不能彻底解决这个问题，这是由当时的社会性质所决定的。

（吕红梅）

张　汤

【原文】

张汤者，杜人也。其父为长安丞，出，汤为儿守舍。还而鼠盗肉，其父怒，笞汤。汤掘窟得盗鼠及余肉，劾鼠掠治，传爰书，讯鞫论报，并取鼠与肉，具狱磔堂下。其父见之，视其文辞如老狱吏，大惊，遂使书狱。父死后，汤为长安吏，久之。

周阳侯始为诸卿时，尝系长安，汤倾身为之。及出为侯，大与汤交，遍见汤贵人。汤给事内史，为宁成掾，以汤为无害，言大府，调为茂陵尉，治方中[①]。

武安侯为丞相，征汤为史，时荐言之天子，补御史，使案事。治陈皇后蛊狱，深竟党与。于是上以为能，稍迁至太中大夫。与赵禹共定诸律令，务在深文[②]，拘守职之吏。已而赵禹迁为中尉，徙为少府，而张汤为廷尉，两人交欢，而兄事禹。禹为人廉倨[③]。为吏以来，舍毋食客。公卿相造请禹，禹终不报谢，务在绝知友宾客之请，孤立行一意而已。见文法辄取，亦不覆案，求官属阴罪。

汤为人多诈，舞智以御人。始为小吏，乾没，与长安富贾田甲、鱼翁叔之属交私。及列九卿，收接天下名士大夫，己心内虽不合，然阳浮慕之。

是时上方乡文学，汤决大狱，欲傅古义，乃请博士弟子治《尚书》、《春秋》。补廷尉史，亭疑法。奏谳疑事，必豫先为上分别其原，上所是，受而著谳决法廷尉絜令，扬主之明。奏事即谴，汤应谢，乡上意所便，必引正、监、掾史贤者，曰："固为臣议，如上责臣，臣弗用，愚抵于此。"罪常释。间即奏事，上善之，曰："臣非知为此奏，乃正、监、掾史某为之。"其欲荐吏，扬人之善蔽人之过如此。所治即上意所欲罪，予监史深祸者；即上意所欲释，与监史轻平者。所治即豪，必舞文巧诋；即下户羸弱，时口言，虽文致法，上财察。于是往往释汤所言。汤至于大吏，内行修也。通宾客饮食。于故人子弟为吏及贫昆弟，调护之尤厚。其造请诸公，不避寒暑。是以汤虽文深意忌不专平，然得此声誉。而刻深吏多为爪牙用者，依于文学之士。丞相弘数称其美。及治淮南、衡山、江都反狱，皆穷根本。严助及伍被，上欲释之。汤争曰："伍被本画反谋，而助亲幸出入禁闼爪牙臣，乃交私诸侯如此，弗诛，后不可治。"于是上可论之。其治狱所排大臣自为功，多此类。于是汤益尊任，迁为御史大夫。

会浑邪等降，汉大兴兵伐匈奴，山东水旱，贫民流徙，皆仰给县官，县官空虚。于是丞上指，请造白金及五铢钱，笼天下盐铁，排富商大贾，出告缗令，钼豪强并兼之家，舞文巧诋以辅法。汤每朝奏事，语国家用，日晏，天子忘食。丞相取充位，天下事皆决于汤。百姓不安其生，骚动，县官所兴，未获其利，奸吏并侵渔，于是痛绳以罪。则自公卿以下，至于庶人，咸指汤。汤尝病，天子至自视病，其隆贵如此。

匈奴来请和亲，群臣议上前。博士狄山曰："和亲便。"上问其便，山曰："兵者凶器，未易数动。高帝欲伐匈奴，大困平城，乃遂结和亲。孝惠、高后时，天下安乐。及孝文帝欲事匈奴，北边萧然苦兵矣。孝景时，吴楚七国反，景帝往来两宫间，寒心者数月。吴楚已破，竟景帝不言兵，天下富实。今自陛下举兵击匈奴，中国以空虚，边民大困贫。由此观之，不如和亲。"上问汤，汤曰："此愚儒，无知。"狄山曰："臣固愚忠，若御史大夫汤乃诈忠。若汤之治淮南、江都，以深文痛诋诸侯，别疏骨肉，使蕃臣不自安。臣固知汤之为诈忠。"于是上作色曰："吾使生居一郡，能无使虏入盗乎？"曰："不能。"曰："居一县？"对曰："不能。"复曰："居一障间？"山自度辩穷且下吏，曰："能。"于是上遣山乘鄣。至月余，匈奴斩山头而去。自是以后，群臣震慑。

汤之客田甲，虽贾人，有贤操。始汤为小吏时，与钱通，及汤为大吏，甲所以责汤行义过失，亦有烈士风。

汤为御史大夫七岁，败。

河东人李文尝与汤有郤，已而为御史中丞，恚，数从中文书事有可以伤汤者，不能为地。汤有所爱史鲁谒居，知汤不平，使人上蜚变告文奸事，事下汤，汤治论杀文，而汤心知谒居为之。上问曰："言变事纵迹安起?"汤详惊曰："此殆文故人怨之。"谒居病卧闾里主人，汤自往视疾，为谒居摩足。赵国以冶铸为业，王数讼铁官事，汤常排赵王。赵王求汤阴事。谒居尝案赵王，赵王怨之，并上书告："汤，大臣也，史谒居有病，汤至为摩足，疑与为大奸。"事下廷尉。谒居病死，事连其弟，弟系导官④。汤亦治他囚导官，见谒居弟，欲阴为之，而详不省。谒居弟弗知，怨汤，使人上书告汤与谒居谋，共变告李文。事下减宣。宣尝与汤有郤，及得此事，穷竟其事，未奏也。会人有盗发孝文园瘗钱，丞相青翟朝，与汤约俱谢，至前，汤念独丞相以四时行园，当谢，汤无与也，不谢。丞相谢，上使御史案其事。汤欲致其文丞相见知，丞相患之。三长史皆害汤，欲陷之。

始长史朱买臣，会稽人也。读《春秋》。庄助使人言买臣，买臣以《楚辞》与助俱幸，侍中，为太中大夫，用事；而汤乃为小吏，跪伏使买臣等前。已而汤为廷尉，治淮南狱，排挤庄助，买臣固心望。及汤为御史大夫，买臣以会稽守为主爵都尉，列于九卿。数年，坐法废，守长史，见汤，汤坐床上，丞史遇买臣弗为礼。买臣楚士，深怨，常欲死之。王朝，齐人也。以术至右内史。边通，学长短，刚暴强人也，官再至济南相。故皆居汤右，已而失官，守长史，诎体于汤。汤数行丞相事，知此三长史素贵，常凌折之。以故三长史合谋曰："始汤约与君谢，已而卖君；今欲劾君以宗庙事，此欲代君耳。吾知汤阴事。"使吏捕案汤左田信等，曰汤且欲奏请，信辄先知之，居物致富，与汤分之，及他奸事。事辞颇闻。上问汤曰："吾所为，贾人辄先知之，益居其物，是类有以吾谋告之者。"汤不谢。汤又详惊曰："固宜有。"减宣亦奏谒居等事。天子果以汤怀诈面欺，使使八辈簿责汤。汤具自道无此，不服。于是上使赵禹责汤。禹至，让汤曰："君何不知分也。君所治夷灭者几何人矣？今人言君皆有状，天子重致君狱，欲令君自为计，何多以对簿为？"汤乃为书谢曰："汤无尺寸功，起刀笔吏，陛下幸致为三公，无以塞责。然谋陷汤罪者，三长史也。"遂自杀。

汤死，家产直不过五百金，皆所得奉赐，无他业。昆弟诸子欲厚葬汤，汤母曰："汤为天子大臣，被污恶言而死，何厚葬乎！"载以牛车，有棺无椁。天子闻之，曰："非此母不能生此子。"乃尽案诛三长史。丞相青翟自杀。出田信。上惜汤，稍迁其子安世。

选自《史记》卷一百二十二《张汤传》

【注释】

①方中：指古代帝王的寿穴。

②深文：指制定或援用法律条文苛细严峻。

③廉倨：也作“廉裾”，廉洁孤傲。

④导官：官名。汉朝时始设置，少府属官。

【译文】

张汤是杜县人。他的父亲担任长安丞一职。有一天，父亲外出，他让儿子张汤在家看门。父亲回来后，发现老鼠偷走了家中的肉，非常生气，就用鞭子抽打张汤。张汤挖掘老鼠的洞穴，找到了那只偷盗的老鼠以及它吃剩下的肉，然后就审问老鼠，把审讯得来的供词记录下来，定罪并上报。并拿来老鼠及吃剩的肉，证据齐全，于是在堂下把老鼠分尸。他父亲看到了，见他写的审讯记录像老法官一样老练，心中大惊，于是让他学习法律。父亲死后，张汤在长安做过很长一段时间的小吏。

周阳侯当初做诸卿的时候，在长安曾经因事被拘捕，张汤竭尽全力解救他。等到周阳侯出狱被封为列侯，就与张汤结下深厚的情谊，把张汤引见给各种贵人。张汤供职于内史，任宁成的下属官员，宁成认为张汤办事公正，就上报丞相，调任张汤为茂陵尉，主管修筑皇陵。

武安侯担任丞相，就征召张汤为丞相史。他经常在天子面前推荐张汤，于是天子就委任张汤做御史，让他审查处理案件。张汤负责审理陈皇后巫蛊一案，对其同党进行深入追查，竟然无一人漏网。因此皇上认为他很能干，逐渐把他的官职升为太中大夫。张汤与赵禹共同制定各种法令，他们一心制定苛细严峻的法律条文，来约束、钳制那些尽职的官吏。不久，赵禹升为中尉，又转任少府，而张汤也被任命为廷尉。两人情投意合，张汤就把赵禹当做自己兄长那样对待。赵禹为人廉洁孤傲，自做官以来，家中没有食客。一些公卿到他的府上登门拜访，赵禹却始终不肯回访答谢，意在使自己能够完全杜绝好友和宾客的请托，独立地凭自己的意志执法行事。他见到属官中有用法严苛的人，就收用提拔，追查官吏们秘密的罪行。张汤为人狡猾虚伪，多利用智巧来控制他人。他刚开始当小吏的时候，就侵吞人家的财物，与长安的富商田甲、鱼翁叔这一类人私交。等到他官居九卿之列，又收容接纳天下有名的士大夫，虽然自己内心与他们意见不合，但在表面上却总是装出倾慕的样子。

当时皇上正爱好儒家学说。张汤判决重大案件，想附会经义，从中寻找断案的依据，就请求委派研究《尚书》、《春秋》的博士弟子担任廷尉史，让他们去评议法律条文。每次向皇帝奏报审罪定案的情况时，张汤必定会提前为皇上分别讲清相关事件的原委，凡是皇上认为处理得正确的，张汤领受旨意后，就把皇上的意见写进定罪的判词，用廷尉的名义正式定案，以宣扬主上的圣明。奏事时一旦受到皇上的谴责，张汤马上应声谢罪，顺着皇上的意向，举出廷尉正、监、掾史等属官中贤能人的姓名，说："某某本来就向我表示过异议，一如皇上您指责我的那样，我没有采用，正因为我的愚昧才弄到这种地步。"他的过错也因此常被赦免。如果平时奏事，皇上认为他处理得当，他就说："我自己并不知道应该这样奏对，这是正、监、掾史等属官中的某某教我的。"他想要推荐人，就这样宣扬他的长处，掩盖他的过失。他审理案件，如果是皇上意欲严办的，就交给用法苛刻严酷的属官去办；如果是皇上想要开释的，就交给用法轻平宽大的属官去办。所处理的如果是有势力的豪强，一定要玩弄法律条文巧妙地进行诋毁；如果是老弱无所依靠的贫民，虽然根据法律条文应该判罪，也总是口头向皇上报告，请皇上审查裁定。于是皇上往往就根据张汤的口头报告给予宽释。张汤当大官后，他的私德仍然很好。他结交宾客，与他们一起吃饭。对待老朋友的子弟和贫穷的同宗兄弟，照料呵护都很周到。他拜访各位公卿，不因严寒酷暑而疏忽怠慢。因此张汤虽然用法严刻，多忌恨之心，处理案件不完全公平，但还是得到良好的声誉。而那些执法苛刻严酷的官吏多被张汤当做爪牙使用，他们则依托于熟悉经书的儒士。丞相公孙弘多次称赞张汤。张汤负责审理淮南王、衡山王、江都王谋反的案件，这些他都一律追查到底，没有一人漏网。皇上想释放严助和伍被二人。张汤却争辩说："伍被本来就替淮南王策划谋反，而庄助原是出入宫中被皇上您所亲信的人，却私下勾结诸侯王。这两个人做这种事情如果不被诛杀，今后国家就无法治理了。"皇上于是同意了他的意见。张汤审理案件时，多排斥大臣，而为自己谋功。因此张汤日益被皇上所宠幸并委以重用，后升为御史大夫。

时值匈奴浑邪王等投降汉朝，汉朝出动大军讨伐匈奴，又遇上山东水涝和旱灾，贫苦百姓流离失所，都依靠官府供应衣食，官府仓库因此虚空。张汤按照皇上的旨意，请求铸造白金和五铢钱，垄断天下的盐铁经营权，打击富商大贾，发布告缗令，铲除豪强兼并之家，他玩弄法律条文，巧言诬陷，以此来促进法律的推行。张汤每次上朝奏事，谈论国家的财用，都一直谈到傍晚，天子也忘记了吃饭。丞相无事可做，空占相位，以至于天下的事情都取决于张汤。百姓不能正常生活，骚乱不安，皇帝推行盐铁专卖等政策，没有从中得到任何利益，而贪官污吏却都从中侵夺牟利，于是张汤就把他们彻底加以惩办。这样一来，从公卿以下，直到平民百姓，都对张汤痛恨不已。张汤有一次生病，皇上亲自到他家去探视病情，他的尊隆显贵到达了这种地步。

匈奴派遣使者来汉廷请求和亲，于是群臣在皇上面前商议此事。博士狄山说："和亲好。"皇上问他有什么好处，狄山说："军事行动是不吉利的行为，不应该多次动用。当年高皇帝想要讨伐匈奴，结果在平城被围困，困窘不堪，于是就与匈奴和亲。汉惠帝、吕后当政时，天下百姓安居乐业。后来孝文帝想讨伐匈奴，北方边境又骚乱起来，饱受战争之苦。汉景帝时，吴楚等七国谋反，景帝往来于未央宫和长乐宫之间，与太后商议对策，心中惊恐不安了几个月。吴楚乱军被击破后，景帝终生不提战争之事，天下富裕充实。现今从陛下发兵攻击匈奴以来，国中财力物力消耗殆尽，边境人民深受其害，困苦贫穷得难以忍受。由此可知，与战争相比，与匈奴和亲对国家有好处。"皇上询问张汤，张汤说："这是个迂腐的儒生，十分无知。"狄山说："我本来就是愚忠，不像御史大夫张汤假装出来的忠诚。张汤审理淮南王、江都王的案件，用苛刻严酷的手段玩弄法律条文，对诸侯大加诬蔑，离间皇上的骨肉之亲，使各藩国王人人自危。我本来就知道张汤的忠心是假装的。"于是，皇上生气地对狄山说："我让你担任边地一郡的郡守，你能不让敌寇入境劫掠吗？"狄山回答："不能。"皇上问："担任一个县的长官呢？"狄山说："不能。"皇上又问："守一个堡寨呢？"狄山暗自思量，若再说"不能"

即将辞穷，还会被交给法司治罪，就回答："能。"于是皇上就派遣狄山到边境去守城。狄山到边境才一个多月，匈奴就开始进攻，并砍下了狄山的头才离开。从这之后，群臣都心惊胆战。

张汤的门客田甲，虽然是个商人，却有很好的操守。当初张汤做小吏的时候，田甲同他因钱财而交往，等到张汤做了大官，田甲总是督促张汤多做好事，并指责他的过失。田甲有义烈之士的风范。

张汤担任御史大夫七年后，在朝廷的政治斗争中失败了。

河东人李文曾经与张汤有矛盾，不久后他担任御史中丞，因为憎恨张汤，就多次翻检殿中收藏的文书档案，以期找到可以中伤张汤的材料，不肯为张汤留下任何余地。有位张汤喜爱的属吏鲁谒居，知道张汤内心气愤不平，就派人以紧急事变上告，揭发李文的一些违法的事。这一案件交由张汤审理，张汤判处李文死罪，把他杀了，而张汤心里也明白这是鲁谒居所为。皇上询问张汤："李文谋反的线索是从哪里来的?"张汤假装很吃惊，说："这大概是因为李文的老相识怨恨他吧。"鲁谒居告病，躺在闾中他所寄居的一户人家里，张汤亲自前往探视病情，并为鲁谒居按摩脚。当时赵国把冶炼铸铁当做主业，赵王多次为铁官打官司，而张汤经常排斥赵王。赵王就寻求张汤的隐私。鲁谒居曾经追查过赵王，赵王也很怨恨他。赵王于是上书，把这两个人一并告发："张汤身为国家大臣，却在小吏鲁谒居生病的时候亲自为他按摩脚，我怀疑二人勾结，谋划阴谋。"朝廷把这件事交给廷尉处理。鲁谒居此时已病死，事情牵连到他的弟弟，他的弟弟被拘禁在导官衙署里。张汤到导官衙署去审理其他囚犯，看到了鲁谒居的弟弟，打算暗中解救他，而表面上却装作不知此事。鲁谒居的弟弟不知道张汤的用意，怨恨张汤，就派人上书告发张汤同鲁谒居合谋，一起诬告李文谋反。朝廷把这件事情交由减宣审处。减宣曾经和张汤有矛盾，等到他负责处理此事时，就追根究底地调查。减宣还没有把案情上奏给皇上，恰巧此时有人偷挖了埋在汉文帝陵园中用以送葬的钱，丞相庄青翟上朝，同张汤约好两人一起向皇上谢罪，到了皇上跟前，张汤心想只有丞相一年四季按规定巡视陵园，如今陵园失窃，他应当谢罪，这与我张汤没有关系，就不谢罪。丞相谢罪后，皇上派遣御史追查此事。张汤想用知情不报的罪名来控告丞相，丞相很担忧。丞相手下的三个长史都认为张汤是个祸患，想要陷害他。

长史朱买臣本是会稽人，学习《春秋》。庄助让人向皇上推荐朱买臣，朱买臣因为通熟《楚辞》而与庄助一起被皇上宠信，在宫中侍从左右，担任太中大夫，当政掌权；而这时张汤只是个小吏，在朱买臣等面前跪伏受命，听从召唤。张汤当上了廷尉，查处淮南王谋反一案，排斥打击庄助，朱买臣本来就对张汤心怀怨恨。张汤担任了御史大夫后，朱买臣由会稽太守改任主爵都尉，官居九卿之列。几年后，因犯法而罢官，暂任丞相的长史，一次去见张汤，张汤坐在椅子上，他的下属对待朱买臣不讲礼貌。朱买臣是楚地的士人，对张汤怀有深恨，时常欲整死他。王朝是齐人，凭借玩弄权术，官至右内史。边通学习纵横家游说的本领，是个刚强暴烈的人，升迁两次后官至济南相。以前两人都位居张汤之上，后来失去了官职，暂任丞相府的长史，见到张汤都得拜跪行礼。张汤多次代理丞相的职务，知道丞相府中这三个长史过去一向身份高贵，就经常欺凌折辱他们。因此三长史合谋，对丞相说："起初，张汤和您一起相约向皇上谢罪，不久就把您给出卖了。现今他想拿宗庙的事情来弹劾您，这是他想要取代您的位置呀。我们知道张汤的阴谋。”丞相于是派人逮捕、审查张汤的亲信田信等，了解到张汤每次将要向皇上奏请采取新的理财措施，田信都能预先知道内容，就储存囤积有关物品，以此致富，同张汤分赃。另外，张汤还涉及其他违法行为。事情和有关的一些说法流传很广，都传到了皇上的耳中。皇上问张汤：“我想要采取的措施，商人总能事先知道，从而变本加厉地囤积货物，这很像是有人把我的计划告诉了他们。”张汤听了没有引咎谢罪，又装作吃惊的样子说：“真的像是有人泄密了。”减宣也向皇上上奏鲁谒居等人的案情。皇上看到果然是张汤心怀奸诈，当面欺骗，于是派遣八批使者拿着记录指控罪证，质问张汤。张汤对此全部予以否认，不服罪。皇上于是派赵禹去审问张汤。赵禹到后，责备张汤说：“你怎么这样不知本分？你判案毁灭了多少人？现在别人控告你，都有明确的事实，天子不想把你治罪并逮捕入狱，是想让你自尽，你又何必多次为自己辩护呢？”张汤于是写信向皇上谢罪说：“我没有一点功劳，从一个从事案牍工作的小吏起家，很荣幸地被陛下提拔到三公的位置，未能很好地尽职，报答皇上。然而用阴谋陷害我，想置我于死地的是丞相府的三个长史。”随后就自杀了。

张汤死后，遗留下来的家产不过只有五百金，都是生前所得的官俸和皇上的赏赐，没有其他产业。兄弟子侄想厚葬张汤，张汤的母亲说：“张汤是天子的大臣，是受恶言的污蔑而死的，为什么要厚葬他呢！”就用牛车拉着出丧，棺材没有使用外椁。天子听说这件事，说：“不是这样的母亲是生不出这样的儿子的。”于是把三个长史都治罪处死。丞相庄青翟自杀。又把田信贬出京城。皇上怜惜张汤，就逐渐提拔他的儿子张安世的官职。

【评述】

张汤审理陈皇后巫蛊，淮南王、衡山王、江都王谋反等案件，穷根究底，深得汉武帝赏识。他在朝廷红极一时，权势、人缘两旺。然而，张汤总是操着和世俗文化不同的声音。

作为法官，张汤深谙官场的潜规则。他不是依据法律条文、站在公正的立场上办案，而是处处站在最高统治者的一边，为最高统治者处心积虑，因此深得汉武帝欢心。张汤办案又工于心计。汉武帝时，“罢黜百家，独尊儒术”。张汤判案时，就常附会《春秋》之义。特别是每逢重大、疑难案件，张汤向汉武帝报告、分析事情的来龙去脉后，往往把汉武帝的态度作为判决的法规。张汤在得到汉武帝的赞扬时，把功劳归于同僚，并借机举荐；他受到汉武帝指责，则自己承担全部责任。张汤此举，既恭维了皇帝，又笼络了人心。

张汤得势堵住了群臣的嘴，使他们不敢在朝廷上向自己发难，但阻止不了他们潜滋暗长的仇恨心理。在张汤做了七年御史大夫后，这些人以其人之道还治其人之身，展开了疯狂的反扑和报复。他们联手审讯张汤，一如当年张汤审鼠一样。面对强大的攻势，张汤百口莫辩。此时，好友赵禹一语道破玄机：是皇上想置你于死地。在封建社会，“唯帝令是从”的最高境界即是君让臣死，臣不得不死。张汤只得选择以自杀谢罪，而且落了一个“诈忠”的罪名来盖棺定论。呜呼，哀哉！

己身正才能正人。张汤专门负责审查案件，手中的权力可谓不小，但他能保证自己公正无私。他的遗产只有区区五百金，而且来源合法，全部是俸禄和统治者的赏赐，可谓光明正大。

总之，张汤的滥杀无辜是要受到严厉批评的，但他的两袖清风也值得我们学习。

（史建桥注译　金璐璐评述）

司马迁

【原文】

迁生龙门[①]，耕牧河山之阳。年十岁则诵古文。二十而南游江、淮，上会稽，探禹穴，窥九疑，浮沅、湘。北涉汶、泗，讲业齐鲁之都，观夫子遗风，乡射邹峄；厄困蕃、薛、彭城，过梁、楚以归。于是，迁仕为郎中，奉使西征巴、蜀以南，略邛、筰、昆明，还报命。

是岁，天子始建汉家之封，而太史公留滞周南，不得与从事，发愤且卒。而子迁适反，见父于河、洛之间。太史公执迁手而泣曰："予先，周室之太史也。自上世尝显功名虞、夏，典天官事。后世中衰，绝于予乎？汝复为太史，则续吾祖矣。今天子接千岁之统[②]，封泰山，而予不得从行，是命也夫！命也夫！予死，尔必为太史；为太史，毋忘吾所欲论著矣。且夫孝，始于事亲，中于事君，终于立身；扬名于后世，以显父母，此孝之大也。夫天下称周公，言其能论歌文、武之德，宣周、召之风，达大王[③]、王季思虑，爰及公刘[④]，以尊后稷也。幽、厉之后，王道缺，礼乐衰，孔子修旧起废，论《诗》、《书》，作《春秋》，则学者至今则之。自获麟以来四百有余岁，而诸侯相兼，史记放绝。今汉兴，海内一统，明主贤君，忠臣义士，予为太史而不论载，废天下之文，予甚惧焉，尔其念哉！”迁俯首流涕曰：“小子不敏，请悉论先人所次旧闻，不敢阙。”卒三岁，而迁为太史令，紬史记石室金镄之书。五年而当太初元年，十一月甲子朔旦冬至，天历始改，建于明堂，诸神受记。

太史公曰：“先人有言‘自周公卒五百岁而有孔子，孔子至于今五百岁，有能绍而明之，正《易传》，继《春秋》，本《诗》、《书》、《礼》、《乐》之际。’意在斯乎！意在斯乎！小子何敢攘焉！”

上大夫壶遂曰：“昔孔子为何作《春秋》哉？”太史公曰：“余闻之董生：‘周道废，孔子为鲁司寇，诸侯害之，大夫壅之。孔子知时之不用，道之不行也，是非二百四十二年之中，以为天下仪表，贬诸侯，讨大夫，以达王事而已矣。’子曰：‘我欲载之空言，不如见之于行事之深切著明也。’《春秋》上明三王之道，下辨人事之经纪，别嫌疑，明是非，定犹与，善善恶恶，贤贤贱不肖，存亡国，继绝世，补弊起废，王道之大者也。《易》，著天地、阴阳、四时、五行，故长于变；《礼》纲纪人伦，故长于行；《书》记先王之事，故长于政；《诗》记山川、溪谷、禽兽、草木、牝牡、雌雄，故长于风；

《乐》，乐所以立，故长于和；《春秋》，辩是非，故长于治人。是故《礼》以节人，《乐》以发和，《书》以道事，《诗》以达意，《易》以道化，《春秋》以道义。拨乱世反之正，莫近于《春秋》。《春秋》文成数万，其指数千。万物之散聚皆在《春秋》。《春秋》之中，弑君三十六，亡国五十二，诸侯奔走不得保社稷者不可胜数。察其所以，皆失其本已。故《易》曰'差以豪氂，谬以千里'。故'臣弑君，子弑父，非一朝一夕之故，其渐久矣'。有国者不可以不知《春秋》，前有谗而不见，后有贼而不知。为人臣者不可以不知《春秋》，守经事而不知其宜，遭变事而不知其权。为人君父者而不通于《春秋》之义者，必蒙首恶之名。为人臣子不通于《春秋》之义者，必陷篡弑诛死之罪。其实皆以善为之，而不知其义，被之空言不敢辞。夫不通礼义之指，至于君不君，臣不臣，父不父，子不子。夫君不君则犯，臣不臣则诛，父不父则无道，子不子则不孝。此四行者，天下之大过也。以天下大过予之，受而不敢辞。故《春秋》者，礼义之大宗也。夫礼禁未然之前，法施已然之后；法之所为用者易见，而礼之所为禁者难知。"

壶遂曰："孔子之时，上无明君，下不得任用，故作《春秋》，垂空文以断礼义，当一王之法。今夫子上遇明天子，下得守职，万事既具，咸各序其宜，夫子所论，欲以何明？"太史公曰："唯唯，否否，不然。余闻之先人曰：‘虙戏至纯厚，作《易》八卦。尧、舜之盛，《尚书》载之，礼乐作焉。汤、武之隆，诗人歌之。《春秋》采善贬恶，推三代之德，褒周室，非独刺讥而已也。’汉兴已来，至明天子，获符瑞，封禅，改正朔，易服色，受命于穆清，泽流罔极，海外殊俗重译款塞，请来献见者，不可胜道。臣下百官力诵圣德，犹不能宣尽其意。且士贤能矣，而不用，有国者耻也；主上明圣，德不布闻，有司之过也。且余掌其官，废明圣盛德不载，灭功臣贤大夫之业不述，堕先人所言，罪莫大焉。余所谓述故事，整齐其世传，非所谓作也，而君比之《春秋》，谬矣。”

于是论次其文。十年而遭李陵之祸，幽于累绁。乃喟然而叹曰：“是余之罪夫！身亏不用矣。”退而深惟曰：“夫《诗》、《书》隐约者，欲遂其志之思也。”卒述陶唐以来，至于麟止，自黄帝始。《五帝本纪》第一，《夏本纪》第二，《殷本纪》第三，《周本纪》第四，《秦本纪》第五，《始皇本纪》第六，《项羽本纪》第七，《高祖本纪》第八，《吕后本纪》第九，《孝文本纪》第十，《孝景本纪》第十一，《今上本纪》第十二。《三代世表》第一，《十二诸侯年表》第二，《六国年表》第三，《秦楚之际月表》第四，《汉诸侯年表》第五，《高祖功臣年表》第六，《惠景间功臣年表》第七，《建元以来侯者年表》第八，《王子侯者年表》第九，《汉兴以来将相名臣年表》第十。《礼书》第一，《乐书》第二，《律书》第三，《历书》第四，《天官书》第五，《封禅书》第六，《河渠书》第七，《平准书》第八。《吴太伯世家》第一，《齐太公世家》第二，《鲁周公世家》第三，《燕召公世家》第四，《管蔡世家》第五，《陈杞世家》第六，《卫康叔世家》第七，《宋微子世家》第八，《晋世家》第九，《楚世家》第十，《越世家》第十一，《郑世家》第十二，《赵世家》第十三，《魏世家》第十四，《韩世家》第十五，《田完世家》第十六，《孔子世家》第十七，《陈涉世家》第十八，《外戚世家》第十九，《楚元王世家》第二十，《荆燕王世家》第二十一，《齐悼惠王世家》第二十二，《萧相国世家》第二十三，《曹相国世家》第二十四，《留侯世家》第二十五，《陈丞相世家》第二十六，《绛侯世家》第二十七，《梁孝王世家》第二十八，《五宗世家》第二十九，《三王世家》第三十。《伯夷列传》经一，《管晏列传》第二，《老子韩非列传》第三，《司马穰苴列传》第四，《孙子吴起列传》第五，《伍子胥列传》第六，《仲尼弟子列传》第七，《商君列传》第八，《苏秦列传》第九，《张仪列传》第十，《樗里甘茂列传》第十一，《穰侯列传》第十二，《白起王翦列传》第十三，《孟子荀卿列传》第十四，《平原虞卿列传》第十五，《孟尝君列传》第十六，《魏公子列传》第十七，《春申君列传》第十八，《范雎蔡泽列传》第十九，

《乐毅列传》第二十，《廉颇蔺相如列传》第二十一，《田单列传》第二十二，《鲁仲连列传》第二十三，《屈原贾生列传》第二十四，《吕不韦列传》第二十五，《刺客列传》第二十六，《李斯列传》第二十七，《蒙恬列传》第二十八，《张耳陈馀列传》第二十九，《魏豹彭越列传》第三十，《黥布列传》第三十一，《淮阴侯韩信列传》第三十二，《韩王信卢绾列传》第三十三，《田儋列传》第三十四，《樊郦滕灌列传》第三十五，《张丞相仓列传》第三十六，《郦生陆贾列传》第三十七，《傅靳蒯成侯列传》第三十八，《刘敬叔孙通列传》第三十九，《季布栾布列传》第四十，《爰盎朝错列传》第四十一，《张释之冯唐列传》第四十二，《万石张叔列传》第四十三，《田叔列传》第四十四，《扁鹊仓公列传》第四十五，《吴王濞列传》第四十六，《魏其武安列传》第四十七，《韩长孺列传》第四十八，《李将军列传》第四十九，《卫将军骠骑列传》第五十，《平津主父列传》第五十一，《匈奴列传》第五十二，《南越列传》第五十三，《闽越列传》第五十四，《朝鲜列传》第五十五，《西南夷列传》第五十六，《司马相如列传》第五十七，《淮南衡山列传》第五十八，《循吏列传》第五十九，《汲郑列传》第六十，《儒林列传》第六十一，《酷吏列传》第六十二，《大宛列传》第六十三，《游侠列传》第六十四，《佞幸列传》第六十五，《滑稽列传》第六十六，《日者列传》

第六十七，《龟策列传》第六十八，《货殖列传》第六十九。

惟汉继五帝末流，接三代绝业。周道既废，秦拨去古文，焚灭《诗》、《书》，故明堂、石室、金镄、玉版图籍散乱。汉兴，萧何次律令，韩信申军法，张苍为章程，叔孙通定礼仪，则文学彬彬稍进，《诗》、《书》往往间出。自曹参荐盖公言黄、老，而贾谊、韩错明申、韩，公孙弘以儒显，百年之间，天下遗文古事靡不毕集。太史公仍父子相继纂其职，曰："于戏！余维先人尝掌斯事，显于唐、虞；至于周，复典之。故司马氏世主天宫，至于余乎，钦念哉！"网罗天下放失旧闻，王迹所兴，原始察终，见盛观衰，论考之行事，略三代，录秦、汉，上记轩辕，下至于兹，著十二本纪，既科条之⑤矣。并时异世，年差不明，作十表；礼乐损益，律历改易，兵权山川鬼神，天人之际，承敝通变，作八书。二十八宿环北辰，三十辐共一毂，运行无穷，辅弼股肱之臣配焉，忠信行道以奉主上，作三十世家。扶义俶傥，不令已失时，立功名于天下，作七十列传。凡百三十篇，五十二万六千五百字，为《太史公书》。序略，以拾遗补蓺，成一家言，协《六经》异传，齐百家杂语，臧之名山，副在京师，以俟后圣君子。第七十，迁之自叙云尔。而十篇缺，有录无书。

迁既被刑之后，为中书令，尊宠任职。故人益州刺史任安予迁书，责以古贤臣之义。

……

赞曰：自古书契之作而有史官，其载籍博矣。至孔氏篹之，上断唐尧，下讫秦缪。唐、虞以前，虽有遗文，其语不经，故言黄帝、颛顼之事未可明也。及孔子因鲁史记而作《春秋》，而左丘明论辑其本事以为之传，又篹异同为《国语》。又有《世本》，录黄帝以来至春秋时帝王、公、侯、卿、大夫祖世所出。春秋之后，七国并争，秦兼诸侯，有《战国策》。汉兴伐秦定天下，有《楚汉春秋》。故司马迁据《左氏》、《国语》，采《世本》、《战国策》，述《楚汉春秋》，接其后事，讫于天汉。其言秦、汉，详矣。至于采经摭传，分散数家之事，甚多疏略，或有抵梧。亦其涉猎者广博，贯穿经传，驰骋古今，上下数千载间，斯以勤矣。又，其是非颇缪于圣人，论大道而先黄老而后六经，序游侠则退处士而进奸雄，述货殖则崇势利而羞贱贫，此其所蔽也。然自刘向、扬雄博极群书，皆称迁有良史之材，服其善序事理，辨而不华，质而不俚，其文直，其事核，不虚美，不隐恶，故谓之实录。乌呼！以迁之博物洽闻，而不能以知自全，既陷极刑，幽而发愤，书亦信矣。迹其所以自伤悼，《小雅》巷伯之伦。夫唯《大雅》“既明且哲，能保其身”，难矣哉！

选自《汉书》卷六十二《司马迁传》

【注释】

① 龙门：山名。在今陕西韩城东北。

② 接千岁之统：指汉武帝继周成王绪业而封禅。据《史记·封禅书》云，西周成王曾登封泰山。自周成王至汉武帝封禅约九百余年。

③ 大王：指古公亶父，周文王的祖父。王季：即季历，古公亶父之少子，周文王之父。

④ 公刘：古代周族首领，曾率周族迁至豳（在今陕西旬邑）。

⑤ 科条之：本纪既成，自黄帝至今，科分条列，大纲已举（王先谦说）。

【译文】

司马迁出生于陕西韩城龙门山，在龙门山南过着农耕放牧的生活。十岁时，他就能诵读古文经典之书。二十岁时，他向南游历长江、淮河流域，登上会稽山，探访大禹的墓穴，到攀登九疑山，泛舟沅江、湘江。又北涉汶水、泗水，在齐鲁大地讲德修业，考察孔子的遗风余泽，在邹、峄两地学习乡射之礼。后来，他游历蕃、薛和彭城时，遇到了困难。最后，经过梁地、楚地回到长安。于是，司马迁出仕为郎中，奉命西征巴蜀以南之地，平定了邛、筰和昆明，回到长安复命。

这一年，汉武帝首开西汉去泰山封禅之礼，而太史令司马谈因病留在洛阳，没有参加这一盛大典礼，在愤恨之余，已到弥留之际。此时，他的儿子司马迁恰好回来，父子俩在洛阳相见。司马谈拉着儿子的手，流着泪说：“我们的祖先是周王室的太史令。远在舜和大禹时就主管天文之事，取得过显赫的功名。后来，我们的祖业衰落了，难道会就中断于我吗？如果你又做太史令，就继承我们祖先的事业了。今天，皇上继承汉家千年大一统的伟业，去泰山封禅，而我没有同行，这是命吧！我死后，你一定会做太史令；你做太史令，千万别忘了我要编写著作的原意！况且孝，就是从侍奉双亲开始，要事奉君主，最后才能在社会上立足；不但自己流芳千古，还光耀父母，这是最大的孝。普天下之人之所以称颂周公，因为他能歌颂周文王、周武王的功德，宣扬周公和召公的美德，使人们能够明白太王古公亶父、王季的思想，以及公刘的功业，使始祖后稷受到人们的尊敬。到周幽王、周厉王之后，王道缺失，礼崩乐衰，孔子整理旧有文献，删节《诗经》，整理《尚书》，撰写《春秋》。至今，这些著作仍被学者们奉为准则。而从鲁哀公获麟以来，已四百多年了。在这几百年中，诸侯互相兼并，史书丢弃、中断。而今，大汉国富民强，天下一统，可我做为太史令，没有载时贤明君主、忠臣义士的优秀事迹，以致中断国家之史。我不胜惶恐，你千万要记住我的话！”司马迁低着头泪流满面地说：“儿虽愚蠢，但一定能完成父亲大愿，不敢懈怠。”司马谈死后三年，司马迁继为太史令。做太史令时，司马迁阅读和摘抄了石室金镄中的图书档案。五年以后，即太初元年（前 104）十一月初一凌晨冬至，新的历法《太初历》开始颁布，并公布于明堂，通行于天下各郡县。

司马迁说：“先父曾说‘自周公死后五百年，才有孔子诞生，孔子至今又有五百年了。现在，是继承并光大中国斯文的时侯，修正《易传》，续写《春秋》，以《诗经》、《尚书》、《仪礼》、《乐经》为标准来衡量一切。’他的言下之意就在这吧！他的言下之意就在这吧！我怎敢推辞呢！”

上大夫壶遂问司马迁：“从前，孔子为什么要写《春秋》一书?”司马迁回答说：“我曾听董仲舒先生说过：‘周朝王道式微，孔子做鲁国的司寇，想重振王道，可诸侯迫害他，大夫阻挠他。孔子知道自己的主张不能实现，王道也不能再通行天下，于是创作了《春秋》，作为标准来评定这二百四十二年之中的是是非非，贬斥越礼的诸侯，笔伐犯上的大夫，以实行王道为唯一目的。’孔子说：‘我原想用空话去教育别人，但发现不如用具体的历史事件来教育别人这么深切显明。’《春秋》一书，就是上阐明三王之道，下辨人事之嫌疑是非，评定犹豫难决之事，表彰善良，批评丑恶，推崇贤能之人，鄙视不肖之才，保存亡国之史，继续将中断之世，弥补残缺，振兴衰废，这王道之大端。其中，《易经》著明天地、阴阳、四时、五行，所以长于变化；《仪礼》规范人伦，故长于行事；《尚书》记先王之事，故长于政事；《诗经》记载山川、溪谷、禽兽、草木、牝牡、雌雄等，故长于风土人情；《乐经》讲音乐经典，故长于和谐；《春秋》明辨是非，故长于治人。所以，《仪礼》用以节制人欲，《乐经》以发扬和气，《尚书》来指导政事，《诗经》以表达人的思想感情，《易经》以明变化，《春秋》以指明人间正义。拨乱反正，没有比《春秋》更好的了。虽然《春秋》只有几万字，但其旨意却有数千，天下万物的散聚离合都体现在《春秋》里面。《春秋》所载史事，其中有三十六起弑君事件和五十二起亡国之事，诸侯逃亡不得保存国家者不可胜数。考察其所以然，都是因为失去礼义这个根本。所以，《易经》说：‘差以豪氂，谬以千里。’故‘臣弑君，子弑父，不是一朝一夕的原因，而是有其长久原因’。所以，国君不可以不懂《春秋》，否则，前面有人进谗而不明白，后面有奸臣也不知道。人臣不可以不懂《春秋》，否则，不知处理日常事务，遭突发事件也不知变通。为人君、人父而不懂《春秋》，一定被诬以首恶之名。为人臣之子不通于《春秋》，必陷篡弑诛杀之罪。其实，这些人皆以善为出发点，而不知其道义之所在，所以被加以空洞之罪而不敢辩白。不通礼义，则君主不像君主，臣子不像臣子，父亲不像父亲，儿子也不像儿子。如果君主不像君主，则臣下容易犯上；臣子不像臣子，则臣子容易犯死罪；父亲不像父亲，则无人伦之道；儿子不像儿子，则易忤逆不孝。这四种行为，是天下之大罪过。以天下大过加给他们，只能接受，岂敢拒不承认！所以说，《春秋》一书是礼义的根本所在。礼义，禁于未然之前，而法律则施于已然之后。法律的作用显而易见，而礼义的作用却难知道。”

壶遂又问：“孔子之时，上无明君，大臣也不得重用，所以写了《春秋》，以文章来裁断礼义，作为统一的王法。而今天，明天子在上，大臣率职，百废俱兴，天下万物各得其所。您写的大著，将要说明什么?”司马迁说：“哦，不不，不是这样。我曾听先父说：‘伏羲氏至为纯厚，可他创作了《易经》八卦。尧舜道德之盛，《尚书》记载之，从此礼乐大兴。商汤、周武王功业赫赫，诗人歌颂之。《春秋》扬善贬恶，推崇夏、商、周三代之美德，褒美周王室，不仅仅是讽刺。’自大汉开国以来，至今圣明天子上在，获得了吉祥的符瑞，封禅泰山，改变历法，改变衣服颜色。当今皇上受命于天，施恩万方，海外风俗迥异之国亦来朝见、进贡，这样的美事不可胜道。大臣百官极力宣扬天子圣德，还是不能将圣上所有的美德宣传殆尽。何况，天下有贤能之士而不能重用，这是国君的耻辱；皇上圣明，而不能将其美德传扬天下，这是有关官员的过失。我作为太史令，却不记载圣主的美德，不去记述功臣贤大夫的勋业，这违背先父的遗言，没有比这更大的罪了。而且，我所撰的不过是历史故事，整理传世文献，不是创作，可您错将其比作《春秋》了。”于是，司马迁就按次序编写其书。写了十年后，突遭李陵之祸，司马迁被打入牢狱，喟然长叹：“这是我的罪过呵！身体遭创伤没用了！”事后，他又深思：“《诗经》、《尚书》之所以含蓄深沉，就是表达作者深邃的思想。”于是，司马迁就整理黄帝以来，至于汉武帝获麟时为止这几千年来的历史。

《史记》的内容如下：《五帝本纪》第一，《夏本纪》第二，《殷本纪》第三，《周本纪》第四，《秦本纪》第五，《始皇本纪》第六，《项羽本纪》第七，《高祖本纪》第八，《吕后本纪》第九，《孝文本纪》第十，《孝景本纪》第十一，《今上本纪》第十二。《三代世表》第一，《十二诸侯年表》第二，《六国年表》第三，《秦楚之际月表》第四，《汉诸侯年表》第五，《高祖功臣年表》第六，《惠景间功臣年表》第七，《建元以来侯者年表》第八，《王子侯者年表》第九，《汉兴以来将相名臣年表》第十。《礼书》第一，《乐书》第二，《律书》第三，《历书》第四，《天官书》第五，《封禅书》第六，《河渠书》第七，《平准书》第八。《吴太伯世家》第一，《齐太公世家》第二，《鲁周公世家》第三，《燕召公世家》第四，《管蔡世家》第五，《陈杞世家》第六，《卫康叔世家》第七，《宋微子世家》第八，

《晋世家》第九，《楚世家》第十，《越世家》第十一，《郑世家》第十二，《赵世家》第十三，《魏世家》第十四，《韩世家》第十五，《田完世家》第十六，《孔子世家》第十七，《陈涉世家》第十八，《外戚世家》第十九，《楚元王世家》第二十，《荆燕王世家》第二十一，《齐悼惠王世家》第二十二，《萧相国世家》第二十三，《曹相国世家》第二十四，《留侯世家》第二十五，《陈丞相世家》第二十六，《绛侯世家》第二十七，《梁孝王世家》第二十八，《五宗世家》第二十九，《三王世家》第三十。《伯夷列传》经一，《管晏列传》第二，《老子韩非列传》第三，《司马穰苴列传》第四，《孙子吴起列传》第五，《伍子胥列传》第六，《仲尼弟子列传》第七，《商君列传》第八，《苏秦列传》第九，《张仪列传》第十，《樗里甘茂列传》第十一，《穰侯列传》第十二，《白起王翦列传》第十三，《孟子荀卿列传》第十四，《平原虞卿列传》第十五，《孟尝君列传》第十六，《魏公子列传》第十七，《春申君列传》第十八，《范雎蔡泽列传》第十九，《乐毅列传》第二十，《廉颇蔺相如列传》第二十一，《田单列传》第二十二，《鲁仲连列传》第二十三，《屈原贾生列传》第二十四，《吕不韦列传》第二十五，《刺客列传》第二十六，《李斯列传》第二十七，《蒙恬列传》第二十八，《张耳陈馀列传》第二十九，《魏豹彭越列传》第三十，《黥布列传》第三十一，《淮阴侯韩信列传》第三十二，《韩王信卢绾列传》第三十三，《田儋列传》第三十四，《樊郦滕灌列传》第三十五，《张丞相仓列传》第三十六，《郦生陆贾列传》第三十七，《傅靳蒯成侯列传》第三十八，《刘敬叔孙通列传》第三十九，《季布栾布列传》第四十，《爰盎朝错列传》第四十一，《张释之冯唐列传》第四十二，《万石张叔列传》第四十三，《田叔列传》第四十四，《扁鹊仓公列传》第四十五，《吴王濞列传》第四十六，《魏其武安列传》第四十七，《韩长孺列传》第四十八，《李将军列传》第四十九，《卫将军骠骑列传》第五十，《平津主父列传》第五十一，《匈奴列传》第五十二，《南越列传》第五十三，《闽越列传》第五十四，《朝鲜列传》第五十五，《西南夷列传》第五十六，《司马相如列传》第五十七，《淮南衡山列传》第五十八，《循吏列传》第五十九，《汲郑列传》第六十，《儒林列传》第六十一，《酷吏列传》第六十二，《大宛列传》第六十三，《游侠列传》第六十四，《佞幸列传》第六十五，《滑稽列传》第六十六，《日者列传》第六十七，《龟策列传》第六十八，《货殖列传》第六十九。

又考虑到西汉继承三皇五帝的遗业，承接了夏、商、周三代的伟业。而周王道既已衰微，秦始皇废除古文，焚灭《诗经》、《尚书》等经典书籍，明堂、石室、金镄、玉版图籍一塌糊涂。西汉开国后，萧何颁布法次命令，韩信整理兵法，张苍制定章程，叔孙通确立礼仪。于是，有才能者渐渐被重用，《诗经》、《尚书》等儒家经典不断上呈朝廷。自从曹参推荐盖公倡导黄老之学后，贾谊、晁错精通申不害、韩非子法家学说，公孙弘因通晓儒学而官至丞相。百年来，天下遗文古事无不毕集于司马迁面前。司马迁父子相继做太史令，说：“唉！我的祖先曾担任这一官职，显达于尧舜之时；到周朝，又担任之一官职。所以，司马氏世世代代主管天文之事。到我也是这样，可别忘了这一优良传统！”于是，司马迁又搜集天下各种散佚历史故事和传说，对龙飞九五的业绩，原始察终，见盛观衰，研究其行事，略述夏、商、周三代，详记秦朝和西汉的历史，上起黄帝，下至于今，著《十二本纪》，已详列细目。对同时或不同时的历史事件，交差纷繁，作《十表》；又对礼乐损益，律历改易，兵法权谋、山川形势、鬼神之事，天人关系，经济变通等，作《八书》。就像二十八宿环绕北斗星，三十辐共一毂，而运行无穷一样，那些与帝王如鱼得水之股肱大臣，以赤胆忠心侍奉主上，为此，作《三十世家》。扶持正义之风流人物，他们因时立功名于天下，作《七十列传》。《史记》共三百三十篇，五十二万六千五百字，命名为《太史公书》。本书《自序》概述全书的宗旨，以拾取遗佚的史事补充六艺之缺，成为一家之言。该书协调《六经》的不同解释，整齐百家杂说。其正本藏在名山，副本则藏在京师，以等后世圣人君子披览。本书第七十篇是司马迁的自述，而另有十篇则有目录而无内容。

……

赞曰：自从有文字以来就有史官，这些史官的著述可谓多矣。孔子整理时，上断自唐尧，下断至秦穆公。尧舜以前的史事，虽有文字留传，但有些荒诞不经，所以说，黄帝、颛顼之事不那么明了可靠。到孔子用鲁国史书而作《春秋》，而左丘明将其原原本本之事为之作传，又编纂了与之有异同的《国语》。还有《世本》一书，记录了自黄帝以来至春秋时帝王、公侯、卿大夫的先祖、世系之所由来。春秋之后，七国争雄，秦国兼并诸侯，有《战国策》记载其事。西汉兴起，平定天下，有《楚汉春秋》记载其事。故司马迁根据《左传》、《国语》，同时采用《世本》、《战国策》的史料，陈述《楚汉春秋》所记载的事，续接《楚汉春秋》之后的史事，至于汉武帝天汉年间。《史记》

对秦国、西汉的记载很详细。但司马迁采摘经传，分散记述数家的史事，则多疏略，甚至自相矛盾。但司马迁涉猎广博，贯通经传，驰骋古今上下数千载之间，可谓不辞劳苦。再者，司马迁的是非观颇与圣人不同，论大道理则以黄老学说为主，儒学观点为辅，记述游侠则退隐士而进荐奸雄，记述经济活动，也崇尚权势财利，以贫贱为羞耻，这是他的不足。但刘向、扬雄博极群书，也都称赞司马迁有良史之材，佩服他善于述说事物的道理，明辨有不华丽，质朴而不俚俗。《史记》秉笔直书，其事可靠，既不虚假地赞美，也不隐藏丑恶的东西，所以叫做实录。唉！可司马迁虽然学识渊博，却不能保全自己。他受腐刑之后，在狱中发愤写作，他给任安所写的信也是真的。研究他的自伤自悼，发现他与《小雅》中巷伯相似。《诗经·大雅》所说“既明辨又聪明，能保全自身”，很难做到呵！

【评述】

司马迁以“究天人之际，通古今之变，成一家之言”的史识创作的《史记》，被鲁迅先生誉为“史家之绝唱，无韵之《离骚》”。他以悲怆、沉郁的笔调，淋漓尽致地抒发了他对一个个时代风流人物深深的爱戴，同时也表达了他对社会各种专营私利的小丑强烈批判。

廉而无私，贪而为私。在《屈原贾生列传》中，司马迁叙述了在秦国侵略下，楚国“兵挫地削”，屈原处处遭迫害，但仍忠心事楚。对屈原“长太息以淹涕兮，哀民生之多艰”的伟大情怀和“虽九死其犹未悔”的不懈追求，司马迁深表钦佩和赞美。而对贪求美女和金钱的伯嚭，收受重金而谗毁廉颇、谗杀李牧的郭开之流，则无情鞭挞。

在《史记》中，司马迁不遗余力地拈出“廉”、“廉洁”、“廉节”、“廉平”、“廉直”、“廉正”、“家无余财”、“终不治产业”、“门不受私谒”、“为家不治垣屋”、“家直不满五十金”等廉政字眼，礼赞公而忘私、公而无私的人物楷模。他不但强调官员要廉洁如一，还要勇于纠正自己的过失或错误（如《循吏列传》中，春秋时楚国相国石奢、晋国大理李离便如此）。特别是在两千多年前，司马迁就把“置不置家产”和“家产的多少”为标准，来衡量一个官员廉洁与否。这跟当今许多国家为廉政而普遍实行的“阳光法”以及“巨额财产来源不明罪”做法一致，让我们惊叹万分。

作为一个伟大的历史学家，司马迁的廉政思想，亦“虽与日月争光可也”（《史记·屈原贾生列传》）。

（罗瑛注译、评述）

龚　遂

【原文】

龚遂字少卿，山阳南平阳人也。以明经为官，至昌邑郎中令，事王贺。贺动作多不正，遂为人忠厚，刚毅有大节，内谏争于王，外责傅相，引经义，陈祸福，至于涕泣，蹇蹇[1]亡已。面刺王过，王至掩耳起走，曰："郎中令善愧人。"及国中皆畏惮焉。王尝久与驺奴[2]宰人游戏饮食，赏赐亡度。遂入见王，涕泣膝行，左右侍御皆出涕。王曰："郎中令何为哭？"遂曰："臣痛社稷危也！愿赐清闲竭愚。"王辟左右，遂曰："大王知胶西王所以为无道亡乎？"王曰："不知也。"曰："臣闻胶西王有谀臣侯得，王所为拟于桀纣也，得以为尧舜也。王说其谄谀，尝与寝处，唯得所言，以至于是。今大王亲近群小，渐渍邪恶所习，存亡之机，不可不慎也。臣请选郎通经术有行义者与王起居，坐则诵《诗》《书》，立则习礼容，宜有益。"王许之。遂乃选郎中张安等十人侍王。居数日，王皆逐去安等。久之，宫中数有妖怪，王以问遂，遂以为有大忧，宫室将空，语在《昌邑王传》。会昭帝崩，亡子，昌邑王贺嗣立，官属皆征入。王相安乐迁长乐卫尉，遂见安乐，流涕谓曰："王立为天子，日益骄溢，谏之不复听，今哀痛未尽，日与近臣饮食作乐，斗虎豹，召皮轩，车九流③，驱驰东西，所为悖道。古制宽，大臣有隐退，今去不得，阳狂恐知，身死为世戮，奈何？君，陛下故相，宜极谏争。"王即位二十七日，卒以淫乱废。昌邑群臣坐陷王于恶不道，皆诛，死者二百余人，唯遂与中尉王阳以数谏争得减死，髡为城旦④。

宣帝即位，久之，渤海左右郡岁饥，盗贼并起，二千石不能禽制。上选能治者，丞相御史举遂可用，上以为渤海太守。时遂年七十余，召见，形貌短小，宣帝望见，不副所闻，心内轻焉，谓遂曰："渤海废乱，朕甚忧之。君欲何以息其盗贼，以称朕意？"遂对曰："海濒遐远，不沾圣化，其民困于饥寒而吏不恤，故使陛下赤子盗弄陛下之兵于潢池中耳。今欲使臣胜之邪，将安之也？"上闻遂对，甚说，答曰："选用贤良，固欲安之也。"遂曰："臣闻治乱民犹治乱绳，不可急也；唯缓之，然后可治。臣愿丞相御史且无拘臣以文法，得一切便宜从事。"上许焉，加赐黄金，赠遣乘传。至渤海界，郡闻新太守至，发兵以迎，遂皆遣还，移书敕属县悉罢逐捕盗贼吏。诸持钽钩田器者皆为良民，吏无得问，持兵者乃为盗贼。遂单车独行至府，郡中翕然，盗贼亦皆罢。渤海又多劫略相随，闻遂教令，即时解散，弃其兵弩而持钩鉏。盗贼于是悉平，民安土乐业。遂乃开仓廪假贫民，选用良吏，尉安牧养焉。

遂见齐俗奢侈，好末技，不田作，乃躬率以俭约，劝民务农桑，令口种一树榆，百本䪥[5]、五十本葱、一畦韭，家二母彘、五鸡。民有带持刀剑者，使卖剑买牛，卖刀买犊，曰："何为带牛佩犊！"春夏不得不趋田亩，秋冬课收敛，益蓄果实菱芡。劳来循行，郡中皆有畜积，吏民皆富实。狱讼止息。

数年，上遣使者征遂，议曹王生愿从。功曹以为王生素耆酒，亡节度，不可使。遂不忍逆，从至京师。王生日饮酒，不视太守。会遂引入宫，王生醉，从后呼，曰："明府且止，愿有所白。"遂还问其故，王生曰："天子即问君何以治渤海，君不可有所陈对，宜曰'皆圣主之德，非小臣之力也'。"遂受其言。既至前，上果问以治状，遂对如王生言。天子说其有让，笑曰："君安得长者之言而称之？"遂因前曰："臣非知此，乃臣议曹教戒臣也。"上以遂年老不任公卿，拜为水衡都尉，议曹王生为水衡丞，以褒显遂云。水衡典上林禁苑，共张宫馆，为宗庙取牲，官职亲近，上甚重之。以官寿卒。

选自《汉书》卷八十九《龚遂传》

【注释】

①蹇蹇（jiǎn）：正言直谏的样子。

②驺（zōu）奴：驾车马的奴仆。

③九流："流"通"旒"（liú），九流即九旒，旗名，古时称呼天子的旗帜。

④城旦：秦汉刑名，一种受罚筑城四年的劳役。

⑤韰（xiè）：同薤（xiè），植物名。鳞茎圆锥形，可作蔬菜吃，也可入药。

【译文】

龚遂，字少卿，是山阳郡南平阳县人。因通晓经术而做了官，一直做到昌邑国郎中令，奉事昌邑王刘贺。刘贺行为不正，龚遂为人忠厚，刚毅而守大节，对内直言进谏昌邑王，对外督促太傅和相，引用经文义理，陈述祸福利害，直到流泪，正言直谏不已。他经常当面指摘刘贺的过失，每每昌邑王捂着耳朵走开，说："郎中令最善于羞辱人了。"昌邑王和国中大臣都很畏惧他。昌邑王长期与驾车马的奴仆和炊事人员一起吃喝玩乐，赏赐无度。龚遂入内廷拜见昌邑王，哭泣着用膝盖跪地而行，左右侍候刘贺的人都感动得流下泪来。昌邑王说："郎中令为什么哭呢?"龚遂说："我痛心于王国的安危呀！希望您抽出点空闲的时间，听我说说我的想法。"昌邑王屏退周围的人，龚遂说："大王知道胶西王是怎样因无道而灭亡的吗?"昌邑王说："不知道。"龚遂便说："臣听说胶西王有一个善于谄媚的臣子侯得，胶西王的所作所为跟夏桀、商纣差不多，侯得却说胶西王堪比尧舜。胶西王乐于听他的谄媚之言，曾与他同起居，只听信侯得的谗言，以至于弄到国破身死。现在大王亲近一群小人，逐渐染上邪恶的习气，这是关系王国生存的大事，您不能不慎重呀。臣恳请您挑选通晓经术、品行高尚的人与大王您一同起居，坐时就诵读《诗》、《书》，行时就学习礼仪，这样对您应该大有好处。”昌邑王答应了，龚遂于是选了郎中张安等十人侍奉昌邑王。过了几天，昌邑王就把张安等人都赶走了。时间过了很久，宫中多次出现妖怪，昌邑王问龚遂是怎么回事，龚遂认为将有大难，宫室将被杀空，这些话都记载在《昌邑王传》中。恰逢汉昭帝去世，没有儿子，昌邑王刘贺继承皇位，他的手下也都跟着征调入宫。相国安乐升为长乐宫卫尉。龚遂去见他，流泪对他说：“大王被立为天子，一天天骄傲自满，怎么规劝都不再听，如今丧事未完，天天与身边的亲信臣子吃喝逗乐，斗虎豹，召用皮车，车上插着天子规制的大旗，到处乱跑，所作所为违背了正道。古代制度宽松，大臣见君王无道可以隐退，如今我却不能离去，假装发疯又怕被知晓，招来杀身之祸，我该怎么办？您曾是陛下的国相，应当直言进谏啊！”昌邑王即位二十七天，最终因荒淫昏乱而被废黜。昌邑王的群臣因为犯了纵容国王无道的罪行，都被诛杀，死了二百多人，只有龚遂和中尉王阳因数次劝谏而得以免去死罪，处以髡刑充作城旦。

宣帝即位，过了很久，渤海附近的郡发生灾荒，盗贼群起，郡守制服不了乱民。皇上要选拔善于治理的人，丞相、御史大夫都举荐龚遂可以胜任，皇上便让他担任渤海郡太守。这一年龚遂已经七十多岁了，皇上召见他，看他体形矮小，与自己所听闻的不太相符，心里有些轻视他，便对龚遂说：“渤海郡的灾患引发骚乱，我很担忧这件事。您准备用什么办法来平息盗贼，让我放心满意?”龚遂回答说：“渤海郡偏远之地，没有受到圣上的感化，那里的百姓苦于饥饿而地方官并不体恤，所以逼得您的子民偷盗您的兵器为乱。如今是让臣去用武力镇压他们，还是安抚他们?”皇上听了龚遂的回答，非常高兴，说：“选用贤良的郡守，本来就是招抚他们的。”龚遂说：“臣听说治理乱民犹如整理乱绳子一样，不能急，只有慢慢来，然后才可以治理好。臣想让丞相、御史大夫先不要用规章制度来约束我，让我一切可以见机行事。”皇上同意了，额外赏赐黄金，派他乘坐驿站的专车赴任。龚遂到了渤海郡的边界，郡中人听说新的太守到了，派出军队去迎接，龚遂让他们都回去了，发出布告让渤海郡所属各县将追捕盗贼的官吏全部罢免。凡是拿锄头镰刀等农具的都是良民，官吏不得盘问，只有拿兵器的才是盗贼。龚遂独自一人乘车到府，郡中都很安定，盗贼也都解散了。渤海又有很多聚集在一起抢掠的人，听了龚遂的教令，也都马上解散了，把兵器丢弃了而重新拿起锄头镰刀。盗贼于是全部平息，百姓安居乐业。龚遂就开仓放粮贷给贫民，选用贤能的官吏，慰问和安抚百姓。

龚遂见齐地有奢侈之风，喜好做买卖，不爱农耕，于是亲自带头节俭，劝导百姓致力于耕种植桑，让每人种一棵榆树、一百棵薤、五十棵葱、一畦韭菜，每家养两只母猪、五只鸡。百姓有带刀持剑的，让他们卖剑买牛，卖刀买牛犊。百姓春夏两季不能不到田里耕作，秋冬两季也要忙于核算收成，还让各家储存更多的果实和菱角、芡实等物。龚遂奔走劝勉巡视各地，郡中各家都有积蓄，官吏百姓都富足殷实，诉讼之事也停息了。

过了几年，宣帝派使者征召龚遂，郡府议曹王生愿意跟随。功曹认为王生向来喜好饮酒，没有节度，不可差使。龚遂不忍心拒绝，带着王生到了京师。王生到了京城天天饮酒，从来不去看龚遂。等到龚遂被召入宫，王生酒醉，跟在后面大叫："明府暂且停一下，我有几句话想要跟您说。"龚遂回头问他有什么事，王生说："天子假如问您是如何治理渤海的，您不用多说什么，就只回答说'都是圣主您的恩德，并非小臣之力'。"龚遂听从了他的意见。到了皇上跟前，皇上果然问龚遂治理渤海的情况，他就按王生所说的回答。天子很高兴他的谦让，笑着说："您是从哪学来的忠厚老实人的说法?"龚遂就上前说："我并不知道应该这么说，是臣的议曹告诉我的。"宣帝因为龚遂年老不能胜任公卿之职，就让他做水衡都尉，议曹王生为水衡丞，以此来褒奖龚遂。水衡都尉主管上林苑，负责宫廷中陈设帷帐等事务，为宗庙祭祀提供牺牲，官职亲近皇上，皇上也很器重他，龚遂最终在任上寿终。

【评述】

龚遂可谓地方官的楷模，他的声誉来自于渤海郡守任上亲民、恤贫、治郡的事迹。相比其他循吏，龚遂的仕途之路颇为坎坷。昭帝时任昌邑国郎中令，主要对昌邑王刘贺进行道德修养、礼仪交际、治理封国等方面知识的辅导。昌邑王刘贺奢侈无度、胡作非为，龚遂谨遵纲常伦理，忠心事主，极力劝谏昌邑王。刘贺曾经有机会成为一国之君，只可惜是个昏君，短短二十七天因荒淫昏乱而被废黜。龚遂所有的劝谏都没有产生作用，还险些因刘贺的被废丢掉小命。

而当龚遂再次被起用已是宣帝时期，年已七十多岁。为治理渤海郡盗贼并起，龚遂临危受命。宣帝初见龚遂时还是十分失望的，第一印象是其貌不扬，不副盛名。龚遂以七十多岁高龄才被征召，又有沦为刑徒的不幸遭遇，这位老人脸上必是布满沧桑。不过接下来的应答显露了他机敏的才华，直击问题要点，提出安抚治乱之策，改变了宣帝的印象。

龚遂平息渤海动乱的经过太过简略，盗贼“闻遂教令，即时解散，弃其兵弩而持钩钽，盗贼于是悉平”，取得这样的成果必是经历了一番艰苦的较量。而他政策的亮点在于以德化人，相信民众的道德自觉，相信盗贼是为饥饿所迫，只要愿意做良民就既往不咎。这样的认识不免让人联想，他的举措应当与其含冤受屈的刑徒经历分不开吧。

开仓赈粮、平乱抚慰毕竟不是长远之道，龚遂为了彻底解决盗贼问题，致力于劝课农桑，发展生产，让当地百姓回归重农务本的事宜上来。将改善百姓的生产和生活作为施政的重要内容，取得了“郡中皆有畜积，吏民皆富实”的丰硕成果。

龚遂作为循吏，并非道德和能力的完人，他的仕途刚起步便遭受重挫，以古稀之年才受重用，却并未消沉，在任上励精图治，留下“单车治渤海”的美誉。他勇于谏诤，为政清廉，后世将其与黄霸作为古代“循吏”的代表，合称为“龚黄”。

（李慧注译、评述）

朱　邑

【原文】

朱邑字仲卿，庐江舒人也。少时为舒桐乡啬夫[①]，廉平不苛，以爱利为行，未尝笞辱人，存问耆老孤寡，遇之有恩，所部吏民爱敬焉。迁补太守卒史，举贤良为大司农丞，迁北海太守，以治行第一入为大司农。为人淳厚，笃于故旧，然性公正，不可交以私。天子器之，朝廷敬焉。

是时张敞为胶东相，与邑书曰："明主游心太古，广延茂士，此诚忠臣竭思之时也。直敞远守剧郡[②]，驭于绳墨，匈臆约结，固亡奇也。虽有，亦安所施？足下以清明之德，掌周稷之业，犹饥者甘糟糠，穰岁余粱肉。何则？有亡之势异也。昔陈平虽贤，须魏倩而后进；韩信虽奇，赖萧公而后信。故事各达其时之英俊，若必伊尹、吕望而后荐之，则此人不因足下而进矣。"邑感敞言，贡荐贤士大夫，多得其助者。身为列卿，居处俭节，禄赐以共九族乡党，家亡余财。

神爵元年卒。天子闵惜，下诏称扬曰："大司农邑，廉洁守节，退食自公，亡强外之交，束脩之馈，可谓淑人君子，遭离凶灾，朕甚闵之。其赐邑子黄金百斤，以奉其祭祀。"

初邑病且死，属其子曰："我故为桐乡吏，其民爱我，必葬我桐乡。后世子孙奉尝我，不如桐乡民。"及死，其子葬之桐乡西郭外，民果共为邑起冢立祠，岁时祠祭，至今不绝。

选自《汉书》卷八十九《朱邑传》

【注释】

①啬夫：秦汉时官名。此乡啬夫掌管本地诉论和赋税之事。

②剧郡：政务繁重的郡国。

【译文】

朱邑字仲卿，庐江郡舒县人。他年轻时担任舒县桐乡的啬夫，办事清廉公平不苛刻，以爱民、利民为出发点，从未笞打侮辱过百姓，常常问候老年人和孤儿寡母，对他们多有恩惠，属下官吏百姓都爱戴尊敬他。后来他升迁补任太守卒史，又被推荐为贤良任大司农丞，后又调任北海郡的太守，以治理的政绩和品行第一被召入朝廷做了大司农。他为人淳朴仁厚，珍重故旧之情，但秉性公正，不肯徇私。因此皇上器重他，朝廷大臣也敬重他。

当时，张敞担任胶东国相，给朱邑写信说："英明的君主潜心上古圣明时代，广泛招揽贤士，这真是到了忠臣尽力的时候了。而我张敞此时却远守政务繁重之郡，受法规约束，思想保守，难有更大的抱负。即使有，又哪有地方来施展？而您以清廉贤明的品德，掌管农业大事，就像饥饿的人以吃上糟糠为美味，而在丰收年景舍弃许多精美的膳食。这是为什么呢？在于有没有客观条件罢了。从前陈平虽然贤能，仍须魏无知的帮助才得到汉高祖的重用；韩信虽是奇才，也要依靠萧何的举荐才得到信任。先例都是各自举荐当时的英俊人才，如果非要等到成为伊尹、吕望那样的人而后才推荐，那么这样的人也就不用通过您举荐而被重用了。”朱邑被张敞的话所感动，极力举荐人才，很多人得到他的帮助。朱邑身处于九卿之列，而生活节俭，所得的赏赐和俸禄都帮助了亲戚和乡亲，家里没有多余的钱财。

朱邑于神爵元年（前61）去世，皇上惋惜他，下诏书称赞他：“大司农朱邑，廉洁守节，克己奉公，从不巴结拉拢地方官员，收取礼物，真可谓正人君子。现在遭受不幸，我十分怜惜。特赏赐朱邑之子黄金一百斤，来供奉他的祭祀。”

当初朱邑病重临死前，交代他的儿子说：“我原本是桐乡小吏，那里的百姓爱戴我，我死后一定要葬在桐乡。后代子孙对我的祭祀，比不上桐乡的百姓。”他死后，他的儿子把他葬在桐乡西城外，百姓果然为朱邑修筑坟墓设立祠堂，每年按时祭祀，到如今也没有断绝。

【评述】

朱邑是一个从基层成长起来的普通官员，他一生爱民、利民，廉洁守节，克己奉公。在当时的制度背景下，虽非开科取士，却也有机会跻身于上层官僚阶层。

朱邑一生中，并没有征战沙场的赫赫功勋，也非力挽狂澜的良臣贤相，很容易湮没在深沉雄壮的大汉气魄之下。他耕耘于自己的一番天地，以汉代的社会发展水平和帝国版图而言，他的治理辖地和面对的问题是有限的，对其管理水平、能力的要求与后世相比也是有限的。对属于制度草创之初，各种社会运行机制还未稳健，又带有强烈人治色彩的汉代基层官僚政治而言，遇上朱邑这样以德治民的官员，当地的百姓是幸运的。他成长于桐乡，笃于故旧，珍重故旧之情。“我故为桐乡吏，其民爱我，必葬我桐乡”，这样的临终遗命在今天读来，尤为动情。在这样的语言背后，是官员非凡的勇气和自信。古人有言：“风流总被雨打风吹去。”历经汉唐气象之下涌现的出将入相、文治武功的良臣名将的冲击，朱邑这样的小吏很难纳入历史学家的视野，更不用说普通读者。但是唯有平凡才是最有力量，来自于民间的力量是如此强大，正可谓历久弥新。明末桐城诗人方文《朱司农墓》诗云：“汉朝陵墓有谁存？丞相通侯不足论。底事啬夫茔尚在？年年父老荐鸡豚。”

（李慧注译、评述）

盖宽饶

【原文】

盖宽饶字次公，魏郡人也。明经为郡文学①，以孝廉为郎。举方正②，对策高第，迁谏大夫，行郎中户将事。劾奏卫将军张安世子侍中阳都侯彭祖不下殿门，并连及安世居位无补。彭祖时实下门，宽饶坐举奏大臣非是，左迁为卫司马。

先是时，卫司马在部，见卫尉拜谒，常为卫官繇使市买。宽饶视事，案旧令，遂揖官属以下行卫者。卫尉私使宽饶出，宽饶以令诣官府门上谒辞。尚书责问卫尉，由是卫官不复私使候、司马。候、司马不拜，出先置卫，辄上奏辞，自此正焉。

宽饶初拜为司马，未出殿门，断其禅衣，令短离地，冠大冠，带长剑，躬案行士卒庐室，视其饮食居处，有疾病者身自抚循临问，加致医药，遇之甚有恩。及岁尽交代，上临飨罢卫卒，卫卒数千人皆叩头自请，愿复留共更一年，以报宽饶厚德。宣帝嘉之，以宽饶为太中大夫，使行风俗，多所称举贬黜，奉使称意。擢为司隶校尉，刺举无所回避，小大辄举，所劾奏众多，廷尉处其法，半用半不用，公卿贵戚及郡国吏繇使至长安，皆恐惧莫敢犯禁，京师为清。

平恩侯许伯入第，丞相、御史、将军、中二千石皆贺，宽饶不行。许伯请之，乃往，从西阶上，东乡特坐。许伯自酌曰："盖君后至。"宽饶曰："无多酌我，我乃酒狂。"丞相魏侯笑曰："次公醒而狂，何必酒也？"坐者皆属目卑下之。酒酣乐作，长信少府檀长卿起舞，为沐猴与狗斗，坐皆大笑。宽饶不说，卬视屋而叹曰："美哉！然富贵无常，忽则易人，此如传舍，所阅多矣。唯谨慎为得久，君侯可不戒哉！"因起趋出，劾奏长信少府以列卿而沐猴舞，失礼不敬。上欲罪少府，许伯为谢，良久，上乃解。

宽饶为人刚直高节，志在奉公。家贫。奉钱月数千，半以给吏民为耳目言事者。身为司隶，子常步行自戍北边，公廉如此。然深刻喜陷害人，在位及贵戚人与为怨，又好言事刺讥，奸犯上意。上以其儒者，优容之，然亦不得迁。同列后进或至九卿，宽饶自以行清能高，有益于国，而为凡庸所越，愈失意不快，数上疏谏争。太子庶子王生高宽饶节，而非其如此，予书曰："明主知君洁白公正，不畏强御，故命君以司察之位，擅君以奉使之权，尊官厚禄已施于君矣。君宜夙夜惟思当世之务，奉法宣化，忧劳天下，虽日有益，月有功，犹未足以称职而报恩也。自古之治，三王之术各有制度。今君不务循职而已，乃欲以太古久远之事匡拂天子，数进不用难听之语以摩切左右，非所以扬令名全寿命者也。方今用事之人皆明习法令，言足以饰君之辞，文足以成君之过，君不惟蘧氏[③]之高踪，而慕子胥之末行，用不訾之躯，临不测之险，窃为君痛之。夫君子直而不挺，曲而不诎。《大雅》云：'既明且哲，以保其身。'狂夫之言，圣人择焉。唯裁省览。"宽饶不纳其言。

是时，上方用刑法，信任中尚书宦官，宽饶奏封事曰："方今圣道浸废，儒术不行，以刑余为周、召，以法律为《诗》、《书》。"又引《韩氏易传》言："五帝官天下，三王家天下，家以传子，官以传贤，若四时之运，功成者去，不得其人则不居其位。"书奏，上以宽饶怨谤终不改，下其书中二千石。时，执金吾议，以为宽饶指意欲求禅，大逆不道。谏大夫郑昌愍伤宽饶忠直忧国，以言事不当意而为文吏所诋挫，上书颂宽饶曰："臣闻山有猛兽，藜藿为之不采；国有忠臣，奸邪为之不起。司隶校尉宽饶居不求安，食不求饱，进有忧国之心，退有死节之义，上无许、史之属，下无金、张之托，职在司察，直道而行，多仇少与，上书陈国事，有司劾以大辟，臣幸得从大夫之后，官以谏为名，不敢不言。"上不听，遂下宽饶吏。宽饶引佩刀自刭北阙下，众莫不怜之。

选自《汉书》卷七十七《盖宽饶传》

【注释】

①文学：汉代官名。掌校典籍，侍从文章。

②方正：即贤良方正，汉代选举科目之一。

③蘧（qú）氏：指蘧瑗，字伯玉，春秋时卫国人。

【译文】

盖宽饶，字次公，是魏郡人。通晓经学，担任了郡里的文学官，又凭借孝廉的身份做了郎官。后被举荐为方正，在朝廷的考试中取得好成绩，由此升任谏大夫，代理郎中户将的职务。他检举揭发卫将军张安世的儿子侍中阳都侯张彭祖在皇帝宫殿前面经过时不下车，一并弹劾张安世为官没有显著功绩。事实上，张彭祖在经过殿门时是下了车的，盖宽饶犯了检举控告朝廷大臣不实的罪，被降职担任卫司马。

在此之前，卫司马在官衙里见到卫尉要行拜谒礼，经常受卫官差使去购买货物。盖宽饶上任后，依照从前的制度，对担任巡视戍卫工作的官员拱手行礼。卫尉私下里派盖宽饶外出，他则依据法令向上级报告辞行，尚书责问卫尉，从此卫官不再私自支使卫候、卫司马。卫候和卫司马见到卫尉也不再行拜谒之礼，皇帝出行，卫候和卫司马作为先导，就要上奏章报告请辞，自此之后成为了正常的制度延续下来。

盖宽饶当初被任命为卫司马的时候，还没走出宫殿的大门，就把他的单衣剪断，使它变短能离开地面，戴着大帽子，佩着长剑，亲自巡察士兵的营舍，察看他们的饮食起居，亲自慰问患病的士兵，并安排医药，对他们的恩情很厚重。等到岁末交接工作，皇上亲临慰劳军队，几千名士兵都叩头自愿请求多服役一年，来报答盖宽饶的厚德。宣帝嘉奖了盖宽饶，并让他做太中大夫，巡察各地民风。他对好的风气多有称誉、提倡，对坏的风气则多有贬责、排斥，非常尽职尽责。盖宽饶被提拔为司隶校尉，追查检举没有什么回避，过失无论大小，及时举报，因此被他弹劾的人很多。廷尉依法处置，对他的意见一半采用一半不采用，而公卿大臣、皇亲国戚以及到长安出差的郡国官员，都畏惧他而没人敢触犯禁令，京城被他治理得非常清明。

平恩侯许伯乔迁新居，丞相、御史、将军、中二千石都去道贺，盖宽饶却没去。许伯专门请他，他才去，从西阶登上厅堂，独自面向东而坐。许伯亲自为他斟酒，说："因为您后来。"盖宽饶说："不要给我多斟酒，我是个容易借酒发狂的人。"丞相魏侯笑着说："次公清醒时也敢发狂，哪里一定要喝酒呢?"在座的人都用轻视的目光看着他。酒兴正浓的时候，奏起音乐来，长信少府檀长卿起来跳舞，装扮成猕猴与狗相斗。座中宾客都大笑。盖宽饶不高兴，抬头望着屋顶叹气道："美妙啊，富贵是无常的，在很短的时间内人与事都可能发生变化，就像在旅舍寄居的旅客一样，我所看到的这类情况太多了。只有谨慎从事才能保持长久，难道君侯不能多加警戒吗!"就起身快步离开，随后检举控告长信少府作为列卿的身份却表演猴舞，失去礼数是为不敬。皇上要治少府的罪，许伯替他谢罪，过了很久，皇上的怒气才平息。

宽饶为人性格刚直，高风亮节，志在奉公。家中贫困，每月俸禄几千钱，其中一半赏给向他反映情况的吏民。他自己身为司隶校尉，他的儿子却曾经步行前去戍守北方边境，他公正廉洁到了这样的地步。然而他为人苛刻，常陷害他人，在位官员及皇亲国戚都怨恨他。他又喜欢议论政事、批评讥讽，触犯皇上旨意。皇上因为他是个儒者，优厚宽待他，但从不提拔他。同僚后进有的官至九卿，宽饶自以为行为清廉，才能过人，有益于国家，却被平庸之辈超越，更加失意不快，多次上疏谏诤。太子庶子王生赞赏盖宽饶的品德节操，但不赞成他这样做，便写信对他说："英明君主知道您廉洁公正，不畏强暴，所以把司察的官职授给您，把奉行国君使命的大权交付给您，高官厚禄也给了您。您应该日夜思虑当世之务，执行法律，宣扬教化，为天下百姓忧思劳累，即使日日办好事，月月有功劳，还不足以称职和报答皇上的恩德。自古以来治理国家的情况表明，夏商周三代国君治国之道各有不同。现在您不力求履行自己的职责也就罢了，却还想要用那太古久远的事例来匡正和辅佐天子，多次上奏不能采用或难以听从的言词，与皇上反复磋商，这不是扬名和保全性命的做法。当今掌权的人都通晓法令，言论足以歪曲您的言词，文章足以罗织您的过失。您不考虑蘧伯玉的高明的行迹，而羡慕伍子胥的不归路，拿贵重的身躯去走近深不可测的险境，我私下里为您痛心。正人君子正直而不固执，委曲而不屈服。《诗经·大雅》说'既明事理又有智慧，用以保证自身的安全。'狂夫说的话，圣人也会采纳。希望您能审察。"盖宽饶没有采纳他的意见。

那时皇上正以刑法治国，信任中尚书宦官，盖宽饶就用密封的奏章进谏说："当今圣人的传统逐渐废弃，儒家的学术得不到施行，把受过宫刑的阉人当做周公、召公，把法律当做《诗》、《书》。"又引用《韩氏易传》说："五帝时公有天下，三王时私有天下，把天下传给子孙，把官职传给贤者。像四季交替一样，完成功业就离开，不是恰当的人就不能占据这个位置。"密报上达朝廷后，皇上认为他怨谤朝廷的毛病始终不改掉。把他的奏章交给中二千石级的官吏评议。当时的执金吾，认为盖宽饶的意图是想要皇帝让位给他，犯了大逆不道的罪行。谏大夫郑昌同情盖宽饶忠心正直忧国忧君，因为议论国事不符合皇上的心意而被舞文弄墨的官吏所诋毁中伤，就上书替他申辩道："我听说山里有猛兽，藜藿因此不被采摘；国家有忠臣，奸诈邪恶的人因此而不敢行动。司隶校尉盖宽饶居住不求安逸舒适，吃饭不求饱足，身在朝廷有忧国之心；退居田野有为国家殉身的气节。在上不投靠许、史两家，在下没有金家、张家的请托，本职在于主管检察，坚持正道办事，仇人多，党羽少。他具章上奏就国家大事陈述意见，有关官吏以触犯极刑的罪名来控告他。我有幸得以追随大夫们之后，担任着以谏为名的官职，不敢不说出自己的看法。"皇上没听取他的意见，还是把盖宽饶交给狱吏审讯。盖宽饶在未央宫北阙下用佩刀自杀，众人无不同情他。

【评述】

古之特立独行之人大抵可分为两类，一为文人，一为政客。文人者，最著名的莫过于魏晋之时的"竹林七贤"，他们通过寄情于文学以逃避自己政治上的失意；政客则几乎历代皆有，秦有商鞅、汉有盖宽饶、明有张居正等。而在文人政客二者之间又似乎存在着十分微妙的联系，这一点在盖宽饶身上体现的十分突出。他自诩为“酒狂”，笃信施行儒政能够治理国家，个性刚正、耿直，为人自律廉洁，为官不畏强权。如此志行高洁之人在“众人皆醉我独醒”的社会自会遭到旁人之侧目、诋毁，更加不被重用。而他却不肯与世俗同流合污，始终保持着那份正道直行，不惜以身殉道。在一般人的眼中，他的所作所为似乎有些难以理解，例如仅仅因为行礼之事就状告比自己官职高出许多的卫将军，检举哗众取宠的长信少府，在明争暗斗的官场之中这一系列的行为很容易让人误解为嫉妒他人官职，为自己谋得权益。然而，就盖宽饶本身而言，他只不过是在努力坚守并不断奉行着自己为官的理念，并试图通过自己的行为去带动影响身边的人，包括他不断向皇帝进谏，要求弃用宦官，改用忠贞贤良之人治理朝政，这些做法都完全符合他的一贯作风。只不过在当时的背景之下，仅凭他一己之力似乎无法与整个社会的大环境相抗衡。最终，他只得以死明志了。但是在另一方面，我们也应当看到，正是有了盖宽饶的坚持原则，秉公执法，当时的社会才出现了“公卿贵戚及郡国吏繇使至长安，皆恐惧莫敢犯禁，京师为清”的局面。

（刘杨注译、评述）

黄　霸

【原文】

黄霸字次公，淮阳阳夏人也，以豪杰役使徙云陵。霸少学律令，喜为吏，武帝末以待诏入钱赏官，补侍郎谒者，坐同产有罪劾免。后复入谷沈黎郡，补左冯翊二百石卒史。冯翊以霸入财为官，不署右职，使领郡钱谷计。簿书正，以廉称，察补河东均输长，复察廉为河南太守丞。霸为人明察内敏，又习文法，然温良有让，足知，善御众。为丞，处议当于法，合人心，太守甚任之，吏民爱敬焉。

自武帝末，用法深。昭帝立，幼，大将军霍光秉政，大臣争权，上官桀等与燕王谋作乱，光既诛之，遂遵武帝法度，以刑罚痛绳群下，繇是俗吏上严酷以为能，而霸独用宽和为名。

会宣帝即位，在民间时知百姓苦吏急也，闻霸持法平，召以为廷尉正，数决疑狱，庭中称平。守丞相长史，坐公卿大议廷中，知长信少府夏侯胜非议诏书大不敬，霸阿从不举劾，皆下廷尉，系狱当死。霸因从胜受《尚书》狱中，再隃冬，积三岁乃出，语在《胜传》。胜出，复为谏大夫，令左冯翊宋畸举霸贤良。胜又口荐霸于上，上擢霸为扬州刺史。三岁，宣帝下诏曰："制诏御史：其以贤良高第扬州刺史霸为颍川太守，秩比二千石，居官赐车盖，特高一丈，别驾主簿车，缇油屏泥于轼前，以章有德。"

时上垂意于治，数下恩泽诏书，吏不奉宣。太守霸为选择良吏，分部宣布诏令，令民咸知上意，使邮亭乡官皆畜鸡豚，以赡鳏寡贫穷者。然后为条教，置父老[①]师帅[②]伍长[③]，班行之于民间，劝以为善防奸之意，及务耕桑，节用殖财，种树畜养，去食谷马。米盐靡密，初若烦碎，然霸精力能推行之。吏民见者，语次寻绎，问它阴伏，以相参考。尝欲有所司察，择长年廉吏遣行，属令周密。吏出，不敢舍邮亭，食于道旁，乌攫其肉。民有欲诣府口言事者适见之，霸与语道此。后日吏还谒霸，霸见迎劳之，曰："甚苦！食于道旁乃为乌所盗肉。"吏大惊，以霸具知其起居，所问豪氂不敢有所隐。鳏寡孤独有死无以葬者，乡部书言，霸具为区处，某所大木可以为棺，某亭猪子可以祭，吏往皆如言。其识事聪明如此，吏民不知所出，咸称神明。奸人去入它郡，盗贼日少。

霸力行教化而后诛罚，务在成就全安长吏。许丞老，病聋，督邮[④]白欲逐之，霸曰："许丞廉吏，虽老，尚能拜起送迎，正颇重听，何伤？且善助之，毋失贤者意。"或问其故，霸曰："数易长吏，送故迎新之费及奸吏缘绝簿书盗财物，公私费耗甚多，皆当出于民，所易新吏又未必贤，或不如其故，徒相益为乱。凡治道，去其泰甚者耳。"

霸以外宽内明得吏民心，户口岁增，治为天下第一。征守京兆尹，秩二千石。坐发民治驰道不先以闻，又发骑士诣北军马不适士，劾乏军兴，连贬秩。有诏归颍川太守官，以八百石居治如其前。前后八年，郡中愈治。是时，凤皇神爵数集郡国，颍川尤多。天子以霸治行终长者，下诏称扬曰："颍川太守霸，宣布诏令，百姓乡化，孝子弟弟贞妇顺孙日以众多，田者让畔，道不拾遗，养视鳏寡，赡助贫穷，狱或八年亡重罪囚，吏民乡于教化，兴于行谊，可谓贤人君子矣。《书》不云乎？'股肱良哉！'其赐爵关内侯，黄金百斤，秩中二千石。"而颍川孝弟、有行义民、三老、力田，皆以差赐爵及帛。后数月，征霸为太子太傅，迁御史大夫。

五凤三年，代丙吉为丞相，封建成侯，食邑六百户。霸材长于治民，及为丞相，总纲纪号令，风采不及丙、魏、于定国，功名损于治郡。时京兆尹张敞舍鹖雀飞集丞相府，霸以为神雀，议欲以闻。敞奏霸曰："窃见丞相请与中二千石博士杂问郡国上计长吏守丞，为民兴利除害成大化条其对，有耕者让畔，男女异路，道不拾遗，及举孝子弟弟贞妇者为一辈，先上殿，举而不知其人数者次之，不为条教者在后叩头谢。丞相虽口不言，而心欲其为之也。长吏守丞对时，臣敞舍有鹖雀飞止丞相府屋上，丞相以下见者数百人。边吏多知鹖雀者，问之，皆阳不知。丞相图议上奏曰：'臣问上计长吏守丞以兴化条，皇天报下神雀。'后知从臣敞舍来，乃止。郡国吏窃笑丞相仁厚有知略，微信奇怪也。昔汲黯为淮阳守，辞去之官，谓大行⑤李息曰：'御史大夫张汤怀诈阿意，以倾朝廷，公不早白，与俱受戮矣。'息畏汤，终不敢言。后汤诛败，上闻黯与息语，乃抵息罪而秩黯诸侯相，取其思竭忠也。臣敞非敢毁丞相也，诚恐群臣莫白，而长吏守丞畏丞相指，归舍法令，各为私教，务相增加，浇淳散朴，并行伪貌，有名亡实，倾摇解怠，甚者为妖。假令京师先行让畔异路，道不拾遗，其实亡益廉贪贞淫之行，而以伪先天下，固未可也；即诸侯先行之，伪声轶于京师，非细事也。汉家承敝通变，造起律令，所以劝善禁奸，条贯详备，不可复加。宜令贵臣明饬长吏守丞，归告二千石，举三老孝弟力田孝廉廉吏务得其人，郡事皆以义法令捡式，毋得擅为条教；敢挟诈伪以奸名誉者，必先受戮，以正明好恶。"天子嘉纳敞言，召上计吏，使侍中临饬如敞指意。霸甚惭。

又乐陵侯史高以外属旧恩侍中贵重，霸荐高可太尉。

天子使尚书召问霸："太尉官罢久矣，丞相兼之，所以偃武兴文也。如国家不虞，边境有事，左右之臣皆将率也。夫宣明教化，通达幽隐，使狱无冤刑，邑无盗贼，君之职也。将相之官，朕之任焉。侍中乐陵侯高帷幄近臣，朕之所自亲，君何越职而举之？"尚书令受丞相对，霸免冠谢罪，数日乃决。自是后不敢复有所请。然自汉兴，言治民吏，以霸为首。

为丞相五岁，甘露三年薨，谥曰定侯。霸死后，乐陵侯高竟为大司马。霸子思侯赏嗣，为关都尉。薨，子忠侯辅嗣，至卫尉九卿。薨，子忠嗣侯，讫王莽乃绝。子孙为吏二千石者五六人。

始霸少为阳夏游徼[6]，与善相人者共载出，见一妇人，相者言："此妇人当富贵，不然，相书不可用也。"霸推问之，乃其乡里巫家女也。霸即取为妻，与之终身。为丞相后徙杜陵。

选自《汉书》卷八十九《黄霸传》

【注释】

①父老：同三老，掌教化的乡官。

②师帅：同"师率"，表率。这里指地方上有修行而可以为民表率的人。

③伍长：古代户籍以五家为伍，设伍长一人。

④督邮：官名。汉置，郡的重要属吏，代表太守督察县乡，宣达教令，兼司狱讼捕亡。

⑤大行：官名。掌接待宾客。

⑥游徼：乡官的一种。掌一乡的治安巡捕之事。

【译文】

黄霸字次公，淮阳阳夏人。他家是地方豪强，因役使乡里被徙居云陵。黄霸年少时学习过法律条令，喜欢做官，武帝末年他以待诏的身份捐钱买官，补任侍郎和谒者。因同胞兄弟犯罪受牵连而被弹劾免官。后来又捐谷给沈黎郡，补任左冯翊属下俸禄二百石的卒吏。左冯翊因为黄霸是捐钱买官，看不起他，不给他安排重要的职位，让他掌管郡里的钱粮账目。他记录的账簿清楚不作假，以廉洁著称。他因为廉洁而被察举推荐补任河东郡均输长，后又因廉洁再次升为河南太守丞。黄霸为人精明聪敏，又熟悉法律条文，待人接物温和谦让，见多识广，善于管理民众。他担任太守丞，处理政务符合法规，切合民意，太守很信任他，官吏和百姓也都爱戴他。

自武帝末年以来，刑罚开始严苛。汉昭帝即位时很年幼，大将军霍光主持朝政，大臣们争权夺利，上官桀等人还与燕王阴谋叛乱，霍光诛灭他们之后，就开始遵从武帝时的法律制度，以严刑峻法约束属下，由此平庸的官吏以崇尚酷刑为其能事，而唯独黄霸以执法宽仁温和为名。

等到宣帝即位，他在民间时便知道老百姓苦于官吏用刑之严，听说黄霸执法公平温和，便召他为廷尉正，多次判决疑难案件，廷尉官署一致称赞他公平。后来他试任丞相长史时，有一次公卿们在朝廷议论政务，他明知道长信少府夏侯胜非议诏书有大不敬的言论，而阿附屈从没有举报，与夏侯胜一同被交付廷尉受审，结果被关入监狱判为死罪。黄霸乘机在狱中跟随夏侯胜学习《尚书》，过了两个冬天，一直到第三年才被放出监狱，这些事都记载在了《夏侯胜传》中。夏侯胜出狱后，又复官为谏大夫，让左冯翊宋畸举荐黄霸为贤良。夏侯胜又亲口向皇上推荐黄霸，皇上便提拔黄霸为扬州刺史。过了三年，宣帝颁布诏书说："命令御史大夫：让有贤良高第身份的扬州刺史黄霸为颍川太守，俸禄为比二千石，上任时赐给车盖，特许高一丈，他的属吏别驾和主簿的车，车扶手前用丹黄色油漆涂在屏泥上，来彰显他的德行。"

当时皇上正专心于治理天下，多次颁下诏书布施恩泽，但地方官吏却不奉命宣告百姓。太守黄霸专门选择了优秀的属吏，分派到各处去宣传皇上的诏令，让民众都能知道皇上的旨意。他还让邮亭乡官都养上鸡和猪，来赡养鳏寡孤独之人。然后又制定条令守则，安排父老、师帅、伍长去颁行给基层百姓，劝说百姓多做好事，防范奸盗，专心于农耕桑田，厉行节约来增值财富，种植树木，蓄养牲畜，不准用谷物喂马。像柴米油盐这样细密琐碎的事，刚开始办的时候看着很烦琐，但是黄霸都能竭尽全力推行下去。每当见到官吏和百姓，都注意从言谈中获得民情，询问事情背后隐秘的细节，为处理政务作参考。他曾经有一次想要调查一件秘密的事，挑选了一个年长清廉的官吏派出去，嘱咐他要周到细密。这个小吏一路上不敢投宿驿站，饿了就在大路旁吃些东西，乌鸦还飞来夺走了他吃的肉。恰好有个到官府陈报事情的老百姓正好见到了这一幕，他跟黄霸谈话的时候提到了这件事。后来小吏回来面见黄霸的时候，黄霸见了亲自迎上去慰劳他说："辛苦了，在路旁吃饭竟被乌鸦抢食。"小吏大惊，以为黄霸完全知道他在外的起居行止，所以对黄霸询问的事情丝毫不敢有所隐瞒。鳏寡孤独之人死了之后没人安葬的，由乡一级写明上报，黄霸都能为他们分别处理，哪里的树木可以做棺材，哪个亭有小猪可以做祭祀之用，乡里官吏去了，果然发现都如他所言。黄霸了解事情精细聪敏如此，官吏百姓不知道他是怎么知道的，都称赞他为神明。也因为这样，奸盗之人都避到其他郡去，盗贼日渐减少。

黄霸全力推行教育感化，然后才使用刑罚，致力于成全和保护下属。许县的县丞年老耳聋，督邮向黄霸报告想要辞退他，黄霸说："许丞是廉洁的官吏，即使老了，还能应付官场中迎来送往的公事，即便是耳聋，又有什么关系呢？你们要好好地帮助他，不要让这样贤德的人失望。"有人问他为什么这样做，黄霸说："多次更换长吏，送旧迎新需要花费，以及奸猾的官吏乘此机会销毁簿册、盗窃财物，那么公家和私人的损失都很大，这些费用最后都得出在百姓身上，并且调换的新官吏又不一定贤能，或许还不如他的上任，白白添乱。大凡治理百姓的道理，在于不要做得太过罢了。"

黄霸因为对外宽仁对内贤明赢得了官吏和百姓的心，辖内户口一年年增长，治理情况为天下各郡之首。皇上征召他试任京兆尹，俸禄二千石。后来因发动百姓修整驰道没有上报，加上调拨骑兵到北边，马少兵多，有人弹劾他影响了军队士气，所以接连被贬，降低俸禄。后皇帝又下诏让他继续回颍川任太守，虽然俸禄降至八百石，他居官治理仍如从前。前后不到八年时间，郡中治理得更加好了。这时，凤凰神雀多次飞到各郡国，颍川郡特别多。皇帝认为黄霸处理政事自始至终德高望重，就颁下诏书称扬他说：“颍川太守黄霸，积极宣传朕的诏令，百姓都安定而顺服朝廷，孝子、悌弟、贞妇、顺孙在郡中日益增多，农夫们互相谦让田间畔地，路不拾遗，赡养鳏寡，帮助贫穷，监狱里有时八年都没有羁押重罪囚犯，吏民都乐于教育感化，结交帮助朋友，整个郡真可谓有贤人君子之风啊。《尚书》里不是说‘股肱重臣品行优良！’股肱重臣是多么的难得啊！赐封黄霸关内侯的爵位，黄金百斤，俸禄为中二千石。”而颍川郡那些孝悌、有品行的义民、三老、力田，都分等赐封爵位和布帛。几个月后，又征辟黄霸为太子太傅，升为御史大夫。

五凤三年（前55），黄霸接替丙吉当了丞相，被分封为建成侯，食邑有六百户。黄霸的长处是治理百姓，等他做了丞相，掌控全盘政策，发布全国号令时，风度却不及丙吉、魏相和于定国，功绩名声比他治理颍川郡时有所下降。这时京兆尹张敞官邸中的鹖雀飞到了丞相府，黄霸以为是神雀，商议着想把这件事上奏。张敞向皇上奏明黄霸这件事时说：“我私底下见丞相与他召集的中二千石官员、博士共同询问各郡国来朝廷奏报考绩的长吏、守丞，让他们逐条回答为民兴利除害、完成教化的情况，郡中有耕作者谦让田界，男女不在一条道上行走，道不拾遗，以及举荐孝子、悌弟、贞妇的归为第一等，先让他们进入厅堂上座；能列举郡中情况但不知道具体人数的居第二等，没制定条款的官员列为最后，向丞相叩头谢罪。丞相虽然嘴上没有说，但心里是很想让他们这样做的。长吏、守丞等正在应答时，臣下家中的鹖雀飞到了丞相府的屋顶上，丞相和下属有几百人看到。来自边远地区的认识鹖雀的官吏，问他们，都假装不知道。丞相打算禀奏皇上说：‘臣询问来京上奏政绩的官员有关各郡国推行教化的情况，上天显示祥瑞，降下神雀。’事后黄霸知道鹖雀是从臣的家中飞来，才没有上奏。郡国官吏私底下笑丞相仁厚有智略，却相信神怪。昔日汲黯接任淮阳太守，辞别同僚赴任，对大行令李息说：‘御史大夫张汤心怀狡诈，欺君罔上，你不早告发，将同他一起受杀身之祸。’李息害怕张汤，始终不敢说出来。后来张汤事败被诛，皇上听说了汲黯曾对李息说的话，就治了李息的罪而升任汲黯为诸侯相，以此表彰他的竭尽忠诚。臣下张敞不敢诋毁丞相，实在是担心群臣都不敢上报此事，而长吏守丞害怕丞相的权势，回去舍弃国家法令，私自施行政令，互相攀比增加法令条款，淳朴的社会风气散失，弄虚作假，有名无实，公务懈怠，更过分的弄出邪门歪道。假如先让京师施行让界分路，道不拾遗，其实适得其反，对打击贪污淫乱、提倡廉洁贞节没有任何益处，这种虚伪的做法给全国带头，本来就是不适合的；即便诸侯国先推行，虚造的名声超过了京师，那也不是小事呀。我大汉继承前朝凋敝却能及时变革，创制律令，用来鼓励善行防禁奸盗，条文详备，不能再增加更多。应该让大臣明确地告诫长吏守丞，回去禀告郡守，举荐三老、孝悌、力田、孝廉、廉吏，务必使其名实相符，郡中政事务必依据法令而行，不可擅自制定条令；胆敢以奸诈的手段骗取名誉的，一定先受到诛戮，明正善恶。”天子嘉许张敞并采纳了他的意见，召集各郡国报奏政绩的官吏，派侍中按张敞的意见进行训诫。黄霸因而很惭愧。

又有乐陵侯史高因为是外戚，有恩于皇室，任职侍中，显贵异常，黄霸举荐史高可以做太尉。皇上派尚书召问黄霸说：“太尉官职撤销已很久了，丞相兼领其职，这是为了息武兴文。如果国家不安定，边境有乱，左右大臣都可以是领兵的将帅。宣明教化，理顺政事甚至细小的隐情，使牢狱没有冤情，乡邑没有盗贼，这是你的职责。至于选将任相，这是我的事情。侍中乐陵侯史高是宫廷近臣，我自会亲自了解他，你为什么越权来向我推荐他呢?”尚书令让丞相回答，黄霸脱帽承认错误，几天后才了结这件事。从此以后，黄霸再也不敢向皇上有什么陈请了。然而自从汉兴到现在，要说治理地方普通百姓，还是以黄霸为第一。

黄霸任丞相五年，甘露三年（前51）寿终，谥号为定侯。黄霸死后，乐陵侯史高竟做了大司马，黄霸的儿子思侯黄赏继承了爵位，担任关都尉。黄赏去世，其子忠侯黄辅继承爵位，官至九卿卫尉。黄辅去世，他的儿子黄忠继承爵位，一直到王莽时期才断绝。子孙中做二千石官的有五六人。

当初黄霸青年时任阳夏的游徼，与一个善于看相的人同车出游，见到一个女子，看相的人说：“这个女子一定富贵，不然的话，相书都可以作废了。”黄霸去打听这个女子，原来是乡里巫家之女。黄霸就娶了她做妻子，和她白头到老。黄霸做了丞相后就迁到杜陵。

【评述】

提起汉代循吏，人们常常以“龚黄”来指代，“黄”便是黄霸。汉代循吏的例子不胜枚举，独以“龚黄”泛称，正因为这两人是汉代崇尚德治、重视教化的循吏群体的典型代表。对于黄霸，《汉书·循吏传》不吝笔墨，全篇虽未言黄霸对治民有什么样的认识，却将其在颍川郡的一言一行详细记录下来，并赞叹道："自汉兴，言治民吏，以霸为首。"

同汉代循吏们一样，黄霸深知"公私费耗甚多，皆当出于民"，因此要发展生产。另外富民政策仅依靠引导农民努力耕织、广辟财源是不够的，还必须尽量减少政府用度、节约开支，减轻民负。所以黄霸节用殖财，去食谷马。

无论是儒法并用还是引法入儒，奉法循理是汉代循吏们治民的基本原则和措施，法当为祖宗所定之轻法、常法，而非临时追加之酷法，即廷尉张释之所言："法者天子所与天下公共也。"以此为出发点，即使法制并不完备，至少也应做到以法律为准绳，顺从事理。黄霸为官始终秉持这一原则，"习文法"、"明察内敏"、"处议当于法"、"合人心"、"持法平"。当时，一般官吏皆以严酷为能，而霸"独用宽和为名"，并"数决疑狱，庭中称平"。

我们今天称赞黄霸这样的循吏，并非要抹杀酷吏的历史作用，二者的产生和存在都是两汉法律政治实践的产物。在当时的制度背景下，相比酷吏的骇人行径以及"猛政"给平民带来的巨大创伤，循吏的温情在一定程度上抚慰了社会的恐慌和不满。另一方面，循吏有着更为深厚的社会文化根基，这一群体的产生源自儒学传统，即便是秦代，这种观念也并未断绝。循吏倡导的"宽容忠信"、"善度民力"，注意力集中于百姓身上和自我道德修养之上。而汉代是儒学复兴的时代，正好为循吏们提供了沿着儒家"德治"、"仁政"的传统大展雄才的舞台。

黄霸作为地方行政长官，还身兼了施行教化、移风易俗的职能。在向百姓推行国家法律政令的同时，还结合着儒家道德伦理的灌输。黄霸"为条教，置父老师帅伍长，班行之于民间，劝以为善防奸之意”，结果便是“百姓乡化，孝子弟弟贞妇顺孙日以众多，田者让畔，道不拾遗，养视鳏寡，赡助贫穷”。以仁爱教化治民，也更得人心。

黄霸靠他的政绩和他治民教化为先的治国之道，从一个小吏一步一步升到丞相，史书上称赞他“以外宽内明得吏民心，治为天下第一”。汉宣帝也赞扬他是“贤人君子”、“国家栋梁”。他一生持政宽和，施行德教，奉职守法，以廉为本，体察民情，堪称后世为官者的楷模。

（李慧注译、评述）

卓　茂

【原文】

卓茂字子康，南阳宛人也。父祖皆至郡守。茂，元帝时学于长安，事博士江生，习《诗》、《礼》及历算。究极师法，称为通儒。性宽仁恭爱。乡党故旧，虽行能与茂不同，而皆爱慕欣欣焉。

初辟丞相府史，事孔光[①]，光称为长者。时尝出行，有人认其马。茂问曰："子亡马几何时？"对曰："月余日矣。"茂有马数年，心知其谬，嘿解与之，挽车而去，顾曰："若非公马，幸至丞相府归我。"他日，马主别得亡者，乃诣府送马，叩头谢之。茂性不好争如此。

后以儒术举为侍郎，给事黄门，迁密令。劳心谆谆，视人如子，举善而教，口无恶言，吏人亲爱而不忍欺之。人尝有言部亭长受其米肉遗者，茂辟左右问之曰："亭长为从汝求乎？为汝有事嘱之而受乎？将平居自以恩意遗之乎？"人曰："往遗之耳。"茂曰："遗之而受，何故言邪？"人曰："窃闻贤明之君，使人不畏吏，吏不取人。

今我畏吏，是以遗之，吏既卒受，故来言耳。”茂曰：“汝为敝人矣。凡人所以贵于禽兽者，以有仁爱，知相敬事也。今邻里长老尚致馈遗，此乃人道所以相亲，况吏与民乎？吏顾不当乘威力强请求耳。凡人之生，群居杂处，故有经纪礼义以相交接。汝独不欲修之，宁能高飞远走，不在人间邪？亭长素善吏，岁时遗之，礼也。”人曰：“苟如此，律何故禁之？”茂笑曰：“律设大法，礼顺人情。今我以礼教汝，汝必无怨恶；以律治汝，何所措其手足乎？一门之内，小者可论，大者可杀也。且归念之！”于是人纳其训，吏怀其恩。初，茂到县，有所废置，吏人笑之，邻城闻者皆蚩其不能。河南郡为置守令，茂不为嫌，理事自若。数年，教化大行，道不拾遗。平帝时，天下大蝗，河南二十余县皆被其灾，独不入密县界。督邮言之，太守不信，自出案行，见乃服焉。

是时王莽秉政，置大司农六部丞，劝课农桑。迁茂为京部丞，密人老少皆涕泣随送。及莽居摄，以病免归郡，常为门下掾祭酒，不肯作职吏。

更始立，以茂为侍中祭酒，从至长安，知更始政乱，以年老乞骸骨归。

时光武初即位，先访求茂，茂诣河阳谒见。乃下诏曰“前密令卓茂，束身自修，执节淳固，诚能为人所不能为。夫名冠天下，当受天下重赏，故武王诛纣，封比干之墓，表商容之闾[②]。今以茂为太傅，封褒德侯，食邑二千户，赐几杖车马，衣一袭，絮五百斤。”复以茂长子戎为太中大夫，次子崇为中郎，给事黄门。建武四年，薨，赐棺椁冢地，车驾素服亲临送葬。

子崇嗣，徙封汎乡侯，官至大司农。崇卒，子棽嗣。棽卒，子訢嗣。訢卒，子隆嗣。永元十五年，隆卒，无子，国除。

论曰：建武之初，雄豪方扰，虓呼者连响，婴城者相望，斯固倥偬不暇给之日。卓茂断断小宰，无它庸能，时已七十余矣，而首加聘命，优辞重礼，其与周、燕之君表闾立馆何异哉？于是蕴愤归道之宾，越关阻，捐宗族，以排金门者众矣。夫厚性宽中近于仁，犯而不校邻于恕，率斯道也，怨悔曷其至乎！

选自《后汉书》卷二十五《卓茂传》

【注释】

①孔光（前65—5）：字子夏，西汉鲁国（今山东曲阜）人。孔子十四世孙。

②封比干之墓，表商容之间：比干、商容都是殷朝贤臣。武王灭商以后，命闳夭封比干之墓，命毕公表商容之间。封，祭奠。表，旌显。间，里门。

【译文】

卓茂，字子康，南阳郡宛县人。卓茂的祖父、父亲都曾官至太守。在西汉元帝时，卓茂曾赴长安游学，师从博士江生，学习《诗经》和《周礼》及历算（推算岁时节候的次序的专门学问）。他深得师传，当时被称为大儒。卓茂为人大度，对人宽容，恭敬有礼，仁爱他人。所以，家乡的亲友故旧，即使才能和品行与他有异，也都不约而同地敬慕、喜爱他。

最初，卓茂被征为丞相府长史，做丞相孔光的幕僚。孔光称赞他是德高望重的长者。有一次，卓茂赶着马车出门。有人说卓茂那匹拉车的马就是自己丢失的马。卓茂问道："您的马何时丢的？"那人回答说："已经有一个多月了。"可事实上，卓茂这匹马已经喂了好几年，他知道那人弄错了，但还是默默无语地解开马，将马交给那个人，然后自己拉着车走了。卓茂回头对那人说："要是你发现不是你的马，请你将它送到丞相府来还给我。"过了几天，失马者果然找到了他的马。于是，这人便到丞相府还马，并向卓茂磕头认错。卓茂就这样与世无争。

后来，卓茂因精通儒学，被举荐为侍郎，供职黄门，后又升迁密县县令。在任县令时，他勤勤恳恳，尽职尽责，爱民如子，言传身教，口不出恶言。同僚和百姓都乐意亲近他而绝不会欺骗他。有一次，一个人向卓茂告发说：您所属的一个亭长收了我送的米和肉。卓茂很惊讶，忙避开下属问道："这是亭长自己向你索取的，还是你托他办事，为感谢他而送的，还是你本来感恩他而送他的呢？"那人回答说："这是我自己送去的。"卓茂接过话，问道："既然是你自己愿意送的，他也接受了，你为何还要说出来呢？"那人说："我听说有贤明的君主，使人们不怕官吏，官吏也从不收人们的东西。可我是害怕官吏，才给他送的。现在，亭长已经收了我的东西了，我才敢说出来。"卓茂说："你真糊涂。我们人之所以高贵于禽兽，是因为我们人有仁爱之心，懂得人际交往中相互尊重，相互爱护。如今，我们对邻里和长者尚且以礼品相赠，这是大家相互友爱的表现，何况是官吏与百姓呢？只是官吏不该以自己的权势向人民强行索取罢了。我们群居相处，为使关系和谐，就用礼义纲常来调节。你却不想搞好人际关系，难道你想出世吗？我的这位亭长向来是个好官，你过年送他一点东西，这是礼节。”那人又问：“既然这样，为何法律要禁止收礼?”卓茂笑道：“法律设定的是国家大法，而礼调节的是人之常情。比方说，现在我用礼义来教你，你一定没有什么怨恨，但如果我用法律来惩治你，你会怎么样呢？要知道，一家之中，小错可以判刑，大错可以杀头。你回去想想吧!”因此，人们都乐意接受他的教导，官吏们则感怀他宽大的恩德。当初，卓茂来密县做县令时，他进行县政革新，还有官吏嘲笑他，邻县知情人也笑他不会有什么结果。特别是河南郡守对他不放心，专门为他派了监理县令。对这一切，卓茂毫无怨言，依然如故。几年后，道德教化风行全县，路不拾遗。到汉平帝时，有一年，全国发生大蝗灾，河南郡二十几个县在劫难逃，唯独密县安然无恙——因为蝗虫根本没有进入密县。河南督邮将此怪事报告给河南太守，太守完全不相信。后来，太守亲自来密县考察，看到这里一切如常，不得不信服。

当时，王莽主持朝政。为了促进农业发展，王莽设置了大司农六部丞，并且调卓茂为京部丞。在卓茂离开密县时，全县的男女老少都挥泪相送。到王莽摄政时，卓茂便托病辞职回乡。他常做门下掾祭酒之类的官，就是不肯担任主管之官。

更始帝即位，卓茂被任命为侍中祭酒，跟随更始帝到了长安。但他知道更始政治混乱，又借口自己年老，退休回家。

光武帝刚即位，就首先派人寻找卓茂。卓茂到河阳郡拜见光武帝，光武帝下诏说：“前河南郡密县县令卓茂，向来约束自己，加强自身修养，坚持纯洁的节操，做到了人家所做不到的。现在，卓茂美名天下第一，当得到天下最重的赏赐。以前，周武王诛杀了商纣王，重修比干的陵墓，表彰商容的故居。而今，朕任命卓茂为太傅，封‘褒德侯’，食邑二千户，并赐他坐几、手杖、车子和马匹，衣服一套，丝絮五百斤。”又任命卓茂的长子卓戎为太中大夫，次子卓崇为中郎，均供职黄门。建武四年（28），卓茂去世，光武帝赏赐他棺椁墓地，并且身穿素服亲自送葬。

卓茂卒后，儿子卓崇继承爵位，改封为汎乡侯，官至大司农。卓崇死后，儿子卓棽继承爵位。卓棽死后，儿子卓訢继承爵位。卓訢死后，儿子卓隆继承爵位。汉和帝永元十五年（103），卓隆去世，因没有子嗣，封国撤销。

论曰：建武初年，各路起义军风起云涌，拥城争雄的豪杰遥相呼应，此诚逐鹿中原之际也。卓茂不过是一介小县令，无其他特殊才能，且年已七十余岁，而光武帝首先加以任用。光武帝言辞之温婉、礼品之丰厚，与周武王旌表商容故居、燕昭王为郭隗建立宫馆又有什么不同？在光武帝这种求贤若渴的感召下，许多义愤填膺、向往汉室的人，都舍弃宗族家眷，跨越千山万水，来到皇城。为人淳厚宽和，这便接近于仁爱，受到冒犯而不计较，这就接近于宽恕了。遵循这种仁恕之道，哪里还会有怨恨呢！

【评述】

卓茂名声极好。他精通儒学，性情宽厚，待人真诚，终其一生，未与人争执。同乡的百姓，都发自内心地敬爱他、仰慕他。卓茂为官，不以苛刻严察为能事，而注重礼仪教化。他常用善行来教导大家，口中从来没有恶言恶语。这样，经他治理的地方社会风俗淳美，夜不闭户，路不拾遗。卓茂这种注重德治、不好刑罚的作风，值得后世借鉴。

光武帝继位之初，便把他从民间起用为太傅，位在三公之右，并封“褒德侯”，卓茂时年七十余岁。对此，司马光在《资治通鉴》卷四十赞叹道：“光武即位之初，群雄竞逐，四海鼎沸，彼摧坚陷敌之人，权略诡辩之士，方见重于世，而独能取忠厚之臣，旌循良之吏，拔于草莱之中，置诸群公之首，宜其光复旧业，享祚久长，盖由知所先务而得其本原故也。”刘秀重封卓茂，诚为高瞻远瞩之举，但卓茂平时的作风理当更受瞩目。

卓茂对一些问题的处理更有他的高明之处。比如处理亭长收礼、送礼人告状之事，便是一个鲜明例证。亭长作为国家的基层官吏，收受百姓之礼当然不对，但送礼人也不对。卓茂对这两人都错的事，并没有当着送礼人的面，表示将亭长绳之以法，而是替亭长作了适当的辩护。卓茂此举，可谓一举两得，既委婉指出了送礼者的不对，又给了亭长改过的机会，结果“人纳其训，吏怀其恩”，达到了他为官独具一格的艺术境界。

（江红注译、评述）

孔　奋

【原文】

孔奋字君鱼，扶风茂陵[①]人也。曾祖霸[②]，元帝时为侍中。奋少从刘歆[③]受《春秋左氏传》，歆称之，谓门人曰："吾已从君鱼受道矣。"

遭王莽乱，奋与老母幼弟避兵河西。建武五年，河西大将军窦融请奋署议曹掾，守姑臧长。八年，赐爵关内侯[④]。时天下扰乱，唯河西独安，而姑臧称为富邑，通货羌胡，市日四合，每居县者，不盈数月辄致丰积。奋在职四年，财产无所增。事母孝谨，虽为俭约，奉养极求珍膳。躬率妻子，同甘菜茹。时天下未定，士多不修节操，而奋力行清洁，为众人所笑，或以为身处脂膏，不能以自润，徒益苦辛耳。奋既立节，治贵仁平，太守梁统深相敬待，不以官属礼之，常迎于大门，引入见母。

陇蜀既平，河西守令咸被征召，财货连毂，弥竟川泽。唯奋无资，单车就路。姑臧吏民及羌胡更相谓曰："孔君清廉仁贤，举县蒙恩，如何今去，不共报德！"遂相赋敛牛马器物千万以上，追送数百里。奋谢之而已，一无所受。既至京师，除武都郡丞。

时陇西余贼隗茂等夜攻府舍，残杀郡守，贼畏奋追急，乃执其妻子，欲以为质。奋年已五十，唯有一子，终不顾望，遂穷力讨之。吏民感义，莫不倍用命焉。郡多氐人，便习山谷，其大豪齐钟留者，为群氐所信向。奋乃率厉钟留等令要遮钞击，共为表里。贼窘惧逼急，乃推奋妻子以置军前，冀当退却，而击之愈厉，遂禽灭茂等，奋妻子亦为所杀。世祖下诏褒美，拜为武都太守。

奋自为府丞，已见敬重，及拜太守，举郡莫不改操。为政明断，甄善疾非，见有美德，爱之如亲，其无行者，忿之若仇，郡中称为清平。

弟奇，游学洛阳。奋以奇经明当仕，上病去官，守约乡闾，卒于家。奇博通经典，作《春秋左氏删》。奋晚有子嘉，官至城门校尉⑤，作《左氏说》云。

选自《后汉书》卷三十一《孔奋传》

【注释】

①茂陵：本为西汉武帝刘彻的陵墓，当时以陵设县，因此又为茂陵县。在今陕西兴平东北。

②霸：即孔霸，字次儒。孔子十三世孙。昭帝末为博士，宣帝时为太中大夫，高密相。元帝即位，以帝师赐爵关内侯，号褒

成君。死后谥烈君。

③刘歆（？—23）：字子骏，后改名秀，字颖叔，沛（今江苏沛县）人。为侍中太中大夫，迁骑都尉奉车光禄大夫，整理皇家图书，成《七略》一书。

④关内侯：爵位名。秦汉二十等爵制之第十九级。关内指函谷关以内。

⑤城门校尉：官名。西汉掌京师长安的城门屯兵及开闭；东汉掌京都洛阳十二城门屯卫兵，俸比二千石。

【译文】

孔奋，字君鱼，扶风茂陵人。曾祖孔霸，汉元帝时担任侍中。孔奋少年时跟从刘歆学习《春秋左氏传》，刘歆称赞他，对学生说："我已从君鱼那里受教益了。"

王莽之乱时，孔奋与老母亲和年幼的弟弟到河西地区躲避兵祸。建武五年（29），河西大将军窦融邀请孔奋到自己官署为议曹掾，又担任姑臧县长。建武八年（32），光武帝赏赐孔奋爵位为关内侯。当时天下纷扰混乱，唯有河西地区较安定，姑臧被人们称为富县，这里与羌胡通商贸易，每天有四次集市。每一任县官，没有几个月就会有丰厚的储积。孔奋任职四年，家产却一点没有增加。他侍奉母亲非常孝敬谨慎，虽然自己生活俭朴，却极力用美味佳肴孝敬母亲。他自己和妻子儿女一起吃普通饭菜。当时全国仍未安定，士人多不修操守，而孔奋却尽力以清廉行事，被众人所笑，有的人说他身处富庶地区，不能使自己富裕起来，只是自讨苦吃。孔奋注重节操，施政崇尚仁义平和，太守梁统对他深为敬重，不用上级官员对待下属的礼节那样对待他，常常到大门口迎接，把他带入内宅引见给自己的母亲。

陇西和蜀地被平定后，河西地区的太守、县令都被征召入京，装官员财物的车一辆接一辆，塞满了山川。只有孔奋没有资财，仅乘一辆车上路。姑臧的官员百姓以及羌胡都说："孔君清廉，仁义贤德，全县都蒙受他的恩惠，他如今离去，我们为什么不报答他的恩德!"于是共同收集了成千上万的牛马器物，追了数百里送给孔奋。孔奋只是拜谢，一点都没有接受。孔奋抵达京城后，授职为武都郡丞。

当时陇西残余贼人隗茂等人在深夜攻击官府，杀害了郡守。贼人害怕孔奋穷追不舍，于是就抓住他的妻子儿女，企图作为人质。孔奋当时年已五十，只有一个儿子，但他毫不动摇，仍尽力征讨贼人。官员、百姓被他的大义所感动，都拼力与贼人作战。郡中居住着许多氐人，熟悉山川道路，他们的大首领齐钟留，深为氐人信赖。孔奋便率军激励齐钟留等人，命他们在要道隐蔽，阻击抄袭贼兵，与官军相互配合，贼人窘迫惶恐，被逼急了，就把孔奋的妻子儿女推到阵前，希望孔奋退兵，而孔奋却攻击得更加猛烈，终于擒获消灭了隗茂等人，但他的妻子和儿子却被贼人杀害。光武帝因此下诏褒扬赞赏了孔奋，拜他为武都太守。

孔奋在作府丞的时候，已经被大家敬重，等到他被任命为太守后，全郡的人没有不改变自己不良操守的。孔奋施政清明果断，明辨是非，嫉恶扬善。见到有美德的人，就像对待自己的亲人一样去爱惜；对品行不端的人，则像对待仇人一样。郡中的人都称他清廉公平。

弟弟孔奇，曾在洛阳求学。孔奋认为孔奇通晓经典，应当为官。他自己上书称病辞官，居于乡下，在家中去世。孔奇博通经典，著有《春秋左氏删》。孔奋晚年生有一个儿子叫孔嘉，官至城门校尉，著有《左氏说》。

【评述】

纵观孔奋的一生，其立身行事完全符合古君子“仁、义、礼、智、信”这一标准，体现着中华文明价值体系的核心内容。孔奋为官以惠民富民为务，爱民如子；事亲则孝敬谨慎，虽然自己生活节俭，但从不让母亲有一点儿委屈。对待妻儿，他以身作则，同甘共苦；对品德高尚的人，则爱之如同亲人。

孔奋天资聪颖，小时候跟随著名古文经学家刘歆学习《春秋左氏传》，就受到老师极度的称赞：“吾已从君鱼受道矣。”这不仅仅是一句称赞，其中蕴含着钦佩，以小小的年纪就能让著名学者这样，孔奋的聪明才智可谓非同一般。

孔奋生于乱世，但为官却极为清廉。身处乱世之中的膏腴之地，却清正廉明，于民毫无所取，真可谓“众人皆浊我独清”。孔奋在姑臧县长任上，虽然被众人嘲笑为“身处膏腴不自润”，但孔奋不为所动，仍是一贯地注重节操，为官施政以惠民富民为务，以仁义平和为本。

孔奋为官虽无半点财物积蓄，但也得到了最好的回报。其一是得到当时太守梁统的敬重，以至于梁太守对其不拘于为官之礼，每次都是亲自在大门相迎，而且把其作为家人对待，引入内室使其见自己的老母亲。这应该是上司对下属的最高肯定了。其二是，孔奋深得治下吏民百姓的尊敬与爱戴，以至于其离任时，全县的吏民及羌胡之人都自发地为其“相赋敛牛马器物千万以上，追送数百里”。试想，做人为官还有什么荣誉能高于此?

孔奋不仅为官清正廉明，操行纯正，而且大义凛然。当陇西残余的贼人深夜攻击府舍，杀害郡守，并把他的妻儿作为人质相要挟时，孔奋依然“穷力讨之”，“终不顾望”。孔奋宁可忍受老年丧子之痛，也不让贼人得逞，这实在是一种难能可贵的大义之举！

孔奋这样的官员，不仅在东汉时期是众人为官的典范，即使在当今的社会也很具有借鉴意义，可谓“身披众人，非一代也”！

（崔云红注译　孙保珍评述）

杜　诗

【原文】

杜诗字君公，河内汲人也。少有才能，仕郡功曹，有公平称。更始时，辟大司马府。建武元年，岁中三迁为侍御史，安集洛阳。时将军萧广放纵兵士，暴横民间，百姓惶扰，诗敕晓不改，遂格杀广，还以状闻。世祖召见，赐以棨戟[①]，复使之河东，诛降逆贼杨异等。诗到大阳，闻贼规欲北度，乃与长史急焚其船，部勒郡兵，将突骑趁击，斩异等，贼遂剪灭。拜成皋令，视事三岁，举政尤异。再迁为沛郡都尉，转汝南都尉，所在称治。

七年，迁南阳太守。性节俭而政治清平，以诛暴立威，善于计略，省爱民役。造作水排，铸为农器，用力少，见功多，百姓便之。又修治陂池，广拓土田，郡内比室殷足。时人方于召信臣，故南阳为之语曰："前有召父，后有杜母。"

诗自以无劳，不安久居大郡，求欲降避功臣，乃上疏曰：

“陛下亮成天工，克济大业，偃兵修文，群帅反旅，海内合和，万世蒙福，天下幸甚。唯匈奴未譬圣德，威侮二垂，陵虐中国，边民虚耗，不能自守，臣恐武猛之将虽勤，亦未得解甲橐[②]弓也。夫勤而不息亦怨，劳而不休亦怨，怨恨之师，难复责功。臣伏睹将帅之情，功臣之望，冀一休足于内郡，然后即戎出命，不敢有恨。臣愚以为‘师克在和不在众’，陛下虽垂念北边，亦当颇泄用之。昔汤、武善御众，故无忿鸷[③]之师。陛下起兵十有三年，将帅和睦，士卒凫藻[④]。今若使公卿郡守出于军垒，则将帅自厉；士卒之复，比于宿卫，则戎士自百。何者？天下已安，各重性命，大臣以下，咸怀乐土，不雠其功而厉其用，无以劝也。陛下诚宜虚缺数郡，以俟振旅之臣，重复厚赏，加于久役之士。如此，缘边屯戍之师，竞而忘死，乘城拒塞之吏，不辞其劳，则烽火精明，守战坚固。圣王之政，必因人心。今猥用愚薄，塞功臣之望，诚非其宜。

“臣诗伏自惟忖，本以史吏一介之才，遭陛下创制大业，贤俊在外，空乏之间，超受大恩，牧养不称，奉职无效，久窃禄位，令功臣怀愠，诚惶诚恐。八年，上书乞避功德，陛下殊恩，未许放退。臣诗蒙恩尤深，义不敢苟冒虚请，诚不胜至愿，愿退大郡，受小职。及臣齿壮，力能经营剧事，如使臣诗必有补益，复受大位，虽析珪[⑤]授爵，所不辞也。惟陛下哀矜！”

帝惜其能，遂不许之。

诗雅好推贤，数进知名士清河刘统及鲁阳长董崇等。

初，禁网尚简，但以玺书发兵，未有虎符之信，诗上疏曰：“臣闻兵者国之凶器，圣人所慎。旧制发兵，皆以虎符，其余征调，竹使而已。符第合会，取为大信，所以明著国命，敛持威重也。间者发兵，但用玺书，或以诏令，如有奸人诈伪，无由知觉。愚以为军旅尚兴，贼虏未殄，征兵郡国，宜有重慎，可立虎符，以绝奸端。昔魏之公子，威倾邻国，犹假兵符，以解赵围，若无如姬之仇，则其功不显。事有烦而不可省，费而不得已，盖谓此也。”书奏，从之。

诗身虽在外，尽心朝廷，谠言善策，随事献纳。视事七年，政化大行。十四年，坐遣客为弟报仇，被征，会病卒。司隶校尉鲍永上书言诗贫困无田宅，丧无所归。诏使治丧郡邸，赙绢千匹。

选自《后汉书》卷三十一《杜诗传》

【注释】

①棨戟（qǐ jǐ）：有缯衣或油漆的木戟。古代官吏出行时用作前导的一种仪仗。

②櫜（gāo）：盛弓箭和铠甲的口袋。

③忿鸷（fèn zhì）：凶狠。

④凫藻（fú zǎo）：野鸭戏藻。比喻欢悦。凫，野鸭。藻同“藻”。

⑤析珪：古代帝王分封诸侯时，按爵位高低，分颁珪玉。泛指封官拜爵。

【译文】

杜诗，字君公，是河内郡汲县人。他年轻时就有才能，做了郡功曹，并以公平著称。更始年间，被征辟为大司马府官员。建武元年（25），三次迁升，官至侍御史，安抚洛阳。当时将军萧广放纵士兵横行霸道，百姓惶恐惊扰。杜诗告诫他，但他仍不改悔，于是将萧广杀了，回京后把情况向光武帝奏报。光武帝召见他，赐给他棨戟，又派他巡视河东，去招降和诛杀反叛的贼人杨异等。杜诗抵达大阳，听说贼寇企图北渡，于是与大阳长史迅速焚毁船只，调集部署郡中士兵，派骑兵突袭贼兵，杀死杨异等人，贼兵由此被消灭。后来杜诗拜为成皋县令，任职三年，政绩优异。又升为沛郡都尉，转任汝南都尉。所到之处，都有较好的政绩。

建武七年（31），杜诗升任南阳太守。他生活节俭，施政清正平和，通过诛杀强暴树立威信，他还擅长筹划谋略，爱护百姓，减少百姓的劳役。又设计制作水排，铸造农具，这样费力少，收效多，百姓很便利。此外，还修建池塘，大面积开垦土地，郡中家家户户都丰实富足。当时人们把他比作召信臣，所以南阳人赞颂他说：“先前有召父，后来有杜母。”

杜诗自认为没有功劳，不应长期任大郡长官，打算请求降职，以让位给功臣，于是上疏说：

“陛下成就上天之意，完成了一番宏伟的功业，停息战事，提倡文治，众将都返回朝廷，全国和睦一家，千秋万代都将蒙受您创造的幸福，这是天下极大的幸事。只有匈奴还未被圣德感化，威胁着西、北两处边境地区，肆意侵凌我国百姓，边境居民深受其害，不能自我保护。臣下担心威武勇猛的将领虽然辛苦地守卫边境，也未必能够脱下盔甲，收藏起弓箭。辛苦而无止息将会产生怨言，劳累而不得休息也会有不满，有怨忿的军队，难以再建立新功。臣下观察功臣、将帅们的情绪和愿望，都是盼着在内地得到充分的修养，然后再受命出征，这样他们就不会有怨忿之情。臣下认为‘军队打胜仗在于团结而不在人多’，陛下虽然顾虑北部边境之事，也应当和缓地调用军队。先前商汤、周武王善于驾驭部队，所以从不因一时愤怒而出兵。陛下起兵已有十三年了，将帅之间和睦相处，士卒欢悦。如今若是使公卿郡守都出兵阵前，那么将帅将会自我勉励，士卒的待遇和宿卫一样好，则士卒会勇气百倍。为什么呢？因为国家已经安定，人人都重视自己的性命，大臣以下官员，都留恋乐土，不根据功劳给予赏赐，而督责他们尽力，是不大可能的。陛下应该留下几个郡守的职位，以便奖励那些得胜班师的大臣；再出丰厚的奖赏，给那些长期服役的士兵。这样，边境地区驻守的军队，会争着舍生忘死；守城护塞的官吏，定能不辞劳苦；从而使得烽火警觉，防守坚固。圣明的君王施政，必定要依据人的思想。现今杂用了一些愚昧、德行浅薄的人，断绝了功臣的期望，实在不适宜。

“臣私下里思量，我本来是掾史属吏之才，以这点小才，正好赶上陛下创立大业，贤良能干的人都在外打仗，朝廷里人才缺乏，额外地受到极大的恩宠，但我治理百姓不称职，任官又没有功绩，长期窃居官位，会让功臣们产生怨恨，我实在惶恐不安。建武八年的时候，曾上书请求退职让给有功之人。陛下加给我特殊的恩典，不允许辞职。臣所受恩德极深，绝不敢虚情假意，如果不能实现辞职的愿望，那么臣愿辞去大郡的官职，担任低一些的职务。若是臣身体强壮，有能力处理繁杂艰难的事务，而且任用臣的确有好处，再授以较高官职，哪怕是按高低授予爵位，也不会推辞的。恳请陛下怜悯体谅！"

光武帝爱惜他的才能，所以没有同意这个请求。

杜诗喜好推举贤才，多次举荐知名士人清河人刘统以及鲁阳长董崇等人。

起初，法令制度还很简单，只是以皇帝的玺书调兵，没有虎符作凭信，杜诗上疏说："臣下听说军队是国家的凶器，圣人对此极慎重。依照旧制度，调遣军队都以虎符作凭信，其余的征调，仅用竹制的令牌。符信会合无误，便是最大的凭证，这为的是表明国家的命令，收放、控制有威严。之前发兵，只是用玺书，或用诏令，如果有奸邪的人欺瞒作假，也无法知道。我认为军事行动仍在进行，敌人尚未消灭干净，从各郡国征调军队，应该慎重，可以设置虎符，以杜绝奸人作恶。先前魏国的公子无忌，威德远播邻国，仍要借助兵符，才能解救对赵国的包围，如果如姬没有杀父之仇，公子无忌也不能成功。有些事虽然繁琐，但不能省略，虽然很耗费精力，但也是不得已，说的就是这个道理。"上书奏报，建议被采纳。

杜诗虽然在外地任官，仍然尽心于朝廷大事，有忠正的言论，好的建议，都随时上奏。他任官七年，政令教化得到贯彻执行。建武十四年（38），因为派宾客为弟弟报仇，被征召问罪，正巧因病去世。司隶校尉鲍永上奏说杜诗家中贫困，没有田宅，死后无处下葬。皇帝诏令在郡中官邸治丧，并赐一千匹绢办丧事。

【评述】

一个朝代的兴衰成败，除了君主是否贤明外，更重要的还得有清正廉洁、勤政执法的官员。杜诗便是这样的官员。杜诗做官为国效力，为民做主，还用自己的聪明才智搞发明创造，推动经济的发展；他极力举贤，为国献计献策，为官廉洁到终老后无地可葬！有这样的官员，真是国家的幸运！

任职期间，杜诗生活节俭，施政清正平和。为了减少民力劳役，他发挥自己的聪明才智合理安排并制作各种方便的农具，并且修建池塘，开垦土地。这也是杜诗出众的才能在科学技术史上的贡献。他兴修水利，促进了当地农业的发展。对于“水排”的推广使用，大大地解放劳动力，南阳老百姓把他比之召信臣，说：“前有召父，后有杜母。”他所到之处，由于合理安排与治理，家家户户都丰实富足。

虽然他极有才能且能应用于实际，为百姓为国家造福，但杜诗却极为谦逊，自认为没有功劳，请求降职，以让位给他认可的功臣。由于欲望的驱使，多数人对于权力是顶礼膜拜，甚至为了得到更大的权力而排挤或杀戮比自己有才能的人。但是杜诗却正好相反，他极力推贤举能，多次举荐知名士人刘统等人，并且尽自己的才智为国献计献策。比如上书奏报以虎符作凭信，完善国家的法令制度。就算在外地，心却仍然在朝中，忠正的言论、合理的建议，他都要随时进献上奏，可以说为国家奉献着自己的点点滴滴。

由于他的廉洁，临死竟然“贫困无田宅，丧无所归”，由朝廷赐赙才得以丧葬。纵观杜诗一生，这样才能出众却清贫如许的官员怎能不让人肃然起敬！

（周建清注译　孙保珍评述）

董 宣

【原文】

董宣，字少平，陈留圉人也。初为司徒侯霸所辟，举高第，累迁北海相。到官，以大姓公孙丹为五官掾。丹新造居宅，而卜工①以为当有死者，丹乃令其子杀道行人，置尸舍内，以塞其咎。宣知，即收丹父子杀之。丹宗族亲党三十余人，操兵诣府，称冤叫号。宣以丹前附王莽，虑交通海贼，乃悉收击剧狱，使门下书佐水丘岑尽杀之。青州以其多滥，奏宣考岑，宣坐征诣廷尉。在狱，晨夜讽诵，无忧色。及当出刑，官属具馔送之，宣乃厉色曰："董宣生平未曾食人之食，况死乎！"升车而去。时同刑九人，次应及宣，光武驰使驺骑特原宣刑，且令还狱。遣使者诘宣多杀无辜。宣具以状对，言水丘岑受臣旨意，罪不由之，愿杀臣活岑。使者以闻，有诏左转宣怀令，令青州勿案岑罪。岑官至司隶校尉。

后江夏有剧贼夏喜等寇乱郡境，以宣为江夏太守。到界，移书曰："朝廷以太守能禽奸贼，故辱斯任。今勒兵界首，檄到，幸思自安之宜。”喜等闻，惧，即时降散。外戚阴氏为郡都尉，宣轻慢之，坐免。

后特征为洛阳令。时湖阳公主[②]苍头白日杀人，因匿主家，吏不能得。及主出行，而以奴骖乘，宣于夏门亭候之，乃驻车叩马，以刀画地，大言数主之失，叱奴下车，因格杀之。主即还宫诉帝，帝大怒，召宣，欲箠杀之。宣叩头曰：“愿乞一言而死。”帝曰：“欲何言？”宣曰：“陛下圣德中兴，而纵奴杀良人，将何以理天下乎？臣不须箠，请得自杀。”即以头击楹，流血被面，帝令小黄门持之，使宣叩头谢主，宣不从，强使顿之，宣两手据地，终不肯俯。主曰：“文叔为白衣时，臧亡匿死，吏不敢至门。今为天子，威不能行一令乎？”帝笑曰：“天子不与白衣同。”因敕“强项令”出，赐钱三十万，宣悉以班诸吏。由是搏击豪强，莫不震栗。京师号为“卧虎”。歌之曰：“枹鼓不鸣董少平。”

在县五年。年七十四，卒于官。诏遣使者临视，唯见布被覆尸，妻子对哭，有大麦数斛、敝车一乘。帝伤之，曰：“董宣廉洁，死乃知之！”以宣尝为二千石，赐艾绶[③]，葬以大夫礼。拜子并为郎中，后官至齐相。

选自《后汉书》卷七十七《董宣传》

【注释】

①卜工：专门从事占卜的人。

②湖阳公主：光武帝刘秀的姐姐。

③艾绶：系印纽的绿色丝带。汉代官秩二千石以上者用之。

【译文】

董宣，字少平，东汉陈留圉县人。起初，他被司徒侯霸所用。后来，由于政绩考核优异，被升为北海国相。董宣到任后，任命当地大族公孙丹为五官掾。公孙丹建造新宅，占卜的人说，新宅建成后家里会死人。于是，公孙丹就让他的儿子杀死过路人，然后将尸体放在新屋中，以此来消灾。董宣知道此事以后，立刻将公孙丹父子抓捕归案，并处死。为此，公孙丹的族人、亲属以及朋友等三十多人，拿着兵器跑到相府鸣冤。董宣认为公孙丹曾经归附过王莽，这些人可能会跟海盗勾结。为绝后患，董宣就将这些人全部抓捕，下剧县狱，并命令手下文书人员水丘岑将他们全部杀死。青州刺史认为董宣滥杀，就向朝廷上奏反映董宣的情况，并拷问水丘岑。董宣被召到廷尉府受审。在狱中，董宣从早到晚吟诗读书，无忧无虑。等到行刑那天，官吏给他准备了最后的饭菜，董宣厉声道："我董宣活着的时候都不曾吃别人的东西，何况在死的时候！"说完，登上囚车而去。此次一同受刑的共九个人，按次序轮到董宣时，光武帝派特使快马赶来，下令对董宣暂缓行刑，押回狱中。光武帝派使者审问董宣为何要滥杀无辜，董宣详细地说明了当时情况，并说水丘岑是受命于他，罪过不应该由水丘岑来承担，希望皇上杀了自己，而放过水丘岑。使者把这些情况都奏明了光武帝，光武帝下诏将董宣降为怀县县令，要青州刺史不要再治水丘岑的罪。后来，水丘岑官至司隶校尉。

后来，江夏郡出现以夏喜为首的一群盗贼为乱，朝廷任命董宣为江夏太守前去镇压。董宣一到江夏郡境，立刻发布文告："朝廷因为本太守擅长锄奸擒盗，所以把我委派到此任职。现在我已经领兵到达郡界。自本文告发布之时，希望各位好自为之。"夏喜等人听说董宣来了，十分害怕，立刻降的降，逃的逃，像鸟兽一样散了。当时，皇帝外戚殷氏在江夏郡任郡都尉，董宣因为对他不够尊敬，被罢免了江夏太守一职。

再后来，董宣又被特别征召为洛阳令。当时，光武帝的姐姐湖阳公主的仆人在光天化日之下杀了人，藏在公主家中，官吏们无法抓捕他。终于等到湖阳公主出行，这个仆人陪乘，董宣就在夏门亭等着公主的车驾。公主的车马一到，董宣就上前将车驾拦下，用刀指划着地，大声数落公主的过失，勒令这个仆人下车，并当着公主的面杀死了他。公主立刻回宫向光武帝哭诉。光武帝大怒，召董宣进宫，打算对他杖刑处死。董宣叩头说："臣请求陛下让我说一句话再死。"皇帝问道："你想说什么？"董宣说："陛下圣明仁德，才使得汉室中兴，如果纵容仆人杀害无辜之人，将何以治理天下？臣不劳您施以箠刑，臣请自杀。"说完，董宣就以头撞柱子，立刻血流满面。光武帝命令小太监将董宣按住，要他向湖阳公主磕头谢罪。董宣不肯，小太监就按住董宣的头强使他磕头。董宣两手撑住地，始终不肯叩头。湖阳公主说："皇上身为平民时，藏匿逃亡和犯了死罪的人，官吏都不敢上门来强行搜人，而今您贵为天子，您还不能使一个洛阳令服从吗？"皇帝笑着说："天子与普通百姓自然不同。"于是，光武帝便命令董宣这个“强项令”出去，并赏赐给他三十万钱。董宣把这些钱全部赏给了属下。从此，董宣奋力打击豪强恶霸，毫不手软，黑恶势力胆战心惊。京城中都称董宣为“卧虎”，人们唱道：“有了董少平，世上无不平。”

董宣任洛阳县令共五年，七十四岁那年，他死在任上。董宣死后，光武帝派使者到他家中探视。只见董宣麻布裹尸，妻子和子女相对而泣，家里只不过有几斛大麦和一辆破车而已，十分清贫。皇帝得知后，黯然神伤，说道：“董宣的廉洁，到他死后才知道啊。”由于董宣曾官至太守，光武帝下令赐他艾绶，以大夫之礼下葬。光武帝又授予董宣的儿子董并郎中的职位。董并后来官至齐国相。

【评述】

在我国历史上，东汉洛阳令董宣是著名的“强项令”。据《后汉书·董宣传》载，董宣竟敢拦住光武帝大姐湖阳公主的车驾，并当着公主的面，将她窝藏多日的杀人凶手从车上叫下来就地正法；在光武帝不分青红皂白而强令他向湖阳公主磕头谢罪时，他又“两手据地，终不肯俯”，始终不愿在一个窝藏犯的面前屈服。董宣“威武不能屈”，成为一位名副其实的大丈夫。此外，在《后汉书·董宣传》中，还记载了董宣处死北海豪强公孙丹父子、移文瓦解江夏盗贼集团等事迹。

董宣不仅铁骨铮铮，而且为官清廉。当他从死亡面前挣扎出来，以“以头击楹，流血被面”的代价换来光武帝三十万赏钱时，他分文不取，全部分给与他同甘共苦的手下办事人员。正因为这样，他能率领这些属下人员高举正义之剑，“搏击豪强”，使之“莫不震栗”，成为使不法分子胆战心惊的“卧虎”。但董宣死后，一贫如洗，“布被覆尸”，仅“有大麦数斛，敝车一乘”，让光武帝也为之伤怀。何其清廉至此也！

（郑晓雯注译、评述）

蔡　茂

【原文】

蔡茂字子礼，河内怀人也。哀、平间以儒学显，征试博士，对策陈灾异，以高等擢拜议郎，迁侍中。遇王莽居摄，以病自免，不仕莽朝。

会天下扰乱，茂素与窦融善，因避难归之。融欲以为张掖太守，固辞不就；每所饷给，计口取足而已。后与融俱征，复拜议郎，再迁广汉太守，有政绩称。时阴氏宾客在郡界多犯吏禁，茂辄纠案，无所回避。会洛阳令董宣举纠湖阳公主，帝始怒收宣，既而赦之。茂喜宣刚正，欲令朝廷禁制贵戚，乃上书曰："臣闻兴化致教，必由进善；康国宁人，莫大理恶。陛下圣德系兴，再隆大命，即位以来，四海晏然。诚宜夙兴夜寐，虽休勿休。然顷者贵戚椒房之家，数因恩势，干犯吏禁，杀人不死，伤人不论。臣恐绳墨弃而不用，斧斤[①]废而不举。近湖阳公主奴杀人西市，而与主共舆，出入宫省，逋罪积日，冤魂不报。洛阳令董宣，直道不顾，干主讨奸。陛下不先澄审，召欲加箠[②]。当宣受怒之初，京师侧耳；及其蒙宥，天下拭目。今者，外戚憍[③]逸，宾客放滥，宜敕有司案理奸罪，使执平之吏永申其用，以厌远近不缉之情。”光武纳之。

建武二十年，代戴涉[④]为司徒，在职清俭匪懈。二十三年薨于位，时年七十二。赐东园梓棺，赙[⑤]赠甚厚。

茂初在广汉，梦坐大殿，极上有三穗禾，茂跳取之，得其中穗，辄复失之。以问主簿郭贺，贺离席庆曰：“大殿者，宫府之形象也。极而有禾，人臣之上禄也。取中穗，是中台之位也。于字禾失为秩，虽曰失之，乃所以得禄秩也。衮职有阙，君其补之。”旬月而茂征焉，乃辟贺为掾。

选自《后汉书》卷二十六《蔡茂传》

【注释】

①斧斤：本为行刑的工具，这里借指刑罚。

②箠（chuí）：杖刑。

③憍（jiāo）：骄傲，骄矜。

④戴涉：建武中封关内侯，曾任大司徒。建武二十年，因太仓令一案牵扯其中，下狱致死。

⑤赙（fù）：赠送钱财以助人料理丧事。

【译文】

蔡茂，字子礼，河内郡怀县人。汉哀帝、汉平帝年间因儒学而扬名于世，接受朝廷的征召考试博士，回答策问时陈述灾异，因成绩优等被提升为议郎，后来调任为侍中。在王莽摄政期间，称病不任职，不在王莽新朝里做官。

碰上天下大乱，蔡茂因一向与窦融交好，于是就投奔窦融那里避难。窦融想让蔡茂作张掖的太守，但蔡茂坚决推辞。每次发给他的俸禄，他只按人口拿取足够用的而已。后来蔡茂和窦融一起受到征召，再次被授予议郎之职，后来又调任广汉太守，因有政绩而著称。当时外戚阴氏的宾客在郡内多次违反官吏禁令，蔡茂总是缉拿归案，无所回避。时任洛阳县令的董宣检举弹劾湖阳公主，开始的时候光武帝大怒，收押了董宣，后来又赦免了他。蔡茂欣赏董宣的刚正不阿，想让朝廷下禁令约束贵戚的行为，于是上书说："臣听说想要实行教化，一定要推荐任用贤良的人；安定国家和人民，没有比惩处坏人更重要的。陛下您身系汉室复兴大业，再承天命，即位以来，四海升平。我们确实应该早起晚睡，勤奋工作。即使该休息的时候也不休息。然而近来皇亲贵戚多次因蒙受皇恩凭借权势违反禁令，杀了人不抵命，伤了人不定罪。臣唯恐这样一来，法律制度废弃不用，刑罚也随之弃置。近来湖阳公主的家奴在西市杀人之后，仍然和公主一起乘坐马车，出入宫中，逃罪多日，冤死的人无法报仇。洛阳县令董宣，坚持正义不顾一切，冒犯公主追讨奸恶。陛下事先没有去查明真相，就宣召董宣想要加以杖刑。当董宣受到斥责的时候，整个京师都非常关注；等到他获得皇上的原谅，天下的人都看清了皇上的圣明。现在外戚骄矜放纵，门客放肆横行，应当命令有关部门官吏严肃处治，加以整顿，使秉公执法的官吏能够长久地发挥作用，从而满足远近人民之情。”光武帝采纳了他的建议。

建武二十年（44），蔡茂代替戴涉成为司徒，任职期间清廉俭朴，毫不懈怠。建武二十三年（47）死在职位上，时年七十二岁。皇上赐给他东园署制作的梓木棺材，赏赐很多助葬的财物。

蔡茂最初在广汉郡的时候，梦到自己坐在大殿上，房梁上有三个禾穗，蔡茂跳起来去取，拿到中间的那穗，后来又弄丢了。他就这个梦去问主簿郭贺，郭贺离开座位向他庆贺说：“大殿，象征着宫殿。房梁上有禾苗，是臣子中最高俸禄的象征。得到中穗，是取得尚书之位的征兆。从字面上讲，一个‘禾’加上一个‘失’，组成‘秩’字，虽然梦中又丢失了禾苗，但实际上意味着因此得到禄秩。三公的职位如有空缺，应该是您去补缺。”结果刚一个月，蔡茂便被征召，于是蔡茂就召郭贺做他的掾吏。

【评述】

蔡茂是两汉之际一位胸怀天下的儒士。在哀、平二帝时期因策陈灾异被擢为议郎，后升任侍中，王莽摄政时隐居不仕。天下扰乱之时，蔡茂投奔窦融，生计颇为窘迫，但他却安贫乐道，不接受窦融推荐的张掖太守的任职。

对外戚的斗争也充分表现了蔡茂的气节和忧国忧民的胸怀。东汉的外戚专权在很长时间内都是一个大问题。蔡茂任广汉太守时，身为皇亲的阴氏宾客经常违法乱纪，气焰十分嚣张。蔡茂不畏强权，以纠恶除暴为己任，对打击违法犯禁的阴氏宾客从不手软。当时湖阳公主的奴仆在西市杀了人，却仍与公主同车，大摇大摆地出入宫禁。最后还是洛阳令董宣不惧公主威势，才将案犯绳之以法，还被害冤魂一个公道。蔡茂深知，治理外戚专权问题的关键在于皇帝的态度，没有皇帝对这一问题严重性的深刻认识和改变决心，外戚乱法的现象就不能得到根本治理。蔡茂钦佩董宣的刚直，上书朝廷，要求限制贵戚的权力。他劝光武帝，只有进善理恶，才能兴化致教，康国宁人。他举董宣先收后释的例子说明天下民众的态度，让光武帝认识到公正执法的重要性。

建武二十年，蔡茂升任司徒，在职期间依旧清俭勤政，死后受赐东园之棺，荣宠非常。中国传统的士大夫讲求有道则仕，无道则隐，这种进退之间的选择往往会因对知遇之恩的报答而打消掉道德的持守和律法的原则，流为党派门徒。但是蔡茂却能始终如一地秉持至公至刚的理念，以法为务，以民为念，举贤措枉，实属难能可贵，值得后人效法。

（胡宏哲注译　向珊评述）

张 堪

【原文】

张堪字君游，南阳宛人也。为郡族姓。堪早孤，让先父余财数百万与兄子。年十六，受业长安，志美行厉，诸儒号曰“圣童”。

世祖微时，见堪志操，常嘉焉。及即位，中郎将来歙荐堪，召拜郎中，三迁为谒者。使送委输缣帛，并领骑七千匹，诣大司马吴汉伐公孙述①，在道追拜蜀郡太守。时汉军余七日粮，阴具船欲遁去。堪闻之，驰往见汉，说述必败、不宜退师之策。汉从之，乃示弱挑敌，述果自出，战死城下。成都既拔，堪先入据其城，检阅库藏，收其珍宝，悉条例上言，秋毫无私。慰抚吏民，蜀人大悦。

在郡二年，征拜骑都尉。后领票骑将军杜茂营，击破匈奴于高柳，拜渔阳太守。捕击奸猾，赏罚必信，吏民皆乐为用。匈奴尝以万骑入渔阳，堪率数千骑奔击，大破之，郡界以静。乃于狐奴开稻田八千余顷。劝民耕种，以致殷实。百姓歌曰：“桑无附枝，麦穗双岐。张君为政，乐不可支。”视事八年，匈奴不敢犯塞。

帝尝召见诸郡计吏，问其风土及前后令能否。蜀郡计掾樊显进曰：“渔阳太守张堪昔在蜀，其仁以惠下，威能讨奸。前公孙述破时，珍宝山积，卷握之物，足富十世，而堪去职之日，乘折辕车，布被囊而已。”帝闻，良久叹息，拜显为鱼复长。方征堪，会病卒，帝深悼惜之，下诏褒扬，赐帛百匹。

选自《后汉书》卷三十一《张堪传》

【注释】

①公孙述（？—36）：字子阳，扶风茂陵人。王莽末年，群雄纷争，公孙述据蜀地自立，称“白帝”。

【译文】

张堪，字君游，南阳宛人，是郡中的大姓。张堪早年父亲去世，他将父亲留下的数百万财产让给兄长的子女。十六岁时，他到长安求学，志向高远，学习勤奋，儒生们都称他为“圣童”。

光武帝未登基时，了解到张堪的志向和节操，经常称赞他。即位之后，中郎将来歙举荐张堪，张堪受到征召并授予郎中之职，经过几次升迁成为谒者。朝廷派他运送缣帛，并带七千骑兵随大司马吴汉讨伐公孙述，在路上他又被任命为蜀郡太守。当时吴汉的军队只剩七天的军粮，他们暗中准备船只打算撤退。张堪听说以后，急忙赶到吴汉那里，陈述公孙述必败，不宜退兵的想法。吴汉采纳了他的建议，于是故意示弱引诱敌兵，公孙述果然亲自率兵出战，结果战死城下。攻克成都之后，张堪率先占据了城池，检查府库所藏财物，收敛珍宝，一一列出清单上报，自己丝毫没有侵占。他还安抚城中的官民，蜀地的人们都非常高兴。

张堪在蜀郡任职两年，被征召回京，官拜骑都尉，后来又兼领骠骑将军杜茂军营，在高柳击败匈奴，被授予渔阳太守。他在渔阳郡追捕打击奸猾之徒，赏罚分明，官员百姓都乐于为他所用。匈奴曾经出动一万骑兵入侵渔阳，张堪率领数千骑兵奔袭，大败敌军。渔阳边境从此安定。于是他下令在狐奴开垦稻田八千余顷，劝谕百姓耕种，渔阳郡因此富庶起来。百姓们作歌说："桑树没有乱枝，麦穗都是双穗，张君在此施政，百姓乐不可支。"张堪在渔阳任职八年，匈奴始终不敢入侵边塞。

皇帝曾经召见各郡计吏，询问他们各地的风土人情以及先后任职的太守能力。蜀郡的樊显进奏说："渔阳太守张堪先前在蜀地，仁政惠泽百姓，威严足以惩治奸邪。先前公孙述被打败时，城中珍宝堆积如山，抓一把珠玉足可使子孙十代成为巨富。然而张堪离去时，只乘坐了一辆车辕折坏的车子，随身带着布做的被子和袋子罢了。"皇帝听说后，叹息了很久。授予樊显鱼复县长之职。正要征召张堪，不料他却在此时病故，皇帝深为痛惜哀悼，下诏予以褒扬，并赐给他家一百匹帛。

【评述】

张堪历任蜀郡太守、骑都尉、渔阳太守等职，不论身居何职，他都显示出了超群的才干，出任郎中一职，大敌当前，他能够准确判断形势，稳军心而退强敌；于高柳、渔阳击败匈奴；管辖渔阳郡时赏罚分明，令行禁止，教民养民，使得百姓富庶安康，这些都是张堪才能的表现。而于蜀地面对府库资财不取分毫，离任时身无长物，连所乘坐的车子都是一辆车辕已经破损的旧车，这表现的是张堪高洁的情操与品德。

张堪之所以能够成为这样一位德能兼备、名垂史册的名臣，和他自幼时便树立高远的志向，培养高洁的情操有着密不可分的关系。少时的潜心向学，砥砺操行，为他树立正确的人生观与价值观，成为被当时百姓作歌称颂，被后世史书高度评价的名臣奠定了坚实的基础。

（胡宏哲译注、评述）

虞　延

【原文】

虞延字子大，陈留东昏人也。延初生，其上有物若一匹练，遂上升上，占者以为吉。及长，长八尺六寸，要带十围，力能扛鼎。少为户牖亭长。时王莽贵人魏氏宾客放从，延率吏卒突入其家捕之，以此见怨，故位不升。性敦朴，不拘小节，又无乡曲之誉。王莽末，天下大乱，延常婴甲胄，拥卫亲族，扞御抄盗，赖其全者甚众。延从女弟年在孩乳，其母不能活之，弃于沟中，延闻其号声，哀而收之，养至成人。建武初，仕执金吾府，除细阳令。每至岁时伏腊，辄休遣徒系，各使归家，并感其恩德，应期而还。有囚于家被病，自载诣狱，既至而死，延率掾史，殡于门外，百姓感悦之。

后去官还乡里，太守富宗闻延名，召署功曹。宗性奢靡，车服器物，多不中节。延谏曰："昔晏婴辅齐，鹿裘不完，季文子相鲁，妾不衣帛，以约失之者鲜矣。"宗不悦，延即辞退。居有顷，宗果以侈从被诛，临当伏刑，揽涕而叹曰："恨不用功曹虞延之谏！"光武闻而奇之。二十年东巡，路过小黄，高帝母昭灵后园陵在焉，时延为部督邮，诏呼引见，问园陵之事。延进止从容，占拜可观，其陵树株蘖，皆谙其数，俎豆[①]牺牲，颇晓其礼。帝善之，敕延从驾到鲁。还经封丘城门，门下小，不容羽盖，帝怒，使挞侍御史，延因下见引咎，以为罪在督邮。言辞激扬，有感帝意，乃制诰曰："以陈留督邮虞延故，贳御史罪。"延从送车驾西尽郡界，赐钱及剑带佩刀还郡，于是声名遂振。

二十三年，司徒玉况辟焉。时元正朝贺，帝望而识延，遣小黄门驰问之，即日召拜公车令[②]。明年，迁洛阳令。是时，阴氏有客马成者，常为奸盗，延收考之。阴氏屡请，获一书辄加笋[③]二百。信阳侯阴就乃诉帝，谮延多所冤枉。帝乃临御道之馆，亲录囚徒。延陈其狱状可论者在东，无理者居西。成乃回欲趋东，延前执之，谓曰："尔人之巨蠹，久依城社，不畏熏烧。今考实未竟，宜当尽法！"成大呼称枉，陛戟郎以戟刺延，叱使置之。帝知延不私，谓成曰："汝犯王法，身自取之！"呵使速去。后数日伏诛，于是外戚敛手，莫敢干法。在县三年，迁南阳太守。

永平初，有新野功曹邓衍，以外戚小侯每豫朝会，而容姿趋步，有出于众，显宗目之，顾左右曰："朕之仪貌，岂若此人！"特赐舆马衣服。延以衍虽有容仪而无实行，未尝加礼。帝既异之，乃诏衍令自称南阳功曹诣阙。既到，拜郎中，迁玄武司马④。衍在职不服父丧，帝闻之，乃叹曰："知人则哲，惟帝难之。信哉斯言！"衍惭而退，由是以延为明。

三年，征代赵憙为太尉；八年，代范迁为司徒，历位二府，十余年无异政绩。会楚王英谋反，阴氏欲中伤之，使人私以楚谋告延，延以英藩戚至亲，不然其言，又欲辟幽州从事公孙弘，以弘交通楚王而止，并不奏闻。及英事发觉，诏书切让，延遂自杀。家至清贫，子孙不免寒馁⑤。

延从曾孙放，字子仲。少为太尉杨震门徒，及震被谗自杀，顺帝初，放诣阙追讼震罪，由是知名。桓帝时为尚书，以议诛大将军梁冀功封都亭侯，后为司空，坐水灾免。性疾恶宦官，遂为所陷，灵帝初，与长乐少府李膺等俱以党事诛。

选自《后汉书》卷三十三《虞延传》

【注释】

①俎（zǔ）豆：俎和豆，古代祭祀、宴会时盛肉类等食品的两种器皿。

②公车令：官名。掌宫门警卫、接待、传达之事。

③篣（péng）：同"搒"，笞击。

④玄武司马：汉代主管宫城玄武门之官。
⑤餧（něi）：同“馁”，指饥饿。

【译文】

虞延，字子大，是陈留郡东昏县人。虞延出生的时候，他家上空出现像白绢一样的东西，逐渐升到空中，占卜者认为这是吉兆。等到虞延长大后，身高八尺六寸，腰粗十围，力大无穷，能扛起大鼎。虞延年轻时做过户牖亭长。当时，王莽的贵人魏氏家的门客飞扬跋扈，虞延率领吏卒冲入他家逮捕了他。虞延因此与魏氏结怨，总得不到升迁。虞延性情敦厚纯朴，不拘小节，乡里也没什么人称赞他。王莽末年，天下大乱。虞延常常身披甲胄，保护自己的亲朋和族人，抵御前来抢劫的盗贼，很多人依靠他的保护才得以活命。虞延的表妹刚出生不久，她母亲无力养活，就把她丢弃在水沟中。虞延听见了婴儿的哭泣，心生怜悯，就抱她回来，养大成人。建武初年，虞延在执金吾府为官，被任命为细阳县令。每逢时令以及伏、腊等节日，他都会把囚犯们放出来，让他们回家，犯人们感激他的恩德，都会按规定时间返回狱中。有一个囚犯在家中生了病，用车载着回监狱，一赶到他就死了。虞延率领掾史将他安葬在狱门外，百姓看到后都非常感动。

后来，虞延离任回到家乡，当地的太守富宗知道了虞延的名声，就任命他为功曹。富宗为人喜欢奢华，平时所用的车马、衣服和器物，很多都不合礼仪。虞延因此劝诫他：“当年晏婴辅佐齐国的时候，穿的鹿裘衣服都不完好；季文子在鲁国为相，他的妾从来不穿帛制的衣服，因节俭而有过失的人是很少见的。”富宗听后很不高兴，就把虞延辞掉了。过了不久，富宗果然因奢侈靡费获罪被杀，临行刑的时候，富宗流着泪叹息说："真恨自己当初没有听从功曹虞延的劝告啊。"光武帝听说以后很惊讶。建武二十年（44），光武帝东巡，路过小黄县，汉高祖刘邦母亲昭灵后园陵就建在此地，当时虞延任陈留郡的督邮，光武帝召他前来觐见，询问有关昭灵后园陵的情况。只见虞延举止从容，礼节周到，而且十分熟悉陵寝情况，他知道陵园中树木的数量，通晓关于祭祀器皿和祭品的礼仪制度。皇上欣赏虞延，要他跟从圣驾一起到鲁国。返回时路过封丘县，由于城门低矮，皇家车驾难以通过，皇帝大怒，要人鞭打侍御史，虞延就下车领罪，认为此事罪在自己，不在侍御史。虞延言辞激昂，感动了皇上，皇帝于是下令："因陈留郡督邮虞延的缘故，免去侍御史的罪责。"虞延一直把皇上的车驾送到西边陈留郡的边界，光武帝赐他钱、剑带以及佩刀等物作为奖赏，虞延返回郡中，从此名声大振。

建武二十三年（47），司徒玉况任命虞延为属官。时逢正月初一，大臣们进宫朝贺，光武帝远远地认出了虞延，于是就派小太监跑去问他，当天封他为公车令。第二年，虞延升迁为洛阳县令。当时，阴氏有一个叫马成的门客，经常做些奸盗违法之事，虞延把他逮捕入狱进行拷问。阴氏多次要求放了他，但是虞延每得到一封阴氏求情的书信，就鞭笞马成二百下。信阳侯阴就将此事告诉了光武帝，诬陷虞延审案经常冤枉好人。光武帝于是到了御道上的一处馆舍，在那里亲自审问犯人。虞延让那些案情还可审查的犯人站在东边，而那些已定案的犯人站在西边。马成就返身想快步走到东边，虞延上前抓住他，对他说："你就像一个大蛀虫一样，长久以来依仗权势，不惧国法，而今你的罪状还没查完，应当按照法律彻底惩处你！"马成大呼冤枉，皇帝的郎官就用戟刺向虞延，要他放开马成。皇上深知虞延不会徇私枉法，就对马成说："你身犯国法，咎由自取!"喝令狱官将马成拿下带出去。几天以后，马成伏法。从此外戚都收敛了许多，不敢再随意干扰司法了。虞延任洛阳令三年后，升迁为南阳太守。

汉明帝永平初年，新野县功曹邓衍作为外戚小侯常参加朝会，他的举止仪容、步履姿态，都很出众，汉明帝见到他，对左右侍卫说："朕的仪容相貌，哪里比得上此人啊!"因此特别赏赐给邓衍车马、衣服。虞延认为此人虽有好的仪容，却与实际行为不符，因此并不以礼相待。皇帝感到很奇怪，于是下令让邓衍自称是南阳功曹到朝廷中来。邓衍到后，皇上任他为郎中，不久又升为玄武司马。邓衍在职期间，不为去世的父亲服丧，皇上听说以后，感叹道："古人云：'能洞察他人的人，是有大智慧的人，这是帝王很难做到的!'看来此话不假啊。"邓衍对此也深感惭愧，自己退职回乡了。由此大家都认为虞延明察。

永平三年（60），朝廷征召虞延代替赵憙任太尉；永平八年（65），朝廷又让他代替范迁任司徒。虞延虽历任二府，但是在职十多年间，却没有做出什么显著的成绩。此时恰逢楚王刘英谋反，阴氏想要栽赃虞延，就偷偷地派人将刘英的阴谋告诉虞延，虞延认为刘英是藩王中与皇上血缘最近的人，因此并不相信这样的传言。后来又要征召幽州从事公孙弘，但是因为公孙弘与楚王刘英有勾结而作罢，这两件事虞延都没有上奏给皇帝。等到刘英谋反的事暴露，皇上下诏书严厉斥责虞延，虞延便自杀了。虞延家中十分贫寒，子孙后代饥寒交迫。

虞延的堂曾孙虞放，字子仲。年轻时做过太尉杨震的门徒。后来杨震遭人诬陷自杀，汉顺帝初年，虞放到朝廷为杨震鸣冤，因此知名。汉桓帝时，虞放做过尚书，因参与谋划诛杀大将军梁冀有功而被封为都亭侯，后来官至司空，之后由于水灾被免了职。虞放痛恨宦官专权，于是遭宦官陷害。灵帝初年，与长乐少府李膺等人都因为党锢事件被杀。

【评述】

虞延生活在两汉之交到光武中兴的年代。对于一个亲身经历过战乱动荡的人来说，更懂得国泰民安的重要意义。他是性情中人，爱憎分明、不拘小节，然而却也有着铁汉柔情的一面，懂得惜贫怜弱。这样的人生经历，这样的脾气秉性，成就了虞延名垂青史的廉政事迹，也谱成了他不得善终的一曲悲歌。

一个政权的繁盛，不仅仅取决于统治者的雄韬伟略，也在于政府官员们如何帮助统治者治理国家、实现政治构想。虞延就曾很好地帮助光武帝刘秀实现在建制初期为巩固统治而施行的一些策略。他善待囚犯，每逢佳节都把他们放回家中与亲人团聚，令百姓感激动容，帮统治者赢取人心；他劝太守节俭，避免奢华靡费，符合当时国势初定、百废待兴的实际需要；他不畏权贵，将皇后门下客绳之以法，严惩国之大蠹，有力地维护了新生政权的威严；他还力谏皇上不要以貌取人，任人唯贤，为光武帝选拔真正的人才起到了良好的作用。

正是由于有虞延这样的官吏，汉室中兴才得以顺利的实现。可见，一国之中，若要强盛，仅靠最高统治者一人之力是绝对不行的，必须要上下齐心，拥有一大批办事得力、大公无私的践行者。不过，令人惋惜的是，由于虞延过于耿直，不拘小节，以至于得罪奸人，遭人陷害，在楚王刘英谋反一案中，受到牵连，自尽身亡。虞氏后人也处境凄凉。这是虞延的悲哀，更是汉室的损失。

（郑晓雯注译、评述）

第五伦

【原文】

第五伦字伯鱼，京兆长陵人也。其先齐诸田，诸田徙园陵者多，故以次第为氏。

伦少介然有义行。王莽末，盗贼起，宗族闾里争往附之。伦乃依险固筑营壁，有贼，辄奋厉其众，引强持满以拒之，铜马[①]、赤眉之属前后数十辈，皆不能下。伦始以营长诣郡尹鲜于褒，褒见而异之，署为吏。后褒坐事左转高唐令，临去，握伦臂诀曰："恨相知晚。"

伦后为乡啬夫，平徭赋，理怨结，得人欢心。自以为久宦不达，遂将家属客河东，变名姓，自称王伯齐，载盐往来太原、上党，所过辄为粪除而去，陌上号为道士，亲友故人莫知其处。

数年，鲜于褒荐之于京兆尹阎兴，兴即召伦为主簿。时长安铸钱多奸巧，乃署伦为督铸钱掾[②]，领长安市。伦平铨衡，正斗斛，市无阿枉，百姓悦服。每读诏书，常叹息曰："此圣主也，一见决矣。"等辈笑之曰："尔说将尚不下，安能动万乘乎?”伦曰：“未遇知己，道不同故耳。”

建武二十七年，举孝廉，补淮阳国医工长[3]，随王之国。光武召见，甚异之。二十九年，从王朝京师，随官属得会见，帝问以政事，伦因此酬对政道，帝大悦。明日，复特召入，与语至夕。帝戏谓伦曰：“闻卿为吏篣妇公，不过从兄饭，宁有之邪?”伦对曰：“臣三娶妻皆无父。少遭饥乱，实不敢妄过人食。”帝大笑。伦出，有诏以为扶夷长，未到官，追拜会稽太守。虽为二千石，躬自斩刍养马，妻执炊爨。受俸裁留一月粮，余皆贱贸与民之贫羸者。会稽俗多淫祀，好卜筮。民常以牛祭神，百姓财产以之困匮，其自食牛肉而不以荐祠者，发病且死先为牛鸣，前后郡将莫敢禁。伦到官，移书属县，晓告百姓。其巫祝有依托鬼神诈怖愚民，皆案论之。有妄屠牛者，吏辄行罚。民初颇恐惧，或祝诅妄言，伦案之愈急，后遂断绝，百姓以安。永平五年，坐法征，老小攀车叩马，啼呼相随，日裁行数里，不得前，伦乃伪止亭舍，阴乘船去。众知，复追之。及诣廷尉，吏民上书守阙者千余人。是时显宗方案梁松[4]事，亦多为松讼者。帝患之，诏公车诸为梁氏及会稽太守上书者勿复受。会帝幸廷尉录囚徒，得免归田里。身自耕种，不交通人物。

数岁，拜为宕渠令，显拔乡佐玄贺，贺后为九江、沛二郡守，以清洁称，所在化行，终于大司农。

伦在职四年，迁蜀郡太守。蜀地肥饶，人吏富实，掾史家赀多至千万，皆鲜车怒马，以财货自达。伦悉简其丰赡者遣还之，更选孤贫志行之人以处曹任，于是争赇抑绝，文职修理。所举吏多至九卿、二千石，时以为知人。

视事七岁，肃宗初立，擢自远郡，代牟融[⑤]为司空。帝以明德太后故，尊崇舅氏马廖[⑥]，兄弟并居职任。廖等倾身交结，冠盖之士争赴趣之。伦以后族过盛，欲令朝廷抑损其权，上疏曰："臣闻忠不隐讳，直不避害。不胜愚狷，昧死自表。《书》曰：'臣无作威作福，其害于而家，凶于而国。'《传》曰：'大夫无境外之交，束脩之馈。'近代光烈皇后，虽友爱天至，而卒使阴就归国，徙废阴兴宾客；其后梁、窦之家，互有非法，明帝即位，竟多诛之。自是洛中无复权威，书记请托一皆断绝。又譬诸外戚曰：'苦身待士，不如为国，戴盆望天，事不两施。'臣常刻着五臧，书诸绅带。而今之议者，复以马氏为言。窃闻卫尉廖以布三千匹，城门校尉防以钱三百万，私赡三辅衣冠，知与不知，莫不毕给。又闻腊日亦遗其在洛中者钱各五千，越骑校尉光，腊用羊三百头，米四百斛，肉五千斤。臣愚以为不应经义，惶恐不敢不以闻。陛下情欲厚之，亦宜所以安之。臣今言此，诚欲上忠陛下，下全后家，裁蒙省察。"及马防为车骑将军，当出征西羌，伦又上疏曰："臣愚以为贵戚可封侯以富之，不当职事以任之。何者？绳以法则伤恩，私以亲则违宪。伏闻马防今当西征，臣以太后恩仁，陛下至孝，恐卒有纤介，难为意爱。闻防请杜笃为从事中郎，多赐财帛。笃为乡里所废，客居美阳，女弟为马氏妻，恃此交通，在所县令苦其不法，收系论之。今来防所，议者咸致疑怪，况乃以为从事，将恐议及朝廷。今宜为选贤能以辅助之，不可复令防自请人，有损事望。苟有所怀，敢不自闻。”并不见省用。

伦虽峭直，然常疾俗吏苛刻。及为三公，值帝长者，屡有善政，乃上疏褒称盛美，因以劝成风德，曰：“陛下即位，躬天然之德，体晏晏之姿，以宽弘临下，出入四年，前岁诛刺史、二千石贪残者六人。斯皆明圣所鉴，非群下所及。然诏书每下宽和而政急不解，务存节俭而奢侈不止者，咎在俗敝，群下不称故也。光武承王莽之余，颇以严猛为政，后代因之，遂成风化。郡国所举，类多辨职俗吏，殊未有宽博之选以应上求者也。陈留令刘豫，冠军令驷协，并以刻薄之姿，临人宰邑，专念掠杀，务为严苦，吏民愁怨，莫不疾之，而今之议者反以为能，违天心，失经义，诚不可不慎也。非徒应坐豫、协，亦当宜谴举者。务进仁贤以任时政，不过数人，则风俗自化矣。臣尝读书记，知秦以酷急亡国，又目见王莽亦以苛法自灭，故勤勤恳恳，实在于此，又闻诸王主贵戚，骄奢逾制，京师尚然，何以示远？故曰：‘其身不正，虽令不从。'以身教者从，以言教者讼。夫阴阳和岁乃丰，君臣同心化乃成也。其刺史、太守以下，拜除京师及道出洛阳者，宜皆召见，可因博问四方，兼以观察其人。诸上书言事有不合者，可但报归田里，不宜过加喜怒，以明在宽。臣愚不足采。"及诸马得罪归国，而窦氏始贵，伦复上疏曰："臣得以空虚之质，当辅弼之任。素性驽怯，位尊爵重，拘迫大义，思自策厉，虽遭百死，不敢择地，又况亲遇危言之世哉！今承百王之敝，人尚文巧，咸趋邪路，莫能守正。伏见虎贲中郎将⑦窦宪，椒房之亲，典司禁兵，出入省闼，年盛志美，卑谦乐善，此诚其好士交结之方。然诸出入贵戚者，类多瑕衅禁锢之人，尤少守约安贫之节，士大夫无志之徒更相贩卖，云集其门。众煦飘山，聚蚊成雷，盖骄佚所从生也。三辅论议者，至云以贵戚废锢，当复以贵戚浣濯之，犹解酲当以酒也。诐险趣势之徒，诚不可亲近。臣愚愿陛下中宫严敕宪等闭门自守，无妄交通士大夫，防其未萌，虑于无形，令宪永保福禄，君臣交欢，无纤介之隙。此臣之至所愿也。"

伦奉公尽节，言事无所依违。诸子或时谏止，辄叱遣之，吏人奏记及便宜者，亦并封上，其无私若此。性质悫，少文采，在位以贞白称，时人方之前朝贡禹⑧。然少蕴藉，不修威仪，亦以此见轻。或问伦曰："公有私乎？"对曰："昔人有与吾千里马者，吾虽不受，每三公有所选举，心不能忘，而亦终不用也。吾兄子常病，一夜十往，退而安寝；吾子有疾，虽不省视而竟夕不眠。若是者，岂可谓无私乎?”连以老病上疏乞身。元和三年，赐策罢，以二千石奉终其身，加赐钱五十万，公宅一区。后数年卒，时年八十余，诏赐秘器、衣衾、钱布。

少子颉嗣，历桂阳、庐江、南阳太守，所在见称。顺帝之为太子废也，颉为太中大夫⑨，与太仆来历等共守阙固争。帝即位，擢为将作大匠，卒官。伦曾孙种。

论曰：第五伦峭核为方，非夫恺悌之士，省其奏议，惇惇归诸宽厚，将惩苛切之敝使其然乎？昔人以弦韦为佩，盖犹此矣。然而君子侈不僭上，俭不逼下，岂尊临千里而与牧圉等庸乎？讵非矫激，则未可以中和言也。

选自《后汉书》卷四十一《第五伦传》

【注释】

①铜马：新莽末年活动于河北地区的一支农民起义军。

②督铸钱掾：官名。东汉置，属京兆尹，掌监督铸钱和查假钱。

③医工长：官名。汉置，为王国属官，掌管医药。

④梁松：字伯孙，梁统子。娶光武帝女为妻。博通经书，常与诸儒论议礼仪制度。明帝时官至太仆。后因私自请托郡县被免官，又因匿名信诽谤下狱死。

⑤牟融：字子优，北海安丘（今属山东）人。少博学，以

《大夏侯尚书》授学门徒数百人。明帝时曾为司空，章帝时官至太尉、录尚书事。

⑥马廖：字敬平，马援子。章帝时任卫尉，封顺阳侯。处世谨慎，不慕权势，常辞让不受赐赏，为人称颂。

⑦虎贲（bēn）中郎将：西汉平帝时改期门为虎贲郎，置中郎将，属光禄勋。东汉沿置。

⑧贡禹：字少翁，琅邪（今山东诸城）人。被征为博士，任凉州刺史、河南令，元帝时为谏议大夫，多次上书，建议选举贤能，轻徭薄赋，修节俭，远声色，罢货币。

⑨太中大夫：官名。秦始置，掌议论，两汉因之。

【译文】

第五伦，字伯鱼，京兆长陵县人。他的祖先是战国时齐国的田氏。田氏家族迁徙到皇帝陵园的很多，所以便用迁徙的次序作为姓氏。

第五伦少年时耿直而讲义气。王莽末年，盗贼蜂起，宗族乡亲争着前去依附他。第五伦于是依靠险要坚固之处修筑堡垒，一旦有盗贼前来侵袭，他便率众奋力抵抗，弓箭都拉满，蓄势以待。铜马、赤眉之类前前后后来了数十支军队围攻他们，都无法攻克。第五伦开始以营垒首领的身份去见郡长官鲜于褒，鲜于褒见到他后，认为他才干卓异，征为自己的属吏。后来鲜于褒因过失降职为高唐县令，临行时，握着第五伦的手告别说："与你相知恨晚啊。"

第五伦后来任乡里啬夫，平均徭役，调解怨怼，很得人心。他自认为长久任官不能升迁，于是带着家人迁居河东郡，改名变姓，自称王伯齐。在太原、上党之间运盐，所过之处，都把粪便打扫干净才离去，路人都称他为有道之士。亲友和过去的熟人都不知道他在哪里。

多年以后，鲜于褒把他推荐给京兆尹阎兴，阎兴当即征召他为主簿。当时长安铸钱的官吏多偷奸弄巧，阎兴任命第五伦为督铸钱掾，管理长安的市场。第五伦统一衡器，纠正斗斛，市场上再没有弄虚作假的事，百姓欢悦叹服。他每次读诏书，常常叹息说："这是圣明的君主，见他一面，便可以决大事。"同僚们笑他说："你连州将都无法说服，怎么能说动君王呢?"第五伦说："是因为没有遇到知己，追求不同的缘故。"

建武二十七年（51），第五伦被举为孝廉，补任淮阳国的医工长，随同淮阳王到了封国。光武帝召见他，深感他与众不同。建武二十九年（53），第五伦跟从淮阳王到京城，与其他官属一同被皇帝接见，光武帝向他询问政事，第五伦趁机说出了自己对为政之道的见解，光武帝非常高兴。第二天，皇帝又特地召见他入宫，与他一直谈到天黑。光武帝对第五伦开玩笑说："听说爱卿做吏的时候曾殴打岳父，还不让堂兄和你一起吃饭，有这种事吗?"第五伦回答说："臣三次所娶的妻子都没有父亲。少年时曾遭饥荒之苦，实在不敢随便请人吃饭。"光武帝大笑。第五伦出京，就有诏令任命他为扶夷县长，还没有到任，又任命他为会稽太守。他虽然为二千石一级的官员，仍然亲自铡草喂马，妻子下厨做饭。所得到的俸禄，只留下一个月的口粮，其余的都低价卖给贫苦百姓。会稽地区风俗，喜好滥设祭祀，喜好占卜。民众常常用牛祭神，百姓的财产因此困乏，那些自己食用牛肉而不以之祭祀的人，发病将死时，先发出牛叫的声音。先后几任郡长官都不敢禁止杀牛祭祀的做法。第五伦到任以后，给各属县发布文书，告谕百姓，凡是巫祝有依托鬼神欺诈恐吓愚昧百姓的，都要以罪论之。胡乱杀牛的人，官吏就要给予处罚。民众开始时都很恐惧，有的巫祝胡言乱语地加以诅咒，第五伦却追查得更紧，以后杀牛祭神的风气便逐渐断绝了，百姓得以安居乐业。永平五年（62），第五伦因触犯法令被征召，郡中的老老少少攀住他的车子，拉着马，哭喊着跟随，每天只能走几里路，无法赶路。第五伦就假装住在亭舍里，暗中却乘船离去了。众人知道后，又追上来。等被送到廷尉那里，官民为他上书守在京城替他求情的有上千人。当时汉明帝正审理梁松的案子，也有很多人为梁松申冤。明帝深为不安，下诏给公车司马令，那些为梁松和会稽太守申诉的上书都不再接收。后碰巧明帝巡查廷尉监狱，审录囚犯，第五伦得以赦免，回归乡里。他亲自下田耕种，不与官宦交往。

数年之后，第五伦又被任为宕渠县令，他举荐乡佐玄贺为官。玄贺先后任九江、沛郡两郡的郡守，以清正廉洁著称，所到之处，教化得以推行，官至大司农。

第五伦任职四年，迁升为蜀郡太守。蜀郡田地肥沃，官民富裕，掾史家中的资财多达千万，都有漂亮的车子，高大的车马，很多人因有财产得以担任官职。第五伦挑选家境富足的官吏全部遣送回家，改选孤弱贫寒有节操的人担任属职。从此争相贿赂之风得以禁绝，官员的操守得到整饬。他所举荐的人多官至九卿或二千石的级别，当时人们都认为他知人善用。

任蜀郡太守七年，汉章帝新继位，把第五伦从远郡调入朝廷，代替牟融担任司空。章帝因为明德太后的缘故，尊崇皇舅马廖，让他们兄弟都居于要职。马廖等乐于与达官显贵交往，官员士大夫争相前往依附他们。第五伦认为太后家族势力太盛，便想让朝廷限制减损他们的权力，上疏说："臣下听说尽忠不用避讳隐瞒，直言不可逃避祸患。臣下愚昧狂妄，冒死上疏表白意见。《尚书》说：'臣下不应该作威作福，否则将使自己受害，国家也会受损。'《谷梁传》上说：'大夫不应在境外与人交往，不应接受一束肉的馈赠。'近代的光烈皇后，虽然非常爱护自己的家人，但终于让兄弟阴就回到自己的封国，流徙驱走阴兴的宾客。此后梁氏和窦氏两家，都有人犯法，明帝即位之后，多加以诛杀，自此以后洛阳城中不再有手握大权的外戚，书信请托的事也一概断绝了。她又告诫诸家外戚说：'辛苦地交结士人，不如报效国家，戴着盆子望天，事情无法两全。'这些话臣下常铭刻于心，书写在衣带上。而现在议论又集中在马家。我听说卫尉马廖以三千匹布，城门校尉马防以三百万钱，私下送给三辅的士大夫，不论是否认识，全都赠送。还听说在腊祭之日，又送给洛阳士人每人五千钱；越骑校尉马光，曾在腊祭时用羊三百头，米四百斛，肉五千斤。臣认为这不符合经义，心中惶恐，不敢不向陛下汇报。陛下从感情上是要厚待他们，但也应对他们有合适的安置。臣今天说这些话，实在想对上忠于陛下，对下保全外戚之家，请陛下省察。"等马防担任车骑将军，准备出征西羌时，第五伦又上疏说："臣下认为对外戚可以封侯使他们富贵，但不应当把重要的职位交给他们。为什么？因为对他们绳之以法则损伤恩情，而因亲情对他们徇私又违背国家法令。臣听说马防如今要西征，臣下认为太后恩德仁厚，陛下极为孝敬，恐怕他们突然有什么过失，难以因恩宠而不加惩罚。据说马防请杜笃做从事中郎，赐给他很多钱财绢帛。杜笃在乡里被罢免，寄居在美阳，妹妹是马氏的妻子，凭借这种关系与马家来往，当地的县令为他的不守法令而深为苦恼，将其逮捕论罪。如今到了马防那里，议论的人对此事都有疑问，感到很奇怪，何况还任杜笃为从事，我恐怕人们将会因此议论朝廷。如今应该选拔贤德有能力的人辅助马防，不可再让马防自己请人，这有损他的前途和声望。我有这些想法，怎敢不上奏给您?”他的意见并不被省察采纳。

第五伦虽然严峻刚正，然而他也常痛恨庸碌官吏的苛刻。等升至三公之位，又逢章帝是位忠厚长者，常有德政措施，第五伦于是上疏赞扬这种美好的德行，并借此来劝谏，以形成风尚成就品德。上疏说：“陛下即位之后因天生的恩德，体现温文的风姿，以宽大的态度广博的胸怀来统治臣民。即位四年，先后处死贪婪、残暴的刺史、二千石级的官员六名。这些都是英明圣德的裁断，远非臣下所能及。然而诏书每次颁布都要求宽和待下，但施政却仍然急迫不见宽松，要求务必节俭，可奢侈之风仍然不能制止，就在于风俗有弊端，群臣不称职。光武皇帝在王莽动乱之后即位，多以严厉的法令施政，后代又继承这种风格，于是形成风气。各郡和封国举荐的人，大多是只知职守的庸碌官吏，很少有宽厚博爱之人，能够符合圣上的要求。陈留县令刘豫、冠军县令驷协都以刻薄的手段来治理辖区。他们一心想着拷打诛杀，一定要严苛残酷；官民愁怨，没有不痛恨他们的，可现在议论的人却认为他们能干。这是违背天意、不合经义的行为，实在是不能不慎重。不只是刘豫、驷协应当受到惩治，举荐他们的人也应当受到谴责。若专门任用仁德贤良的人，委以政务，用不着多少人，风俗自然就会改变。臣下曾读史书和记载，知道秦朝因为用法严酷而亡国，又亲眼目睹王莽因为法令苛刻而灭亡。我之所以提出勤勤恳恳施政，其实就是为防止重蹈他们的覆辙。我又听说各位王公贵戚，骄奢淫逸，僭越国制，京城尚且如此，又怎么能给边远地区做榜样呢？所以说：'自己不端正，即使有命令也无人执行。'以身作则施行教育，别人就愿意服从；仅凭言论教训别人，则容易引起争论。阴阳调和了，年成才会丰收；君臣同心，教化就能形成。刺史、太守以下官员，任命为京官以及在洛阳之外地方官的，陛下都应召见，可以趁机广泛询问四方的情况，同时还可借此观察其人的品行能力。对各位官员，有上书提议不合宜的，可让他们去职回乡，不应因喜怒而过分处罚，以彰显施政宽厚的准则。臣的愚见，不足以让陛下采纳。"等到马氏诸人因罪而回到封国，窦氏开始尊崇起来。第五伦又上疏说："臣空虚无能，却得以担当辅佐陛下的职务。臣素来性情迟钝怯懦，却位高爵重。遵循经典大义，暗自鞭策砥砺，即使死一百次，也不敢逃避，又何况身处于可以直言的时代。如今朝廷承袭百王遗留的弊端，人们崇尚文饰机巧，都走向邪路，没有人能守正道。我见虎贲中郎将窦宪，他是后妃的亲戚，掌领禁卫军，出入宫廷，正当盛年，志向远大，性情谦卑而喜做善事，这确实是他喜欢名士并与他们结交。然而那些出入于外戚门下的人，大多品行不端并曾受过法令制裁，尤其缺少守法安贫的气节。士大夫中没有志向之徒更是互相吹捧，云集在贵戚门下。众人一起吹气山也会被吹走，众多蚊子聚在一起叫的声音也如同打雷，这就是骄横散漫产生的根源。三辅地区议论的人甚至说，因为贵戚而被废弃、禁锢的人，应当由贵戚来挽救他们，这就好比用酒来解除醉酒一样。那些阴险趋炎附势之徒，实在不可亲近。臣认为陛下和皇后应严令窦宪等闭门自守，不得任意结交官吏士人，以防患于未生之际，在灾害尚未形成之时就要考虑到它，使窦宪可以永保福禄，使君臣相互欢喜，没有丝毫的隔阂。这是臣下最大的愿望。”

第五伦奉公守法，严守节操，上书论说政事从不违心。他的儿子们有时劝他不要这样，他予以训斥；吏员们上奏及直接上奏之事，他都封好上报。第五伦就是这样公正无私。他天性质朴憨厚，没有什么华丽做作的地方，在职时以贞洁清白著称，当时的人把他比作前代的贡禹。然而他性情不够含蓄，不修饰外表，因而受人轻视。有人问第五伦说：“您有私心吗?”他回答道：“先前有人送我一匹千里马，我虽未接受，每次三公选拔举荐官员时，我心里都无法忘记此事，但始终也没有任用此人。我哥哥的儿子常常生病，我一夜去看望十次，但回来后就安然入睡了；我自己的儿子生病，虽然没去看望，却彻夜难眠。像这样，怎么可以说没有私心呢?”他接连以年老多病上疏请求辞职。元和三年(86)，皇帝下诏批准他退休，给予他二千石级官员的终身俸禄，另赐钱五十万，公宅一所。几年后，第五伦去世，享年八十余岁，诏令赐给安葬的秘器、衣被、钱和布。

第五伦幼子第五颉继承爵位，历任桂阳、庐江、南阳太守，所到之处受到人们的称颂。顺帝做太子时被废黜，第五颉正担任太中大夫，他与太仆来历等人共同守在宫门为顺帝力争。顺帝即位，提升他为将作大匠，最后死在任上。第五伦曾孙是第五种。

史家论曰：第五伦生性峻急方正，不是那种平易近人的人，但查看他的奏议，却又惇惇然，十分宽厚，这是由于他要痛惩严苛之政的弊端才变成这样的吗？从前，有人以弓弦和皮绳作为佩饰来警戒自己，大概就是这种情形了。但是，作为一名君子，就算自己奢侈，也不会僭越上司；虽然自己俭朴，却不刻薄下属。难道尊贵如千里马却要与普通圈养的牲畜同等平庸吗？如果不是故意违反常情而标新立异，那他也是不能被称为中和君子的。

【评述】

第五伦是那种讲求原则的人，其性情刚烈耿直，倔强而无所畏惧，既严于律己，又严于律人，疾恶如仇，自身在道德上高洁纯粹，让人无可指摘，对于别人的缺点也毫不宽容，即使是皇帝犯了错误，他也毫无顾忌地直言进谏，就算触犯龙颜也要伸张道德原则。世俗小人厌恶这样的人，但又不敢公开反对，于是捏造些荒诞的谣言中伤他们，光武帝风闻的所谓第五伦“篣妇公，不过从兄饭”即如此。古人云：“水至清则无鱼，人至察则无徒。”第五伦就是这样的人。他可敬、高尚、伟大，但即使是在正人君子中也很难见容。《后汉书》本传对第五伦的评价“峭核为方，非夫恺悌之士”、“讵非矫激，则未可以中和言也”，很能代表一般正直之士对他的评价。这样的人是世上最高尚的人，他们往往受到小人的厌恶而被造谣诽谤，而他们的严苛暴躁又往往使得正人君子也不视其为同道，认为他们不够宽容敦厚，有“矫激”之嫌。

第五伦生前的几朝皇帝都算明君，即使不能采纳他的建议，也重用他担任司空之职，在他退休后给予丰厚的待遇。相较之下，一千多年之后，与他性格极为相似的明代清官海瑞，下场却悲惨得多：几乎从没被重用，被嘉靖帝下狱数月，险些处死，晚年凄凉潦倒。可见，同样因至清至察遭遇到社会的排挤，第五伦的境遇比海瑞要幸运得多。

（陈国英注译、评述）

郑　均

【原文】

郑均字仲虞，东平[①]任城人也。少好黄、老书。兄为县吏，颇受礼遗，均数谏止，不听。即脱身为佣，岁余，得钱帛，归以与兄。曰："物尽可复得，为吏坐臧，终身捐弃。"兄感其言，遂为廉洁。均好义笃实，养寡嫂孤儿，恩礼敦至。常称病家廷，不应州郡辟召。郡将欲必致之，使县令谲将诣门，既至，卒不能屈。均于是客于濮阳。

建初三年，司徒鲍昱辟之，后举直言[②]，并不诣。六年，公车特征。再迁尚书，数纳忠言，肃宗[③]敬重之。后以病乞骸骨，拜议郎，告归，因称病笃，帝赐以衣冠。

元和元年，诏告庐江太守、东平相曰："议郎郑均，束脩安贫，恭俭节整，前在机密，以病致仕，守善贞固，黄发不怠。又前安邑令毛义，躬履逊让，比征辞病，淳洁之风，东州称仁。《书》不云乎：'章厥有常，吉哉！'其赐均、义谷各千斛，常以八月长吏存问，赐羊酒，显兹异行。”明年，帝东巡过任城，乃幸均舍，敕赐尚书禄以终其身，故时人号为“白衣尚书”。永元中，卒于家。

选自《后汉书》卷二十七《郑均传》

【注释】

①东平：即东平国。东汉建武十七年（41），光武帝封儿子刘苍为东平国王，以无盐为县城，宿城为王城。任城为其所辖区。

②直言：汉朝选举科目之一。被举荐者，无官职者授官，有官职者升官。

③肃宗（58—88）：汉章帝，名炟（dá），字著，明帝之子。励精图治，与民休息，雅好儒术。史称明帝、章帝间为“明章之治”。

【译文】

郑均，字仲虞，东平任城人。他年少时喜爱黄老学派的书。他哥哥任县吏，经常接受别人的礼物，郑均多次劝阻都不听。郑均就离家去给别人当雇工，一年多后，赚得钱和丝布，回家交给哥哥，说：“财物用完可以再获得，做官吏的如果因贪赃而获罪，一生的前途都没了。”哥哥被他的话感动，于是开始廉洁自守。郑均为人仁义且忠厚老实，后来供养守寡的嫂子和侄子，既礼貌又周到。他常常声称在家养病，不接受官府的征召。郡守一定要召郑均来，便叫县令声称郡守将亲自去他家，后来果真去了他家，但最终也不能说服他。郑均因此客居于濮阳。

建初三年（78），司徒鲍昱征召他，后来以直言举荐他，他都不去。建初六年，朝廷派有关部门特意征召郑均。经过两次升迁任尚书。因他屡次进献忠言，肃宗很敬重他。后来郑均因病请求辞职，章帝授他为议郎。郑均仍然请求回乡，因他声称病重，章帝不再勉强，赐他衣帽。

元和元年（84），章帝诏告庐江太守、东平相说："议郎郑均，修养德行，安贫乐道，谦恭节俭，且有高尚的节操。以前任机要之职，因病辞官，遵守善道，坚贞不移，到老也不懈怠。还有以前的安邑县令毛义，自己退位让贤，等到征召他时又推辞称病，淳厚廉洁的作风，受到东州人的称颂，都说此为仁德之人。《尚书》上不是说吗：'褒扬有常德之人，是好事情！'赐给郑均、毛义各一千斛谷，每年八月派官吏慰问他们，赐羊和酒，以此显扬他们不平凡的品行。"第二年，章帝东巡路过任城县，亲自驾临郑均家，下令赐给他终身尚书薪俸，所以时人称郑均"白衣尚书"。永元年间，郑均死于家中。

【评述】

郑均生活在东汉之初，年少时好黄老，淡泊无欲，清静自守，不慕仕宦。他一生约己修身，安贫乐道，恭俭节约，年轻时曾劝诫兄长要做廉吏；他恪守善道，好义笃实，赡养寡嫂孤儿，周到礼貌，为官后屡进忠言。因此，郑均尽管始终在避官，入仕时间并不长，但是，因其德高而备受世人乃至肃宗、章宗的尊重，并赢得了"白衣尚书"的美誉。

汉代皇帝自高祖刘邦就非常重视人才的选拔和任用，决心改变秦代专以武功、法令取人的制度，他曾下诏多方求贤，以加强政权建设。其后的文帝、武帝也都注重建立有利于巩固中央集权统治的公允的官吏选拔制度，至武帝时使察举制成为官员选拔的定制。实际上，作为儒家核心政治思想的“德治”和“任贤”，也是整个汉代自上而下所推崇的风尚。东汉之初，肃宗对郑均的征召和敬重，以及肃宗赐给郑均衣帽、亲自看望、赐给尚书薪俸等，在很大程度上都表达了朝廷对贤能的尊重和诚意，而且对整个官僚阶层形成尊贤任能之风具有垂范作用。

（王维娜注译　史建桥评述）

周　纡

【原文】

周纡字文通，下邳徐人也。为人刻削少恩，好韩非之术。少为廷尉史。

永平中，补南行唐[①]长。到官，晓吏人曰："朝廷不以长不肖，使牧黎民，而性仇猾吏，志除豪贼，且勿相试！"遂杀县中尤无状者数十人，吏人大震。迁博平[②]令。收考奸臧，无出狱者。以威名迁齐相，亦颇严酷，专任刑法，而善为辞案条教，为州内所则。后坐杀无辜，复左转博平令。

建初中，为勃海太守。每赦令到郡，辄隐闭不出，先遣使属县尽决刑罪，乃出诏书。坐征诣廷尉，免归。

纡廉洁无资，常筑墼[③]以自给，肃宗闻而怜之，复以为郎，再迁召陵侯相。廷掾惮纡严明，欲损其威，乃晨取死人断手足，立寺门。纡闻，便往至死人边，若与死人共语状。阴察视口眼有稻芒，乃密问守门人曰："悉谁载藁入城者？"门者对："唯有廷掾耳。"又问铃下："外颇有疑令与死人语者不？”对曰：“廷掾疑君。”乃收廷掾考问，具服“不杀人，取道边死人”。后人莫敢欺者。

征拜洛阳令。下车，先问大姓主名，吏数闾里豪强以对，纡厉声怒曰：“本问贵戚若马、窦等辈，岂能知此卖菜佣乎？”于是部吏望风旨，争以激切为事。贵戚跼蹐，京师肃清。皇后弟黄门郎窦笃从宫中归，夜至止奸亭，亭长霍延遮止笃，笃苍头与争，延遂拔剑拟笃，而肆詈恣口。笃以表闻。诏召司隶校尉、河南尹诣尚书谴问，遣剑戟士收纡送廷尉诏狱。数日贳出。帝知纡奉法疾奸，不事贵戚，然苛惨失中，数为有司所奏，八年，遂免官。

后为御史中丞。和帝即位，太傅邓彪奏纡在任过酷，不宜典司京辇。免归田里。后窦氏贵盛，笃兄弟秉权，睚眦宿怨，无不僵仆。纡自谓无全，乃柴门自守，以待其祸。然笃等以纡公正，而怨隙有素，遂不敢害。

永元五年，复征为御史中丞。诸窦虽诛，而夏阳侯瑰犹尚在朝。纡疾之，乃上疏曰：“臣闻臧文仲之事君也，见有礼于君者，事之如孝子之养父母，见无礼于君者，诛之如鹰鹯之逐鸟雀。案夏阳侯瑰，本出轻薄，志在邪僻，学无经术，而妄构讲舍，外招儒徒，实会奸桀。轻忽天威，侮慢王室，又造作巡狩封禅上书，惑众不道，当伏诛戮，而主者营私，不为国计。夫涓流虽寡，浸成江河；爝火虽微，卒能燎野，履霜有渐，可不惩革？宜寻吕产专窃之乱，永惟王莽篡逆之祸，上安社稷之计，下解万夫之惑。”会瑰归国，纡迁司隶校尉。

六年夏旱，车驾自幸洛阳录囚徒，二人被掠生虫，坐左转骑都尉。七年，迁将作大匠。九年，卒于官。

选自《后汉书》卷七十七《周纡传》

【注释】

①南行唐：本战国赵南行唐邑，西汉置县。为常山郡都尉治，在今河北行唐县东北。东汉至西晋属常山国或常山郡。后改为行唐县。

②博平：县名。春秋时为齐博陵邑，汉高祖六年（前201）置博平县，因县境广阔且平故名。属东郡，在今茌平县肖庄乡王菜瓜村西一公里。王莽始建国，改名嘉睦县。东汉建武元年复名。故址在今山东聊城博平镇。

③墼（jī）：未经烧制的砖坯。

【译文】

周纡，字文通，下邳徐县人。他为人刻薄寡恩，喜欢韩非子的思想。他在年轻时曾担任过廷尉史一职。

汉明帝永平年间，周纡被任命为南行唐县县长。他一上任，就告诫全县官吏百姓：“朝廷以为我贤能，派我来做县长。我天生仇恨狡诈的官吏，发誓要铲除这种官吏和豪强，请大家不要以身试法！”于是，他便杀了县内几十个目无法纪的人，使全县人民大为震动。这样，周纡升为博平县令。到任后，他逮捕并严审奸恶及贪污受贿者，这些人没有一个人活着出狱的。以他的声威，周纡晋升为齐国相。任相后，他依然十分严厉残酷，一味动用刑律，并且擅长写案牍和法律条文，因而被州内郡县所效法。后来，周纡因滥杀无辜，又被降为博平县令。

汉章帝建初年间，周纡担任渤海太守。在这里，每逢朝廷赦免罪犯的命令下来，他都先将诏书隐藏起来，派人到所属各县将罪犯全部判决完毕，然后才出示诏书。结果，他被征召到廷尉府问罪，而免官回家。

周纡十分廉洁，因为平时没有积蓄，在免官后，他只得靠做砖坯来生活。汉章帝听说了，很同情他，又让他担任郎官，不久又升他为召陵侯相。这里的廷掾害怕周纡的严明，想杀杀他的威风。于是一天清晨，这个廷掾弄来一具尸体，将尸体的手脚砍断，然后将尸体立在相府门前。周纡得知后，就来到死人跟前，假装跟死人说话的样子，而暗中观察死人的情况。周纡看到死人口中和眼中有稻芒，就悄悄地问守城门人："今天有谁运稻草进城？"看门人说："只有廷掾。"周纡又问身边侍从："外面有谁怀疑我和死人说话吗？"侍从回答说："只有廷掾。"于是，周纡将廷掾逮捕，并进行拷问。廷掾对此供认不讳，但他又补充说："我没有杀人，只是弄来路边的死人。"从此以后，再也没有谁敢欺骗周纡了。

周纡又被拜为洛阳令。他一到任，就问当地大户人家的姓名，下属官员将本地豪强的名字告诉他。周纡厉声吼道："我问的是像马氏、窦氏这样的皇亲贵戚。你要我知道那些卖菜的奴仆吗！"于是，他的下属官吏就以他的意旨办事，争先恐后地以严酷为能事。那些皇亲国戚为了不招惹周纡，都如履薄冰，从此京城秩序井然。皇后的弟弟黄门郎窦笃从宫中回来，夜里到止奸亭时，亭长霍延拦阻窦笃，窦笃的奴仆与霍延发生争执，霍延遂拔剑对着窦笃，而且破口大骂。窦笃奏闻汉章帝。汉章帝下诏要司隶校尉、河南尹到尚书府责问此事，并派执剑戟卫士将周纡逮捕，关到廷尉的大牢里。几天后，周纡被赦免出来。汉章帝知道周纡奉公执法，疾恶如仇，从不奉承皇亲国戚，然而办案过于残酷，有失中庸，因此，他多次被有关官员弹劾。建初八年（83），周纡被免除官职。

后来，周纡担任御史中丞。汉和帝即位以后，太傅邓彪上奏说，周纡在职期间过于严酷，不宜主管京师。这样，周纡又被免职回乡。后来，贵戚窦氏得势，窦宪兄弟把持朝政，他们睚眦必报。周纡以为自己在劫难逃，便闭门自守，等待被杀。但窦笃等人认为，周纡办事公正，而且他们之间仇怨由来已久，因而没敢加害于他。

汉和帝永元五年（93），周纡又被征为御史中丞。虽然，此时窦氏家族已被诛杀，而夏阳侯窦瑰还在朝廷为官。周纡痛恨他，于是上奏说："臣听说臧文仲侍奉国君，见到对君主有礼的人，就以孝子赡养父母的态度对待这种人；见到对君主无礼的人，便像鹰、鹯等猛禽追逐鸟雀一样严惩这种人。夏阳侯窦瑰，本轻浮刻薄之人，他居心不良，不学无术，却随意建立讲堂，招收生徒，实际是纠集奸猾暴虐之徒。他轻视天子，侮慢皇室，又编造皇上巡狩封禅之书，迷惑视听。其欺君之罪，理当诛杀，而主办此案的官员只为一己之私，未为国家考虑，至今让窦瑰逍遥自在。涓涓细流汇成江河，微微爝火可以燎原。如此以往，其后果不堪设想，我们能不注意吗？应当记取以前吕产专权、王莽篡逆的教训，这样，方可上思安邦定国之策，下解黎庶万民之惑。”恰在此时，窦瑰已回封国。周纡被调任为司隶校尉。

永元六年（94）夏天，发生旱灾，汉和帝亲自到洛阳监狱察看囚徒及其犯罪记录的情况，见两个囚徒被拷打得伤口生出蛆虫。因此，皇帝责周纡太残酷，被降为骑都尉。永元七年，周纡又改任将作大匠。永元九年，周纡在将作大匠任上去世。

【评述】

周纡为官清廉，疾恶如仇，素以严厉著称。这种作风，使他五起五落，甚至有时招来杀身之祸。但无论如何，他不改初衷。

周纡严惩贪官污吏。他出任唐县县令后，便对大小官员说：朝廷任用我这个有能力的人来做县令，我将除暴安良，请诸位不要以身试法！接着，数十个为害百姓的贪官污吏及豪贼的违法乱纪确凿证据被周纡掌握在手，周纡经过公正断处，将他们一一斩杀。当地民众无不拍手称赞。由于他不徇私情、恪尽职守，周纡治下的百姓安居乐业，一片升平。由于他的严厉作风，其属下也纷纷效仿，以至于一个小小的亭长竟敢把皇帝的小舅子半道拦住质询谩骂。

周纡极具审判才能。他担任召陵侯时，有一个廷掾想杀他的威风，便找了一具尸体砍去手脚放在他的衙门口。但聪明的周纡假装对尸体讲话，很快便知道是何人所为了（这便是有名的“周纡尸语”美谈）。也正是这件事，周纡的名声更著，无人再敢对其撒谎了。

周纡一身正气。他不仅不阿奉权贵，而且凡奸恶及贪污受贿之权要，不管他身份有多高背景有多深，一概严惩不贷（几乎无活着出狱的）。比如，他担任洛阳令时，首先就要掌握这里为非作歹的皇亲贵戚，使这些达官贵人如履薄冰，一时间京城秩序井然。同时，周纡的做法，使这些达官显贵怀恨在心。于是，周纡一次次被贬或免官。如永平年间中期，被降为博平令；建初年间与和帝即位后，三次被免除官职等。但这丝毫未影响他为官处事的风格，以至在窦氏家族已不成气候时，他还上书汉和帝，历数夏阳侯窦瑰的种种罪过，请求诛之。

总之，周纡是一个精明能干，两袖清风，卓有政绩的封建官吏，值得我们学习。当然，他过分的杀戮行为是应当严厉批评的。

（周建清注译　孙保珍评述）

何　敞

【原文】

何敞，字文高，扶风平陵人也。其先家于汝阴。六世祖比干，学《尚书》于朝错，武帝时为廷尉正，与张汤同时。汤持法深而比干务仁恕，数与汤争，虽不能尽得，然所济活者以千数。后迁丹阳都尉，因徙居平陵。敞父宠，建武中为千乘都尉，以病免，遂隐居不仕。

敞性公正。自以趣舍不合时务，每请召，常称疾不应。元和中，辟太尉宋由府，由待以殊礼。敞论议，常引大体，多所匡正。司徒袁安亦深敬重之。是时，京师及四方累有奇异鸟兽草木，言事者以为祥瑞。敞通经传，能为天官，意甚恶之。乃言于二公曰："夫瑞应依德而至，灾异缘政而生。故鸲鹆来巢，昭公有乾侯之厄；西狩获麟，孔子有两楹之殡[①]。海鸟避风，臧文祀之，君子讥焉。今异鸟翔于殿屋，怪草生于庭际，不可不察。"由、安惧然不敢答，居无何而肃宗崩。

时窦氏专政，外戚奢侈，赏赐过制，仓帑为虚。敞奏记由曰：“敞闻事君之义，进思尽忠，退思补过。历观世主时臣，无不各欲为化，垂之无穷，然而平和之政万无一者，盖以圣主贤臣不能相遭故也。今国家秉聪明之弘道，明公履晏晏之纯德，君臣相合，天下翕然，治平之化，有望于今。孔子曰：‘如有用我者，三年有成。’今明公视事，出入再期，宜当克己，以酬四海之心。《礼》，一谷不升，则损服②彻膳。天下不足，若己使然。而比年水旱，人不收获，凉州缘边，家被凶害，男子疲于战陈，妻女劳于转运，老幼孤寡，叹息相依。又中州内郡，公私屈竭，此实损膳节用之时。国恩覆载，赏赉过度，但闻腊赐③，自郎官以上，公卿王侯以下，至于空竭帑藏，损耗国资。寻公家之用，皆百姓之力。明君赐赉，宜有品制，忠臣受赏，亦应有度，是以夏禹玄圭，周公束帛。今明公位尊任重，责深负大，上当匡正纲纪，下当济安元元，岂但空空无违而已哉！宜先正己以率群下，还所得赐，因陈得失，奏王侯就国，除苑囿之禁，节省浮费，赈恤穷孤，则恩泽下畅，黎庶悦豫，上天聪明，必有立应。使百姓歌诵，史官纪德，岂但子文逃禄，公仪退食之比哉！”由不能用。

时齐殇王子都乡侯畅奔吊国忧，上书未报，侍中窦宪遂令人刺杀畅于城门屯卫之中，而主名不立。敞又说由曰：“刘畅宗室肺府，茅土藩臣，来吊大忧，上书须报，亲在武卫，致此残酷。奉宪之吏，莫适讨捕，踪迹不显，主名不立。敞备数股肱，职典贼曹，故欲亲至发所，以纠其变，而二府以为故事三公不与贼盗。昔陈平生于征战之世，犹知宰相之分，云‘外镇四夷，内抚诸侯，使卿大夫各得其宜’。今二府执事不深惟大义，惑于所闻，公纵奸慝，莫以为咎，惟明公运独见之明，昭然勿疑，敞不胜所见，请独奏案。”由乃许焉。二府闻敞行，皆遣主者随之，于是推举具得事实，京师称其正。

以高第拜侍御史。时遂以窦宪为车骑将军，大发军击匈奴，而诏使者为宪弟笃、景并起邸第，兴造劳役，百姓愁苦。敞上疏谏曰：“臣闻匈奴之为桀逆久矣。平城之围，嫚书之耻，此二辱者，臣子所为捐躯而必死，高祖、吕后忍怒还忿，舍而不诛。伏惟皇太后秉文母之操，陛下履晏晏之姿，匈奴无逆节之罪，汉朝无可惭之耻，而盛春东作，兴动大役，元元怨恨，咸怀不悦。而猥复为卫尉笃、奉车都尉景缮修馆第，弥街绝里，臣虽斗筲之人④，诚窃怀怪，以为笃、景亲近贵臣，当为百僚表仪。今众军在道，朝廷焦唇，百姓愁苦，县官无用，而遽起大第，崇饰玩好，非所以垂令德，示无穷也。宜且罢工匠，专忧北边，恤人之困。”书奏不省。

后拜为尚书，复上封事曰：“夫忠臣忧世，犯主严颜，讥刺贵臣，至以杀身灭家而犹为之者，何邪？君臣义重，有不得已也。臣伏见往事，国之危乱，家之将凶，皆有所由，较然易知。昔郑武姜之幸叔段，卫庄公之宠州吁，爱而不教，终至凶戾。由是观之，爱子若此，犹饥而食之以毒，适所以害之也。伏见大将军宪，始遭大忧，公卿比奏，欲令典干国事。宪深执谦退，固辞盛位，恳恳勤勤，言之深至，天下闻之，莫不悦喜。今逾年无几，大礼未终，卒然中改，兄弟专朝。宪秉三军之重，笃、景总宫卫之权，而虐用百姓，奢侈僭逼，诛戮无罪，肆心自快。今者论议凶凶，咸谓叔段、州吁复生于汉。臣观公卿怀持两端，不肯极言者，以为宪等若有匪懈之志，则己受吉甫褒申伯之功，如宪等陷于罪辜，则自取陈平、周勃顺吕后之权，终不以宪等吉凶为忧也。臣敞区区，诚欲计策两安，绝其绵绵，塞其涓涓，上不欲令皇太后损文母之号，陛下有誓泉之讥，下使宪等得长保其福祐。然臧获⑤之谋，上安主父，下存主母，犹不免于严怒。臣伏惟累祖蒙恩，至臣八世，复以愚陋，旬年之间，历显位，备机近，每念厚德，忽然忘生。虽知言必夷灭，而冒死自尽者，诚不忍目见其祸而怀默苟全。驸马都尉瑰，虽在弱冠，有不隐之忠，比请退身，愿抑家权。可与参谋，听顺其意，诚宗庙至计，窦氏之福。”

敞数切谏，言诸窦罪过，宪等深怨之。时济南王康尊贵骄甚，宪乃白出敞为济南太傅。敞至国，辅康以道义，数引法度谏正之，康敬礼焉。

岁余，迁汝南太守。敞疾文俗吏以苛刻求当时名誉，故在职以宽和为政。立春日，常召督邮还府，分遣儒术大吏案行属县，显孝悌有义行者。及举冤狱，以《春秋》义断之。是以郡中无怨声，百姓化其恩礼。其出居者，皆归养其父母，追行丧服，推财相让者二百许人。置立礼官，不任文吏。又修理鲖阳旧渠，百姓赖其利，垦田增三万余顷。吏人共刻石，颂敞功德。

及窦氏败，有司奏敞子与夏阳侯瑰厚善，坐免官。永元十二年复征，三迁五官中郎将。常忿疾中常侍蔡伦，伦深憾之。元兴元年，敞以祠庙严肃，微疾不斋，后邓皇后上太傅禹冢，敞起随百官会，伦因奏敞诈病，坐抵罪。卒于家。

选自《后汉书》卷四十三《何敞传》

【注释】

①两楹之殡：语见《礼记》："孔子曰：'……予畴昔夜梦坐奠于两楹之间焉。殷人殡于两楹之间，丘即殷人也，予殆将死也。'遂寝疾，七日而死。"

②损服：减少或降低所用衣服、车马的规格，以示俭约。

③腊赐：汉制，腊日赐百官钱称"腊赐"。

④斗筲（shāo）之人：形容气量狭小、见识短浅的人。这里是谦称。筲，竹器，容斗二升。

⑤臧获：古代对奴婢的贱称。

【译文】

何敞，字文高，扶风平陵人。何敞的祖先曾居住在汝阴县。他的六世祖何比干，曾经师从晁错学习《尚书》，到汉武帝时为廷尉正，与张汤同时。张汤持法森严，而何比干则主张仁恕之道，因而多次与张汤因断案发生辩论，虽不能让张汤完全服从自己，但他还是从张汤的刀口下救了数以千计的人。后来，何比干被升职为丹阳都尉，搬到平陵居住。何敞之父何宠，在建武年中做千乘县的都尉，因为得病被免职。后隐居起来，不再为官。

何敞为人公正。他自认为性情不合时宜，所以每次被皇帝征召，都借口有病不赴召。汉章帝元和年间，太尉宋由征辟他为僚属，并待他以殊礼。何敞谈论时政高瞻远瞩，原则性强，多有建树。司徒袁安也特别敬重他。当时，京师及全国各地多次出现奇异的鸟兽草木，言官以为这是吉祥的征兆。何敞通晓儒家经典，懂得天文，认为这不是什么好兆头。于是，他对太尉宋由和司徒袁安解释说："吉祥福瑞应有好的德行才会到来，而灾害往往因不好的政治而生。所以八哥来筑巢，鲁昭公便有乾侯之灾；天子西狩猎获麒麟，孔子就梦见自己将要去逝；海鸟避风于鲁国东门之外，臧文仲祭拜之，君子就嘲笑他。如今怪鸟飞翔在殿堂之上，奇草生长在院子里，不能不警惕啊。"二人听了，因恐惧而默然无语。果然，没过多久，汉章帝就驾崩了。

当时窦氏专权，外戚奢侈，他们受到的赏赐超过规定，国库的钱粮因此虚空。何敞对宋由进言道："我听说大臣在朝时，就要竭力报效皇上；退朝后，就应该反省自己，以弥补自己的过失。我纵观历代君主和大臣，没有人不想以教化垂万世。然而太平之世极其少，这大概是圣主和贤臣未曾相遇的原因吧。现在我国政策开明，大人您又温婉谦和，明君和贤臣相遇，所以，清明、太平之世有望实现。孔子说：‘如果我被任用，三年便能取得成就。’如今大人您主大事已经两年，应当约束自己，以不负天下百姓之厚望。《礼记》说，一季没有收成，国君就应该节衣缩食。天下百姓困穷，就应该以为这是自己造成的。而近年来，水旱灾害连连，百姓没有收成。凉州这个边远之地，家家受到灾害。其中，男子疲于打仗，妻儿子女则忙于运输，老、幼、孤、寡者只能无助叹息。再者，内地各郡县公私财力枯竭，这时大家应当省吃俭用。但是，朝廷赏赐过度，致使国家难以承受。我听说仅仅腊日那一天，从郎官至公卿王侯都有赏赐，使国库一空。我认为国家的每一分钱，都是来自老百姓。英明君主进行赏赐，应有节制；赏赐忠臣，当然也要有限度。所以，夏禹被赏赐玄圭，周公得束帛赏赐。如今，大人您地位尊贵，责任重大，对上应匡正朝纲，对下当普济黎民，怎能以明哲保身为行为准则！所以，大人您应该归还赏赐，以表率群臣，并趁机向皇上奏陈此举利弊，同时奏请王侯返回封国，解除苑囿之禁，节省冗费，救济孤苦无依者。这样，皇恩就会福泽百姓，人民就会欢悦。苍天有眼，您一定会有回报的，会使百姓歌颂您的惠泽，史官记录您的德政。这岂是子文逃禄、公仪退食所能相比？”宋由不听。

其时，齐殇王的儿子都乡侯刘畅到京城吊唁汉章帝，上书还未接到回报，侍中窦宪就命人在城门屯卫中将刘畅杀死，而人们不知主谋为谁。何敞又劝宋由说：“刘畅是朝廷宗亲，他分封为王，前来吊唁国丧，上书还未曾接到回报，就在武卫之中等候，可就被这么残酷地杀害。执法人员没有追捕凶手，也无以知道主犯是谁。我作为朝廷命官，职责就是捕拿盗贼，因此我想亲自去勘察现场，查个水落石出。可司徒、司空二公却认为，按照旧例，三公不参与抓捕盗贼之事。以前，陈平生于战乱之世，还知道宰相的职责，说‘宰相对外要镇抚四夷，对内安抚各诸侯，使卿大夫各得其所’。现在二府却未深明大义，而迷惑所闻，公然放纵奸逆，不认为他们有罪。只有太尉您有独见之明，彰显不疑。我所见不尽，请大人您让我单独负责此案。”宋由应允。司徒、司空听说由何敞办理此案，也派遣主管捕盗的官员一起去。后来，何敞查到了证据，审出了事实真相。京城的百姓都称赞何敞刚正不阿。

何敞以高第被拜为侍御史。当时，朝廷任命窦宪为车骑将军，率大军征讨匈奴，又下诏为窦宪的弟弟窦笃、窦景修造府邸，大兴土木，百姓愁苦不堪。何敞上疏进谏说：“臣闻匈奴像桀纣一样倒行逆施已很久了。他们曾在平城围困高祖，送无礼之信给吕后。大臣们愿为之捐躯以洗刷这两次耻辱，但高祖和吕后却隐忍不发。臣以为，皇太后秉承文母的操守，陛下温和谦让，匈奴没有谋逆的罪行，大汉也没有可惭之羞。在此盛春农忙季节，我朝却大兴劳役，百姓怨声载道，而且又为卫尉窦笃、奉车都尉窦景修建豪宅盖满了街道。愚臣卑微，私下甚感奇怪，以为窦笃、窦景都是皇上的亲近大臣，当为百官表率。现在，大军正在行军路上，朝廷百官忧虑，百姓愁苦，各级官府资用缺乏，却突然盖起豪华宅第，追求装饰、玩物，此绝非流芳万古之举！请皇上立即停工，关注北方战事，以恤百姓之苦。”但是，奏折递上后，皇帝没有批复。

后来，何敞拜为尚书。他又密折上奏，说：“忠臣忧心国事，冒犯龙颜，讥讽权贵，即使家破人亡也在所不辞，为什么？因为君臣大义，不得不如此啊。臣粗懂历史，深知国家遭难、家庭遭祸，都有其显而易见的原因。以前，郑国武姜喜欢公叔段，卫庄公宠爱州吁，却不对他们进行教育，最终导致其毁灭。由此可见，这样疼爱孩子，就像他们在饥饿时，用毒药给他们吃，而毒死他们一样。章帝刚驾崩时，臣亲眼看见公卿们屡屡奏请大将军窦宪主持国政，窦宪十分谦让，坚持不就高位，其言词之恳切，赤心之忠诚，普天之下无不喜悦。而今，没过一年，先帝的大礼还没结束，窦宪便突然中途改志，窦氏兄弟专擅朝权。窦宪控制了三军，窦笃、窦景总管宫廷护卫。他们兄弟三人随心所欲，残酷地征用百姓，奢侈越制，滥杀无辜。如今天下议论纷纷，都以为公叔段、州吁又在我大汉复活了。臣观察大臣们之所以首鼠两端，不肯极言切谏，就因窦宪有非常之志，自己也有尹吉甫褒扬申伯的功劳，而窦宪如果获罪，自己则效法陈平、周勃顺从吕后的策略，所以，他们始终不以窦宪兄弟为忧。愚臣何敞卑微，试图以两全其美之法，来实现未雨绸缪，上不使皇太后折损文母之美誉，陛下亦不用发誓黄泉相见，下使窦氏兄弟长保富贵尊荣。然奴才之计，上安主父，下存主母，仍不免受到严斥。臣追念世代沐浴皇恩，至臣已八世。臣虽愚陋，蒙陛下拔擢，几年之间，就登显位，身处机要。每当臣想到陛下隆恩，便愿以死相报。臣深知说出以上愚蠢之言必遭家族夷灭之祸，但仍旧冒死说出这些，是不忍心眼见灾祸仍为苟且偷生而沉默不言。驸马都尉窦瑰，虽然年少，却有着掩饰不住的忠诚，他曾多次要求隐退，以限制自己的权势。陛下可与之咨诹善谋，如能听从其意，实乃国家之宏运，窦氏之大福也。”

何敞多次极力劝谏，奏说窦氏的罪过，因此，窦宪等特别怨恨他。当时济南王刘康十分骄横，窦宪便奏请让何敞去任济南王太傅。何敞到济南后，对刘康以大义相劝，多次用法律制度来匡正其不法行为。于是，刘康便更敬重他，并以礼相待。

一年多以后，何敞改任汝南太守。何敞痛恨地方官吏以苛政沽名钓誉，所以推行宽和的政策。立春之日，何敞召督邮回太守府，分派精通儒学的官吏到下属府县，表彰那些谨守孝道、兄弟友善的人。在审理冤狱时，根据《春秋》大义来审断。所以，他治下的郡县都没有怨言，百姓被其恩德和礼教所感化。那些与父母分居的人，都回来赡养父母。父母已亡者，则为父母服丧。郡中还出现了二百多人互相推让财产的事。何敞设置礼官，不任命文官。他又修治鲖阳旧渠，百姓靠这条渠道，开垦的土地增加了三万余顷。郡中官吏和百姓一起勒石刻碑，歌颂何敞的功德。

后来窦氏灭亡，司法部门劾奏何敞的儿子与夏阳侯窦瑰关系密切，何敞因此被免官。汉和帝永元十二年（100），何敞又被重新起用，三次升迁官至五官中郎将。何敞向来憎恨中常侍蔡伦，蔡伦也恨他。汉和帝元兴元年（105），何敞以祠庙乃严肃之地，自己有点小病，不宜斋祭而未去。后来，邓皇后为太傅邓禹上坟，何敞随百官前往。蔡伦此时便奏劾何敞装病不去祠庙一事，何敞因此被判罪免职。后来，何敞死于家中。

【评述】

能在史书上留下一笔的“好官”不外乎有以下两个优点：要么，以品格胜，如为人正直，不阿谀逢迎，关键时刻敢于直言进谏；要么，以能力胜，在治理国事上有所作为，居朝堂之上能辅佐君主，处地方之远能造福一方。而东汉时期的何敞，可以说两者兼备。

章和二年（88）二月，汉章帝崩于章德殿，十岁的皇太子刘肇即位，是为汉和帝，尊窦皇后为皇太后。新主年幼，窦太后临朝摄政，其兄窦宪以侍中的身份，入宫主持机要，出宫宣布太后的命令，其弟窦笃为虎贲中郎将，另外两个弟弟窦景、窦同均列中常侍。可以说，窦氏一脉，几乎把持了朝政。逢年过节，皇帝为赏赐窦家，几乎耗尽国库所藏。彼时，何敞尚在太尉宋由手下为官，见此情景，向上司进言，请他上疏阻止朝廷的这种做法，但是，迫于窦氏家族的权势，宋由并没有采纳他的建议。

何敞并没有因窦氏权倾朝野而随波逐流，他始终没有放弃与窦氏的斗争。当时恰逢齐殇王刘石的儿子都乡侯刘畅到京城来祭吊章帝，窦太后频频召见他。窦宪怕刘畅分去自己在内宫的权势，便派刺客在皇宫禁卫军中将刘畅暗杀，并将此归罪于刘畅的弟弟利侯刘刚。窦宪谋刺皇族在先，诬陷他人在后，目无法纪之至。然而当时朝中官员碍于窦氏的权势，各个部门互相推脱，都不愿卷入案中。何敞挺身而出，顶住各方压力，亲自审案，终于使案情大白于天下。窦太后知道真相后大怒，将窦宪禁闭在内宫，窦宪害怕被杀，就主动请求去攻打匈奴，以赎死罪。处理刘畅被刺案，显示了何敞不仅有勇气，更有切实的办事能力。

因为长期与窦氏为敌，何敞被下放到汝南做地方官，但他卓越的政治才能再一次显现出来——他将治所管理得井井有条，受到当地百姓的交口称赞。

这样一个有品德有才能的官员，本应全身而退、荣耀加身，成为一代士人的楷模，但最后却因为儿子与窦家有来往，在窦氏倒台时受到牵连，后来又被政敌构陷，身死家中，实在让人唏嘘感叹！历史自有公论，何敞正直贤良的美名得以流芳百世。

（崔云红注译　韩玲评述）

张　禹

【原文】

张禹字伯达，赵国襄国人也。

祖父况族姊为皇祖考[①]夫人，数往来南顿，见光武。光武为大司马，过邯郸，况为郡吏，谒见光武。光武大喜，曰："乃今得我大舅乎！"因与俱北，到高邑，以为元氏令。迁涿郡太守。后为常山关长。会赤眉攻关城，况战殁。父歆，初以报仇逃亡，后仕为淮阳相，终于汲令。

禹性笃厚节俭。父卒，汲吏人赙送前后数百万，悉无所受。又以田宅推与伯父，身自寄止。

永平八年，举孝廉，稍迁；建初中，拜扬州刺史。当过江行部[②]，中土人皆以江有子胥之神，难于济涉。禹将度，吏固请不听。禹厉言曰："子胥如有灵，知吾志在理察枉讼，岂危我哉？"遂鼓楫而过。历行郡邑，深幽之处莫不毕到，亲录囚徒，多所明举。吏民希见使者，人怀喜悦，怨德美恶，莫不自归焉。

元和二年，转兖州刺史，亦有清平称。三年，迁下邳相。徐县北界有蒲阳坡，傍多良田，而堙废莫修。禹为开水门，通引灌溉，遂成孰田数百顷。劝率吏民，假与种粮，亲自勉劳，遂大收谷实。邻郡贫者归之千余户，室庐相属，其下成市。后岁至垦千余顷，民用温给。功曹史戴闰，故太尉掾也，权动郡内。有小谴，禹令自致徐狱，然后正其法。自长史以下，莫不震肃。

永元六年，入为大司农，拜太尉，和帝甚礼之。十五年，南巡祠园庙，禹以太尉兼卫尉留守。闻车驾当进幸江陵，以为不宜冒险远，驿马上谏。诏报曰："祠谒既讫，当南礼大江，会得君奏，临汉回舆而旋。"及行还，禹持蒙赏赐。

延平元年，迁为太傅[3]，录尚书事。邓太后以殇帝[4]初育，欲令重臣居禁内，乃诏禹舍宫中。给帷帐床褥，太官朝夕进食，五日一归府。每朝见，特赞，与三公绝席。禹上言："方谅闇密静之时，不宜依常有事于苑囿。其广成、上林空地，宜且以假贫民。"太后从之。及安帝即位，数上疾乞身。诏遣小黄门问疾，赐牛一头，酒十斛，劝令就第。其钱布、刀剑、衣物，前后累至。

永初元年，以定策[5]功封安乡侯，食邑千二百户，与太尉徐防、司空尹勤同日俱封。其秋，以寇贼水雨策免防、勤，而禹不自安，上书乞骸骨，更拜太尉。四年，新野君病，皇太后车驾幸其第。禹与司徒夏勤、司空张敏俱上表言："新野君不安，车驾连日宿止，臣等诚窃惶惧。臣闻王者动设先置，止则交戟，清道而后行，清室而后御，离宫不宿，所以重宿卫也。陛下体烝烝之至孝，亲省方药，恩情发中，久处单外，百官露止，议者所不安。宜且还宫，上为宗庙社稷，下为万国子民。"比三上，固争，乃还宫。后连岁灾荒，府藏空虚，禹上疏求入三岁租税，以助郡国禀假。诏许之。五年，以阴阳不和策免。七年，卒于家。使者吊祭。除小子曜为郎中。长子盛嗣。

选自《后汉书》卷四十四《张禹传》

【注释】

①祖考：已故的祖父。

②行部：汉制，刺史于每年八月巡视部属，考察郡国守相政绩，体察民情，称为行部。

③太傅：辅佐国君的官，为三公之一。汉高后元年设太傅，与太师、太保合称三公。

④殇（shāng）帝：汉殇帝刘隆（105—106），汉和帝次子，养于民间，东汉第五位皇帝。谥号孝殇皇帝。

⑤定策：亦作"定册"。古时尊立天子，书其事于简册，以告宗庙，因称大臣谋立天子为定策。

【译文】

张禹字伯达，是赵国襄国人。

张禹祖父张况的族姐是光武帝祖父刘回的夫人。张况多次往来于南顿，拜见过光武帝。光武帝任大司马时，路过邯郸，张况那时为郡吏，特意来拜见光武帝。光武帝大喜，说："今天我才见到舅爷！"不久，张况与光武帝一起北上，到达高邑，任命张况为元氏县令，又迁为涿郡太守，后为常山关长。正赶上赤眉军攻打关城，张况战死。张禹的父亲张歆，起初因报仇而逃亡，后出仕淮阳相，死于任职汲县令之时。

张禹品性忠厚节俭。父亲去世，汲县官吏百姓前后赠送数百万钱助丧，张禹一无所受。又把田宅推让给伯父，只身寄居。

永平八年（65），张禹被举为孝廉，逐级升迁。建初年中，张禹被授予扬州刺史。任职后应当渡江巡视所属郡县，中原的人都认为长江中有伍子胥的魂魄，很难渡过去。但是，张禹准备渡江，官吏请他不要这样做。他不听。张禹严厉地说："伍子胥如果在天有灵，知道我立志要审理冤案错案，难道会危害我吗?"张禹于是就挥动船桨，成功渡过了江。张禹走遍所属的郡县，一些偏僻的地方也全都去。他亲自核查记录囚犯的罪状案卷，大部分案件都能察其情，明其冤。官吏和老百姓很少见到这样的官员，所以人们心怀喜悦，那些以怨为德以恶为美的坏人，没有不自我改正的。

元和二年（85），张禹调任兖州刺史，任职期间，同样获得了清廉公正的名声。元和三年，升为下邳相。徐县北部边界有个蒲阳坡，附近有许多良田，可是蒲阳坡淤塞荒废，没有人修整。张禹带领百姓修建水闸，疏通沟渠，引水灌溉，于是开垦出几百顷熟田。张禹亲自率领官吏和百姓，借给他们种子，亲自勉励慰劳他们，于是粮谷丰收。邻近郡县贫穷的人，投靠张禹的有一千多户。房屋相连，蒲阳坡的下面自然形成了一个市场。后来一年多，开垦的田地达一千多顷，老百姓解决了温饱，能自给自足。功曹史戴闰，是前太尉的属官，权势可使郡内震动，有小过，张禹命令他主动到徐县自首，然后依法治他的罪。自长史以下的官吏，都对此举感到震惊并且收敛了自己的行为。

永元六年（94），张禹入朝为大司农，拜为太尉，和帝十分厚待他。永元十五年（103），和帝南巡祠园庙，张禹以太尉兼卫尉的身份留守。张禹听说皇上准备到江陵，他认为不应该冒险到较远的地方去。张禹用驿马送去劝谏的奏章。皇上诏书回复说："巡视祭祀园庙已经完毕，准备到南方祭祀长江，恰好得到你的奏章，到汉水边马上返回了。"等到和帝回来以后，张禹特被赏赐。

延平元年（106），张禹升为太傅，总领尚书事务。邓太后因殇帝才出生没多久，想让重臣居住在皇宫中，便下诏让张禹住在宫中。赐给帷帐和被褥，让太官每天早晚送饭，五天回一次家。每次朝见，太后让张禹单独行赞拜之礼，独坐一处，不与三公同席。张禹上奏道："现在正当为先帝守丧之时，不应像往常那样兴苑囿之事。应该把广成、上林的空地借贷给贫民。"太后听从了他的建议。到安帝即位时，张禹多次上奏有病请求告老还乡。安帝下诏遣小黄门探问病情，赐其牛一头，酒十斛，劝令他住在府第，又不必上朝。多次送他钱财、刀剑、衣物等。

永初元年（107），安帝以定策的功劳封张禹为安乡侯，食邑一千二百户，与其同日受封的还有太尉徐防、司空尹勤。这年秋天，安帝因强盗、叛民和暴雨成灾等等不祥之现象免去徐防、尹勤的职务，张禹心中不安，上书请求归乡，被改拜为太尉。永初四年（110），新野君病，邓太后到府第看望。张禹与司徒夏勤、司空张敏一起上表说："新野君贵体不安，陛下连日宿止其处，我们真是感到惶恐。臣听说王者出行则要预先设置，停下来就交戟护卫，先清道而后行，先清室而后住，一般不住在离宫，以此来加重宿卫。陛下履行淳厚的大孝，亲自察看医药，恩情发自内心，但长时间单独驻于宫外，使百官露天居处，这使议论者认为很不安。应该暂且还宫，上为宗庙社稷，下为万国子民。"连续上奏三次，由于张禹等人坚决谏诤，皇太后才还宫。后来连年闹灾荒，国家府藏空虚，张禹上疏请求交纳三年的租税，以帮助郡国赈给借贷灾民。安帝下诏同意了。永初五年（111），因阴阳不和，皇上免去了张禹的爵位。永初七年（113），张禹在家中去世。安帝派使者吊祭。任命张禹的小儿子张曜为郎中。张禹的长子张盛继承他的官位。

【评述】

张禹在年少时就显示出两袖清风的品格：安于清贫，不收受别人的礼金，将遗产让给亲人等。

张禹志存高洁，问心无愧，面对汹涌的江水遥想刚正威严的伍子胥而无所畏惧，令人敬佩。

张禹施政一如其人，作刺史巡查工作能够不辞辛劳深入偏远荒僻之处，体察民情；担任郡国的地方官又能够因地制宜兴修水利发展耕种，为百姓做实事；对地方上有势力的霸道人物，依法严办，不怕得罪人。

张禹位列三公，执掌国政，仍不改英雄本色：刚正不阿，同僚受处分也主动承担责任；不利用与太后、皇帝的交情为自己谋利益，屡屡为民谋福利。

因此，张禹没有被历史遗忘。

（陈国英注译、评述）

杨　震

【原文】

杨震字伯起，弘农华阴人也。八世祖喜，高祖时有功，封赤泉侯。高祖敞，昭帝时为丞相，封安平侯。父宝，习《欧阳尚书》。哀、平之世，隐居教授。居摄二年，与两龚、蒋诩俱征，遂遁逃，不知所处。光武高其节。建武中，公车特征，老病不到，卒于家。

震少好学，受《欧阳尚书》于太常桓郁①，明经博览，无不穷究。诸儒为之语曰："关西孔子杨伯起。"常客居于湖，不答州郡礼命数十年，众人谓之晚暮，而震志愈笃。后有冠雀衔三鳣鱼，飞集讲堂前，都讲取鱼进曰："蛇鳣者，卿大夫服之象也。数三者，法三台也。先生自此升矣。"年五十，乃始仕州郡。

大将军邓骘②闻其贤而辟之，举茂才，四迁荆州刺史、东莱太守。当之郡，道经昌邑，故所举荆州茂才王密为昌邑令，谒见，至夜怀金十斤以遗震。震曰："故人知君，君不知故人，何也？"密曰："暮夜无知者。"震曰：“天知，神知，我知，子知。何谓无知！”密愧而出。后转涿郡太守。性公廉，不受私谒。子孙常蔬食步行，故旧长者或欲令为开产业，震不肯，曰：“使后世称为清白吏子孙，以此遗之，不亦厚乎！”

元初四年，征入为太仆，迁太常。先是博士选举多不以实，震举荐明经名士陈留杨伦等，显传学业，诸儒称之。

永宁元年，代刘恺为司徒。明年，邓太后崩，内宠始横。安帝乳母王圣，因保养之勤，缘恩放恣；圣子女伯荣出入宫掖，传通奸赂。震上疏曰：“臣闻政以得贤为本，理以去秽为务。是以唐虞俊乂在官，四凶流放，天下咸服，以致雍熙。方今九德未事，嬖幸充庭。阿母王圣出自贱微，得遭千载，奉养圣躬，虽有推燥居湿之勤，前后赏惠，过报劳苦，而无厌之心，不知纪极，外交属托，扰乱天下，损辱清朝，尘点日月。《书》诫牝鸡牡鸣[③]，《诗》刺哲妇丧国。昔郑庄公从母氏之欲，恣骄弟之情，几至危国，然后加讨，《春秋》贬之，以为失教。夫女子小人，近之喜，远之怨，实为难养。《易》曰：‘无攸遂，在中馈。’言妇人不得与于政事也。宜速出阿母，令居外舍，断绝伯荣，莫使往来，令恩德两隆，上下俱美。惟陛下绝婉娈之私，割不忍之心，留神万机，诫慎拜爵，减省献御，损节征发。令野无《鹤鸣》之叹，朝无《小明》之悔，《大东》不兴于今，劳止不怨于下。

拟踪往古，比德哲王，岂不休哉!”奏御，帝以示阿母等，内幸皆怀忿恚。而伯荣骄淫尤甚，与故朝阳侯刘护从兄环交通，环遂以为妻，得袭护爵，位至侍中。震深疾之，复诣阙上疏曰：“臣闻高祖与群臣约，非功臣不得封，故经制父死子继，兄亡弟及，以防篡也。伏见诏书封故朝阳侯刘护再从兄环袭护爵为侯。护同产弟威，今犹见在。臣闻天子专封封有功，诸侯专爵爵有德。今环无佗功行，但以配阿母女，一时之间，既位侍中，又至封侯，不稽旧制，不合经义，行人喧哗，百姓不安。陛下宜览镜既往，顺帝之则。”书奏不省。

延光二年，代刘恺为太尉。帝舅大鸿胪耿宝荐中常侍李闰兄于震，震不从。宝乃自往候震曰：“李常侍国家所重，欲令公辟其兄，宝唯传上意耳。”震曰：“如朝廷欲令三府辟召，故宜有尚书敕。”遂拒不许，宝大恨而去。皇后兄执金吾阎显亦荐所亲厚于震，震又不从。司空刘授闻之，即辟此二人，旬日中皆见拔擢。由是震益见怨。

时诏遣使者大为阿母修弟，中常侍樊丰及侍中周广、谢恽等更相扇动，倾摇朝廷。震复上疏曰：“臣闻古者九年耕必有三年之储，故尧遭洪水，人无菜色。臣伏念方今灾害发起，弥弥滋甚，百姓空虚，不能自赡。重以螟蝗，羌虏抄掠，三边震扰，战斗之役至今未息，兵甲军粮不能复给。大司农帑藏匮乏，殆非社稷安宁之时。伏见诏书为阿母兴起津城门内第舍，合两为一，连里竟街，雕修缮饰，穷极巧伎。今盛夏土王，而攻山采石，其大匠左校别部将作合数十处，转相迫促，为费巨亿。周广、谢恽兄弟，与国无肺腑枝叶之属，依倚近幸奸佞之人，与樊丰、王永等分威共权，属托州郡，倾动大臣。宰司辟召，承望旨意，招来海内贪污之人，受其货赂，至有臧锢弃世之徒复得显用。白黑混淆，清浊同源，天下讙哗，咸曰财货上流，为朝结讥。臣闻师言：'上之所取，财尽则怨，力尽则叛。'怨叛之人，不可复使，故曰：'百姓不足，君谁与足？'惟陛下度之。"丰、恽等见震连切谏不从，无所顾忌，遂诈作诏书，调发司农钱谷、大匠[4]见徒材木，各起家舍、园池、庐观，役费无数。

震因地震，复上疏曰："臣蒙恩备台辅，不能奉宣政化，调和阴阳，去年十二月四日，京师地动。臣闻师言：'地者阴精，当安静承阳。'而今动摇者，阴道盛也。其日戊辰，三者皆土，位在中宫，此中臣近官盛于持权用事之象也。臣伏惟陛下以边境未宁，躬自菲薄，宫殿垣屋倾倚，枝柱而已，无所兴造，欲令远近咸知政化之清流，商邑之翼翼也。而亲近幸臣，未崇断金[5]，骄溢逾法，多请徒士，盛修第舍，卖弄威福。道路讙哗，众所闻见。地动之变，近在城郭，殆为此发。又冬无宿雪，春节未雨，百僚燋心，而缮修不止，诚致旱之征也。《书》曰：'僭恒阳若，臣无作威作福玉食。'唯陛下奋乾刚之德，弃骄奢之臣，以掩訞言之口，奉承皇天之戒，无令威福久移于下。”

震前后所上，转有切至，帝既不平之，而樊丰等皆侧目愤怨，俱以其名儒，未敢加害。寻有河间男子赵腾诣阙上书，指陈得失。帝发怒，遂收考诏狱。结以罔上不道。震复上疏救之曰：“臣闻尧、舜之世，谏鼓谤木，立之于朝；殷、周哲王，小人怨詈，则还自敬德。所以达聪明，开不讳，博采负薪，尽极下情也。今赵腾所坐激讦谤语为罪，与手刃犯法有差。乞为亏除，全腾之命，以诱刍荛舆人之言。”帝不省，腾竟伏尸都市。

会三年春，东巡岱宗，樊丰等因乘舆在外，竞修第宅，震部掾高舒召大匠令史考校之，得丰等所诈下诏书，具奏，须行还上之。丰等闻，惶怖，会太史言星变逆行，遂共谮震云：“自赵腾死后，深用怨怼；且邓氏故吏，有恚恨之心。”及车驾行还，便时太学，夜遣使者策收震太尉印绶，于是柴门绝宾客。丰等复恶之，乃请大将军耿宝奏震大臣不服罪，怀恚望，有诏遣归本郡。震行至城西几阳亭，乃慷慨谓其诸子门人曰：“死者士之常分。吾蒙恩居上司[⑥]，疾奸臣狡猾而不能诛，恶嬖女倾乱而不能禁，何面目复见日月！身死之日，以杂木为棺，布单被裁足盖形，勿归冢次，勿设祭祠。”因饮酖而卒，时年七十余。弘农太守移良承樊丰等旨，遣吏于陕县留停震丧，露棺道侧，谪震诸子代邮行书，道路皆为陨涕。

岁余，顺帝即位，樊丰、周广等诛死，震门生虞放、陈翼诣阙追讼震事。朝廷咸称其忠，乃下诏除二子为郎，赠钱百万，以礼改葬于华阴潼亭，远近毕至。先葬十余日，有大鸟高丈余，集震丧前，俯仰悲鸣，泪下沾地，葬毕，乃飞去。郡以状上。时连有灾异，帝感震之枉，乃下诏策曰："故太尉震，正直是与，俾匡时政，而青蝇点素，同兹在藩。上天降威，灾眚屡作，尔卜尔筮，惟震之故。朕之不德，用彰厥咎，山崩栋折，我其危哉！今使太守丞以中牢具祠，魂而有灵，傥其歆享。"于是时人立石鸟象于其墓所。

震之被谮也，高舒亦得罪，以减死论。及震事显，舒拜侍御史，至荆州刺史。

选自《后汉书》卷五十四《杨震传》

【注释】

①桓郁（？—93）：东汉沛郡龙亢人，字仲恩。桓荣子。少以父任为郎。以《尚书》教授，门徒常数百人。曾以经授二帝，恩宠甚笃，显于当世。

②邓骘（？—121）：东汉南阳新野人，字昭伯，邓训之子。妹为和帝皇后。官至车骑将军、仪同三司。与邓太后定策立安帝，被封上蔡侯，拜大将军，专朝政，崇节俭，罢力役。及太后卒，安帝亲政，被陷害，不食而死。

③牝鸡牡鸣：同"牝鸡司晨"。母鸡报晓。牝，雌。司，掌

管。后用“牝鸡司晨”比喻妇人篡权专政。

④大匠：官名。大匠，也称将作大匠，为掌管修建宫室的官员。

⑤断金：语出《易·系辞上》：“二人同心，其利断金。”后谓同心协力或情深义厚。

⑥上司：汉朝称三公之位为上司。

【译文】

杨震字伯起，是弘农郡华阴县人。八世祖杨喜，在高祖时因功受封为赤泉侯。高祖父杨敞，汉昭帝时为丞相，被封为安平侯。父亲杨宝，学习《欧阳尚书》。汉哀帝和汉平帝时期，杨宝隐居起来教书。居摄二年（7），与龚胜、龚舍、蒋诩一起被征召，他就逃跑了，不知去向。光武帝赞赏他的气节。建武年间，派官员专门征召他，由于年老病弱没有应召，后来在家中去世。

杨震少年时很好学，跟从太常桓郁学习《欧阳尚书》，明晓经学，博览群书，没有不钻研的。众儒生都因此称他为“关西孔子杨伯起”。他常常客居于湖县，几十年都不接受州郡的礼聘，众人说他出仕时间已太迟，而杨震的志向更加坚定。后来有冠雀衔着三鳝鱼，飞来集中在杨震的讲堂前，都讲拿着鱼呈给杨震，说：“蛇和鳣鱼是卿大夫的象征。数量三，象征尚书、御史、谒者三台。先生您从此要高升了。”五十岁时杨震才开始在州郡任职。

大将军邓骘听说了杨震的贤能而征召他，推举他为秀才，四次升迁任荆州刺史、东莱太守。当他赴任时，路过昌邑，以前他举荐的茂才王密现在是昌邑令，前来拜见，到晚上揣着十斤金来送给杨震。杨震对他说："故人了解你，你却不了解故人，这是为什么呢?"王密说："深夜没人知道。"杨震说："天知道，神知道，我知道，你知道。怎么说没人知道呢!"王密惭愧而出。后来杨震又转任涿郡太守。他生性公正廉明，从不接受私下拜谒。子孙也都以蔬为食，安步当车。故交长者有的想让他置办产业，杨震不肯，说："我想让后代被称作清官之后，把这份名声留给他们，不也很厚重吗!"

元初四年（117），杨震被征召为太仆，后升为太常。以前博士选取举荐多弄虚作假，杨震举荐明经名士陈留、杨伦等人，传授学业，众位儒生交口称赞。

永宁元年（120），他代替刘恺任司徒。第二年，邓太后逝世，皇帝身边的内宠开始横行。汉安帝的乳母王圣，因从小养育安帝的勤苦之功，依仗恩宠骄横放纵，连她的女儿伯荣也经常出入皇宫，传递消息收受贿赂。杨震上奏疏说："我听说执政以得到贤能的人才为根本，理政以去除奸邪的小人为根本。因此唐虞之时，才俊之士担任官位，四凶被流放，天下敬服，才有了繁荣之世。现在具备九德的贤人没有被任用，被宠幸的奸人充斥着朝廷。乳母王圣，出身卑贱，遇到千年难得的机会来奉养陛下的圣体，虽然有推燥居湿抚养陛下的辛勤劳苦，但陛下对她前后的封赏和恩惠，已远远超过了她的功劳。然而她贪得无厌没有满足的时候，经常结交朝臣，接受贿赂请托，扰乱天下，使朝廷清正的名声受到损毁，如同日月蒙上灰尘一样。《尚书》曾告诫说：母鸡啼鸣是不祥之兆；《诗经》也讽喻狡诈多谋的女子参政会导致丧国的结局。昔日郑庄公依从母亲的欲望，放纵骄横的弟弟，几乎危害到了国家的存亡，然后讨伐之，受到《春秋》的批评，认为他有失教化。所以女子和小人，太亲近了过于欢喜，疏远了就产生怨恨，实在是难以教养。《易》中说‘妇人不能放肆，在家中进食。’说的就是妇人不得参与政事。应当迅速送阿母出宫，让她居住在宫外，同时还要阻断她女儿同宫内的往来，这样恩情和德行都显得隆盛。请陛下舍弃儿女私情，割舍不忍之心，把精力集中在纷繁复杂的朝政上，一定要谨慎拜官授爵，减少进献的御品，减少征发的物品。使得民间没有类似《鹤鸣》那样的感慨，朝内没有《小明》那样的悔恨，《大东》之类的讽刺不出现于现在，劳作而不被臣下怨恨。追踪往古，比照圣王之德，难道不好吗！”奏书上安帝后，安帝把奏章拿出来给乳母王圣等看，这些人都很愤恨。而伯荣骄奢淫逸更加厉害，她与原来的朝阳侯刘护的堂兄刘环来往，刘环后来娶她为妻，得以承袭刘护的爵位，官至侍中。杨震深为担忧，又一次到朝廷上奏疏说：“我听说高祖与群臣约定，不是功臣一律不能封侯王，因此旧制父亲死了儿子继承，兄长死了弟弟继承，以防止篡位。我见诏书封以前朝阳侯刘护的远房堂兄刘环为侯。刘护的同胞弟刘威，至今仍在。我听说天子专门封有功的人为侯，专门给有德行的人爵位。今刘环没有什么功劳德行，只是因为把阿母的女儿许配给了他，一时之间，不但登上了侍中的位置，而且被封了侯，这不符合旧制，不合乎经义，路上的行人对此事议论纷纷，百姓躁动不安。陛下应该以过去的事情为借鉴，遵守为帝之道。”奏书没有被采纳。

延光二年（123），杨震代刘恺为太尉。皇帝的舅舅大鸿胪耿宝举荐中常侍李闰的哥哥给杨震，杨震没听从。耿宝自己前往杨震的住处对他说：“李常侍被国家所器重，想让您征召他的哥哥，我只是传达上面的意思而已。”杨震回答道：“如果朝廷想让三府辟召某人，应该会有尚书的敕令。”于是拒绝了他，耿宝愤恨而去。皇后的哥哥执金吾阎显也推荐自己的亲信给杨震，杨震又不同意。司空刘授听说后，当即征召此二人，十日之内都被提升。因此杨震更被怨恨。

当时皇帝下诏为乳母修建府第，中常侍樊丰及侍中周广、谢恽等人接连煽动，动摇朝廷。杨震又上奏疏说：“我听说古代的人耕种九年必定有三年的储备，因此尧时遭遇洪水，人们没有饥饿的面色。臣下考虑如今自然灾害发生，且有日益加重的趋势，百姓储备空虚，不能自给。再加上蝗虫灾害，羌虏抢掠，三面边界扰乱，战斗至今没有停止，兵甲军粮不能再供应。大司农府库财货缺乏，恐怕不是国家安定之时。臣见到诏书为阿母修起津城门内第舍，合二坊为一坊，合并里巷延伸到街头，雕刻装饰，极尽技巧。现在正值盛夏土旺的时候，却要劈山采石，将作大匠左校以及别部将作合数十处，转相催促，耗费上亿。周广、谢恽兄弟，与国家没有任何姻亲关系，只是倚靠宠臣以及奸邪佞巧之人，与樊丰、王永等人共同行使威权，勾结州官郡守，威势动摇大臣。官府征召，遵奉他们的旨意，招来海内贪婪之人，接受他们的财物贿赂，甚至有被禁锢被判死刑的人又得到重用的事情。以致黑白混淆，清浊不分，天下舆论哗然，都说财货是向上流的，使朝廷遭到讽刺讥笑。臣曾听老师说过：‘国家向人民征用，如果百姓钱财被征用殆尽就会埋怨，力量殆尽就会叛乱。’怨恨且背叛国家的人，国家就不能再依靠了，所以说：‘百姓不富足，君主怎么能富足呢?’希望陛下仔细考虑。”樊丰、谢恽等见杨震接连直谏而不被接受，无所顾忌，于是伪造诏书，调拨司农所管国库钱粮、将作大匠所管众多现成材木，各自修建家舍、园池、庐观，耗费无数劳役钱财。

杨震因为地震，又上奏疏说：“我承蒙恩典，位列台辅之职，却未能奉旨宣扬教化，使阴阳调和。去年十二月四日，京师地震。我听我的老师说：‘地是阴精，应该安静承阳。’而今大地动摇的原因，是因为阴道盛的缘故。那天是戊辰，三者皆土，位在中宫，这是宦官近臣过分掌权的景象。臣想陛下因为边境不安宁，亲自厉行俭约，宫殿墙屋倾斜了，只是用木材支撑起来，没有重新兴建修造，想让远近的人都知道本朝政治的清明，京师象商邑那样雄伟壮丽。而与陛下亲近宠幸的臣子，不知与皇上同心，骄奢淫逸违反法纪，召请很多门客，大修宅第，作威作福。舆论哗然，众人都能听到和看见。地震之灾变，近在城郭，大概就是因此而发生的。另外，冬季没有积雪，春天没有下雨，百官心焦，然而这些人却不断修造宅舍，的确是导致旱灾的征兆。《书》说：‘只有君主得以专行威福，臣下不可作威作福、享用美食。’希望陛下振奋刚正之德，唾弃骄奢之臣，以杜绝妖言，遵奉皇天告诫，不让威福长久落入臣下手中。”

杨震前后所上奏章，越来越激切，皇帝已经心中不满了，而樊丰等人都对他侧目以视，极为憎恨，但因为他是名儒，没敢加害。不久有一位河间男子赵腾到朝廷上书，指点陈说朝廷的过失。皇帝发怒了，就把他收捕在监牢里，罪名是欺君罔上。杨震又上奏疏解救他说：“我听说尧舜的时候，给进谏者准备的鼓和木，就立在朝中；殷、周时代的贤王，小人有怨言、坏话，他们却能自我修德。这是他们能够耳聪目明、广开言路、广泛采用百姓意见、了解下情的原因。现在赵腾因用过激的言语诽谤攻击而犯罪，与杀人犯法是有区别的。我乞求皇上宽恕赦免他的罪过，保全赵腾的性命，以诱使普通百姓说出心里话。”皇帝没有采纳，赵腾最后被处死，横尸街头。

适逢延光三年（124）春，皇帝东巡泰山，樊丰等因皇帝在外，竞相修缮第宅，杨震属下高舒召来将作大匠考核检查，得到樊丰等人伪造颁布的诏书，于是杨震准备好奏章，等到皇帝回来呈上。樊丰等人听说后，十分害怕，正好太史说星变逆行，樊丰等人乘机诬陷杨震说：“自从赵腾死后，杨震十分怨恨；而且他作为邓骘的老部下，也心怀怨恨不满之心。”等到皇帝车驾回宫，选吉时前往太学，夜间派使者收回杨震的太尉印绶。杨震于是关上门不见宾客。樊丰等人还是恨他，便请大将军耿宝上奏说，杨震作为大臣，对皇帝收回印绶不服罪，心怀怨恨。安帝于是下诏遣送杨震回归故里。杨震走到城西几阳亭，便感慨地对他的儿子和门人说：“死是士人的分内之事。我蒙圣上之恩官居高位，痛恨奸臣狡诈却不能除掉他们，憎恶奸邪的女人倾乱朝廷而不能制止她们，还有什么面目再见天日！我死之后，用杂木做棺，布单被刚够遮盖全身就行，不要回乡修墓，不要设祠祭祀。”说完便饮毒酒而死，死时七十多岁。弘农太守移良遵奉樊丰等人旨意，派官吏在陕县拦住杨震的棺木，将棺木露天放在道边，贬谪杨震的儿子们代替邮差送书信，道路上的行人都为之落泪。

一年以后，汉顺帝即位，樊丰、周广等人都被处死，杨震的门生虞放、陈翼等人上书顺帝要求重新调查杨震冤案。当时朝廷上下都称赞杨震的正直忠烈，于是，顺帝下诏任命杨震的两个儿子为郎官，赠钱百万，以很高的礼仪改葬杨震于华阴潼亭。改葬这天，远近百姓络绎不绝来参加葬礼。下葬前十多日，有大鸟高一丈多，聚集在杨震的丧位前，俯仰悲鸣，眼泪落在地上，葬礼完毕才飞走。郡府把这一情况报告给皇上，当时接连有异常灾害发生，皇帝感悟到杨震的冤情，下诏说："已故太尉杨震，为人正直，匡正时政，然而青蝇玷污了白素，就如恶人颠倒黑白。上天降威，灾异屡次发生，经过占卜，是因为杨震的原因。我没有好的德行，使错误更加严重，山岳崩塌栋梁摧折，我危险了啊！现在命令太守丞用猪、羊二牲祭祀，如果杨震死后有灵，就来享用祭品吧。"于是，当时的人们在杨震的墓前立了一尊石鸟的雕像。

杨震被冤枉，高舒也获罪，当时判处他免于死刑。到杨震的事被昭雪，高舒被任命为侍御史，后来官至荆州刺史。

【评述】

杨震是东汉时期的大儒学家，他五十岁才接受大将军邓骘的推荐进入官场。官至太尉。关于他的事迹，历史上最有名的是"杨震暮夜却金"，杨震也由此被人们称做"四知先生"。这件事集中体现了杨震廉洁正直的高尚品格，在任何环境中都坚决拒绝任何人的贿赂，因为他深知，手中的权力是不可以被收买的，每个人包括官员的心中都应有一个明镜，一旦涉足了贪腐，那镜子就不复明净了，即所谓的"天知、地知、你知、我知"，因此贪腐是不能自欺欺人的。

而"暮夜却金"只是杨震众多廉洁反贪故事中的一个，他的事迹在当时就被百姓称道，后世更是广泛流传。其中就包括清白世家留子孙的故事。做了很多年的官，亲人们都劝杨震留些产业给子孙，而杨震说：“使后世称为清白吏子孙，以此遗之，不亦厚乎！”是啊，有什么东西比让人称为清白官吏的子孙这一荣誉更珍贵的呢？做人要清清白白，做官更要清白，清名才是一个官员最可宝贵的财富，是给后世子孙最珍贵的遗产。

廉洁自律很难得，更难得的是杨震置自己的安危于不顾，坚决无畏的反贪精神。他反对的都是皇帝身边的亲信，包括皇帝的乳母、外戚，他们都是一些奸佞的小人，没有治理管理国家的能力，只凭谄媚欺骗获取皇帝的宠幸，手握重权，骄奢淫逸，损公肥私，这是正直的杨震无法容忍的，他再三上书皇上，申明大义，讲明利害，但是所遇君主不明，反而怪罪杨震，加上奸臣诬告陷害，杨震被遣送回乡。在回乡的路上，杨震深感自己没有尽到一个忠臣的职责，没能铲除奸恶，还民众一个清明世界，于是饮毒酒自杀了。一世清白的杨震到死都不忘自己的职责，内疚于自己的失职，即使朝廷失政的责任并不应该由他来负。但历史终会给忠臣烈士一个公正的评价。汉顺帝为他平反昭雪。他的忠诚正直也在史书上留下了浓墨重彩的一笔。

（徐云平注译、评述）

庞　参

【原文】

庞参字仲达，河南缑氏[①]人也。初仕郡，未知名，河南尹庞奋见而奇之，举为孝廉，拜左校令。坐法输作若卢。

永初元年，凉州先零[②]种羌反畔，遣车骑将军邓骘讨之。参于徒中使其子俊上书曰："方今西州流民扰动，而征发不绝，水潦不休，地力不复。重之以大军，疲之以远戍，农功消于转运，资财竭于征发。田畴不得垦辟，禾稼不得收入，搏手困穷，无望来秋。百姓力屈，不复堪命。臣愚以为万里运粮，远就羌戎，不若总兵养众，以待其疲。车骑将军骘宜且振旅，留征西校尉任尚使督凉州士民，转居三辅。休徭役以助其时，止烦赋以益其财，令男得耕种，女得织纴，然后畜精锐，乘懈沮，出其不意，攻其不备，则边人之仇报，奔北之耻雪矣。"书奏，会御史中丞樊准上疏荐参曰："臣闻鸷鸟累百，不如一鹗。昔孝文皇帝悟冯唐之言，而赦魏尚之罪，使为边守，匈奴不敢南向。夫以一臣之身，折方面之难者，选用得也。臣伏见故左校令河南庞参，勇谋不测，卓尔奇伟，高才武略，有魏尚之风。前坐微法，输作经时。今羌戎为患，大军西屯，臣以为如参之人，宜在行伍。惟明诏采前世之举，观魏尚之功，免赦参刑，以为军锋，必有成效，宣助国威。”邓太后纳其言，即擢参于徒中，召拜谒者，使西督三辅诸军屯，而征邓骘还。

四年，羌寇转盛，兵费日广，且连年不登，谷石万余。参奏记于邓骘曰：“比年羌寇特困陇右，供徭赋役，为损日滋，官负人责数十亿万。今复募发百姓，调取谷帛，衒卖什物，以应吏求。外伤羌虏，内困征赋。遂乃千里转粮，远给武都西郡。涂路倾阻，难劳百端，疾行则钞暴为害，迟进则谷食稍损，运粮散于旷野，牛马死于山泽。县官不足，辄贷于民。民已穷矣，将从谁求？名救金城，而实困三辅。三辅既困，还复为金城之祸矣。参前数言宜弃西域，乃为西州士大夫所笑。今苟贪不毛之地，营恤不使之民，暴军伊吾之野，以虑三族之外，果破凉州，祸乱至今。夫拓境不宁，无益于强；多田不耕，何救饥敝！故善为国者，务怀其内，不求外利；务富其民，不贪广土。三辅山原旷远，民庶稀疏，故县丘城，可居者多。今宜徙边郡不能自存者，入居诸陵，田戍故县。孤城绝郡，以权徙之；转运远费，聚而近之；徭役烦数，休而息之。此善之善者也。”骘及公卿以国用不足，欲从参议，众多不同，乃止。

拜参为汉阳太守。郡人任棠者，有奇节，隐居教授。参到，先候之，棠不与言，但以薤[③]一大本，水一盂，置户屏前，自抱孙儿伏于户下。主簿[④]白以为倨。参思其微意良久，曰："棠是欲晓太守也。水者，欲吾清也。拔大本薤者，欲吾击强宗也。抱儿当户，欲吾开门恤孤也。"于是叹息而还。参在职，果能抑强助弱，以惠政得民。

元初元年，迁护羌校尉，畔羌怀其恩信。明年，烧当羌种号多等皆降，始复得还都令居，通河西路。时先零羌豪僭号北地，诏参将降羌及湟中义从胡七千人，与行征西将军司马钧期会北地击之。参于道为羌所败。既已失期，乃称病引兵还，坐以诈疾征下狱。校书郎中马融上书请之曰："伏见西戎反畔，寇钞五州，陛下愍百姓之伤痍，哀黎元之失业，单竭府库以奉军师。昔周宣猃狁侵镐及方，孝文匈奴亦略上郡，而宣王立中兴之功，文帝建太宗之号。非惟两主有明睿之姿，抑亦扞城有虓虎之助，是以南仲赫赫，列在《周诗》，亚夫赳赳，载于汉策。窃见前护羌校尉庞参，文武昭备，智略弘远，既有义勇果毅之节，兼以博雅深谋之姿。又度辽将军梁慬，前统西域，勤苦数年，还留三辅，攻效克立，间在北边，单于降服。今皆幽囚，陷于法网。昔荀林父败绩于邲，晋侯使复其位；孟明视丧师于崤，秦伯不替其官。故晋景并赤狄之土，秦穆遂霸西戎。宜远览二君，使参、慬得在宽宥之科，诚有益于折冲，毗佐于圣化。”书奏，赦参等。

后以参为辽东太守。永建元年，迁度辽将军。四年，入为大鸿胪。尚书仆射⑤虞诩荐参有宰相器能，以为太尉，录尚书事。是时三公之中，参名忠直，数为左右所陷毁，以所举用忤帝旨，司隶承风案之。时当会茂才孝廉，参以被奏，称疾不得会。上计掾广汉段恭因会上疏曰：“伏见道路行人，农夫织妇，皆曰‘太尉庞参，竭忠尽节，徒以直道不能曲心，孤立群邪之间，自处中伤之地’。臣犹冀在陛下之世，当蒙安全，而复以谗佞伤毁忠正，此天地之大禁，人主之至诫。昔白起赐死，诸侯酌酒相贺；季子来归，鲁人喜其纾难。夫国以贤化，君以忠安。今天下咸欣陛下有此忠贤，愿卒宠任，以安社稷。”书奏，诏即遣小黄门视参疾，太医致羊、酒。

后参夫人疾前妻子，投于井而杀之。参素与洛阳令祝良不平，良闻之，率吏卒入太尉府案实其事，乃上参罪，遂因灾异策免。有司以良不先闻奏，辄折辱宰相，坐系诏狱。良能得百姓心，洛阳吏人守阙请代其罪者，日有数千万人，诏乃原刑。

阳嘉四年，复以参为太尉。永和元年，以久病罢，卒于家。

选自《后汉书》卷五十一《庞参传》

【注释】

①缑（gōu）氏：古地名。在今河南偃师东南。

②先零（lián）：即先零羌，古代西北民族部落，为羌人的一支。

③薤（xiè）：一种蔬菜类植物。又名小蒜、薤白头、野蒜、野韭等。

④主簿：官吏名。汉代中央及郡县官署多置之，主管文书等事务。

⑤尚书仆射：官名。秦始置，汉以后因之。汉成帝建始四年，初置尚书五人，一人为仆射，位仅次尚书令，职权渐重。

【译文】

庞参字仲达，河南缑氏人。刚开始在郡中任职，并不出名，河南尹庞奋见到他后认为他是奇才，举荐他为孝廉，拜为左校令。因为犯法而被送到若卢狱。

永初元年（107），凉州先零羌人的一支反叛朝廷，朝廷于是派遣车骑将军邓骘前去讨伐叛羌。庞参在服刑期间派他的儿子庞俊上书说："现在西州流民众多引起骚乱，而朝廷却不断征发徭役，加上降雨不止，引发水灾，土地无法耕种。如果再加上征兵，戍守边防的疲惫，农事生产就全部在转运过程中消耗了，百姓的钱财也会在国家的征发徭役中耗散殆尽。如此一来，田地没人耕种，庄稼没人收割，更不用指望秋天收获了。百姓的人力财力都耗尽了，无法承受新的劳役。我认为：与其辗转万里为伐羌转运粮食，还不如让军队休整，等待羌人自己疲劳。车骑将军邓骘当务之急应当整顿自己的军队，留征西校尉任尚，派他管理凉州的百姓，转到三辅驻扎。停止徭役来帮助农耕，废除苛捐杂税来增加百姓的收入。让男子得以耕田种地，女子得以纺织缝纫，然后养精蓄锐，趁羌人守卫松懈之时，出其不意，攻其不备，如此一来，既为边境上人民报了仇，也将一雪之前战败的耻辱。”庞氏上奏折的时候，正赶上御史中丞樊准上书推荐庞参，他说道：“我听说一百只鸷鸟也赶不上一只大雕。从前孝文帝领悟了冯唐所说的话，赦免了魏尚的罪，让他把守边关，匈奴再也不敢向南面进攻。任用一个人，就能解决一方的困难，这是因为用人得当的缘故。微臣认为原来的左校令河南庞参，有非凡的勇气与谋略，卓尔不群，有高才武略，有魏尚之风。前次犯了小罪，被处以长时间的劳役。如今羌人作乱，大军在西面驻扎，我认为像庞参这样的人，应当让他在军旅中发挥作用。希望朝廷能效仿前人的做法，看到魏尚的功劳，赦免庞参的刑罚，任命他为前锋，他一定会做出成绩，有助于宣扬国威。”邓太后采纳了他的建议，于是从刑徒中提拔了庞参，召见他并授为谒者，派他在西部监督三辅的军屯，并把邓骘召回京师。

永初四年（110），羌族反叛的队伍越来越强盛，朝廷的军费开支也日益增大，而且连续数年都收成不好，一石谷子就卖一万多钱。庞参向邓骘上书说：“羌寇连年扰动陇右，朝廷征发徭役造成的损失日益加剧，官府负债数十万亿。现在又征募百姓，调取粮食布帛。百姓不得不卖掉家里的粮食，来应付官吏的要求。百姓们外受羌敌的伤害，内受赋税的困扰。于是辗转千里运来粮食，供给武都等西部边郡。路途艰险，费尽千辛万苦。走快了怕受到强盗的抢掠，走慢了就会使粮食在运输途中有大量耗损，运输的粮食散落在旷野，牛马累死在山野。官府粮食不够，动辄就向百姓征借。百姓已经很穷了，他们又要向谁索求呢？名义上是救援金城，实际则使三辅受困。三辅受困，反过来又成为金城的灾难。我以前曾经数次说过应当放弃西域，但被西州士大夫所嘲笑。如今贪图这片不毛之地，安抚并不顺从的百姓，将军队暴露在伊吾的野外，去救助亲族之外的人，凉州最终被攻破，但祸乱却直至今天。如果开拓疆土得不到安宁，则无益于国家强大；众多田地得不到耕种，又如何救济饥荒凋敝？因此，会治理国家的人会致力于安抚百姓，不贪图外利；努力使百姓富足，不贪图扩大疆土。三辅之地山野空旷，民众稀少，过去的县乡有许多可以居住的地方。现在应该把边郡不能自我保全之地的百姓迁到三辅各陵县，让他们在原来这些县耕田屯戍。偏远孤悬的城郡，权且迁移到内地，迁移边郡居民聚居后，可以不用支出巨额花费为平叛羌而向边远郡县的军队运送作战物资；原先频繁征发徭役，现在可以让他们休养生息。如此一来，才是好之又好的事情啊。”邓骘与公卿因为朝廷用度不足，想要听从庞参的建议，但朝廷大多数人都不赞成，于是就没有采纳。

庞参被朝廷任命为汉阳太守。当地有个叫任棠的人，有不同凡响的节操，隐居其地教书。庞参到任后，先去拜访他。任棠不和他说话，只将一大捆薤，一盂水，放在门前，自己则抱着孙子伏在门旁边。主簿认为这个人很傲慢。庞参思考这些举动的含义，很久才说：“任棠是想要教导太守。水是希望我清廉。拔一大捆薤，是想让我打击豪强宗族。抱着孩子在门口，是想让我抚恤孤苦之人。”于是叹息着回府。庞参在任期间，果然能抑强扶弱，以施惠于民而深得民心。

元初元年（114），庞参升迁为护羌校尉，反叛的羌人感念他的恩德信义。第二年，烧当羌族的号多等都投降了，才得还都令居，打通河西路。当时先零羌族的豪强在北地称王，朝廷下诏庞参率领投降的羌人及湟中志愿跟从的胡人七千人，和行征西将军司马钧约定在北地会和，攻打反叛的先零羌族。庞参在去北地的途中被羌人打败。已经超过了约定的期限，于是他就假称自己患病带兵回朝了。庞参因假称患病犯了罪，被逮捕下狱。校中郎马融上书为庞参求情说："我见到西戎反叛朝廷，侵略西部边境五个州，陛下怜悯百姓受到的伤害，痛惜百姓失去家业，竭尽府库财物以供给军队。过去周宣王时猃狁侵略镐和方；孝文帝时匈奴也侵略上郡，而周宣王建立了中兴的功业，文帝建立了太宗的年号。这不仅因为两位君王天性英明睿智，而且因为有勇猛之臣的辅佐。因此南仲功劳赫赫，列在《诗经》之中；周亚夫雄壮威武，载于汉史之内。我私下认为前任护羌校尉庞参，文武双全，智谋深远。既有义勇果敢的风度，又有博才儒雅深谋远虑的能力。此外，度辽将军梁慬，先前统率西域，辛苦数年，回来留在三辅，建立功业，在北部边境，使得单于投降归附。现在这两个人都被监禁，受到法律的制裁。过去荀林父在邲作战打败了，晋侯仍让他官居原位；孟明视在崤和晋国军队作战失败，秦国君没有撤掉他的官职。所以晋景公能够兼并赤狄的土地，秦穆公可以称霸西戎。陛下应当沿用这两位国君的做法，让庞参、梁慬二人能够得到宽宥，这会有益于击退敌人，有助于圣化。"马融的奏书进献给朝廷，朝廷赦免了庞参等人。

后来，朝廷派庞参担任辽东太守。永建元年（126），升迁为度辽将军。四年（129），入朝廷为大鸿胪。尚书仆射虞诩推荐庞参有宰相的气度和才能，于是被任命为太尉，录尚书事。当时在三公之中，庞参以忠直闻名，多次被身边的人诬陷诽谤，因为他推荐的人违背了皇帝的意旨，司隶迎合皇帝的旨意查办此事。当时正赶上召集秀才孝廉，庞参因为被人劾奏，就推说自己生病不能参加会见。上计掾广汉人段恭在会见时上书说："我看见道路上的行人，农夫织妇，都说'太尉庞参竭力尽忠，只因坚持正义不肯违背良心，在众多奸邪小人中孤立无援，处于被中伤的境地。'我还是希望在陛下的时代，能够保证庞参的生命安全。如果又因谗佞小人诋毁中伤忠直的人，这是天地之间的大禁，也是帝王最应当警戒的事。从前白起被赐死，诸侯举酒祝贺；季子归来，鲁人因他解除了危难而欢喜。国家因为有贤良之人而得到教化，君王因为有忠臣而得到安定。如今天下人都为陛下有如此忠贤之人而欣慰，希望能始终信任庞参，以安定社稷。"奏书上达朝廷后，皇帝立即下诏派小黄门去探视庞参的病情，太医送来羊和酒给庞参。

后来庞参夫人痛恨庞参前妻所生的儿子，把他投到井中杀死了。庞参平素与洛阳令祝良不和，祝良听说了此事之后，率领吏卒进入太尉府审查此事，于是上报庞参的罪状，后因有灾异发生而被赦免。有关部门因为祝良在处理此事时没有先向朝廷汇报就侮辱宰相，判祝良下狱。祝良很得民心，洛阳官吏和平民百姓每天都有成千上万的人守在官府门口，请求代替祝良受罚，于是朝廷下诏赦免了他。

阳嘉四年（135），朝廷又任命庞参为太尉。永和元年（136），庞参因为长时间生病而被免职，在家中去世。

【评述】

庞参生活在一个动荡的年代。在这样的环境中，普通百姓往往是处境凄凉，成为战争中最无辜的牺牲品。庞参的难能可贵之处，在于他无论身处困境还是身居高位，都能够时刻站在百姓的角度考虑问题，将战争给百姓造成的损害降到最低。他主张通过停止徭役、废除苛捐杂税来帮助农耕、增加百姓的收入；通过以逸待劳，消耗敌方力量（而不是利用、剥削百姓）来取得战争的胜利；安抚民众，避免在战乱发生时向他们征调粮食布帛。他的一系列建议无一不是从百姓的角度出发的，虽然在国库空虚时他的建议可能会与国君意见相悖，并遭到其他官员的强烈反对，但是庞参仍然利用一切机会孜孜不倦地传达他以民为本的理念，哪怕以失败告终。他的忠直打动了很多人，其中有心存正义感，努力为他受到的不公平待遇辩白的朝廷官员，也有普普通通老百姓，当时“农夫织妇，皆曰‘太尉庞参，竭忠尽节，徒以直道不能曲心，孤立群邪之间，自处中伤之地’”，可以见得庞参在当时民众心目之中的地位。

在庞参担任汉阳太守时，他看懂了隐士任棠对他为官的建议，希望他能够为官清廉、打击豪强、抚恤孤苦，庞参后来也确实是这么做的。他以自己的实际行动实践了任棠对当权者的期望。一个真正廉洁清正的执政者，正义自在心中，公平自在心中，而历史和人民也终将给他一个公道的评价。

（刘杨注译、评述）

虞　诩

【原文】

虞诩字升卿，陈国武平人也。祖父经，为郡县狱吏，案法平允，务存宽恕，每冬月上其状，恒流涕随之。尝称曰："东海于公高为里门，而其子定国卒至丞相。吾决狱六十年矣，虽不及于公，其庶几乎！子孙何必不为九卿邪？"故字诩曰升卿。

诩年十二，能通《尚书》。早孤，孝养祖母。县举顺孙，国相奇之，欲以为吏。诩辞曰："祖母九十，非诩不养。"相乃止。后祖母终，服阕，辟太尉李脩府，拜郎中。

永初四年，羌胡反乱，残破并、凉，大将军邓骘以军役方费，事不相赡，欲弃凉州，并力北边，乃会公卿集议。骘曰："譬若衣败，坏一以相补，犹有所完。若不如此，将两无所保。"议者咸同。诩闻之，乃说李脩曰："窃闻公卿定策当弃凉州，求之愚心，未见其便。先帝开拓土宇，劬劳后定，而今惮小费，举而弃之。凉州既弃，即以三辅为塞；三辅为塞，则园陵单外。此不可之甚者也。谚曰：'关西出将，关东出相。'观其习兵壮勇，实过余州。今羌胡所以不敢入据三辅，为心腹之害者，以凉州在后故也。其土人所以推锋执锐，无反顾之心者，为臣属于汉故也。若弃其境域，徙其人庶，安土重迁，必生异志。如使豪雄相聚，席卷而东，虽贲、育为卒，太公为将，犹恐不足当御。议者喻以补衣犹有所完，诩恐其疽食侵淫而无限极。弃之非计。"脩曰："吾意不及此。微子之言，几败国事。然则计当安出？"诩曰："今凉土扰动，人情不安，窃忧卒然有非常之变。诚宜令四府九卿，各辟彼州数人，其牧守令长子弟皆除为冗官，外以劝厉，答其功勤，内以拘致，防其邪计。"脩善其言，更集四府，皆从诩议。于是辟西州豪桀为掾属，拜牧守长吏子弟为郎，以安慰之。

邓骘兄弟以诩异其议，因此不平，欲以吏法中伤诩。后朝歌贼宁季等数千人攻杀长吏，屯聚连年，州郡不能禁，乃以诩为朝歌长。故旧皆吊诩曰："得朝歌何衰！"诩笑曰："志不求易，事不避难，臣之职也。不遇盘根错节，何以别利器乎？"始到，谒河内太守马棱[①]。棱勉之曰："君儒者，当谋谟庙堂，反在朝歌邪？"诩曰："初除之日，士大夫皆见吊勉。以诩诪之，知其无能为也。朝歌者，韩、魏之郊，背太行，临黄河，去敖仓[②]百里，而青、冀之人流亡万数。贼不知开仓招众，劫库兵，守城皋，断天下右臂，此不足忧也。今其众新盛，难与争锋。兵不厌权，愿宽假辔策，勿令有所拘阂而已。”及到官，设令三科以募求壮士，自掾史以下各举所知，其攻劫者为上，伤人偷盗者次之，带丧服而不事家业为不。收得百余人，诩为飨会，悉贳其罪，使入贼中，诱令劫掠，乃伏兵以待之，遂杀贼数百人。又潜遣贫人能缝者。佣作贼衣，以采綖缝其裾为帜，有出市里者，吏辄禽之。贼由是骇散，咸称神明。迁怀令。

后羌寇武都，邓太后以诩有将帅之略，迁武都太守，引见嘉德殿，厚加赏赐。羌乃率众数千，遮诩于陈仓、崤谷，诩即停军不进，而宣言上书请兵，须到当发。羌闻之，乃分抄傍县，诩因其兵散，日夜进道，兼行百余里。令吏士各作两灶，日增倍之，羌不敢逼。或问曰：“孙膑减灶而君增之。兵法日行不过三十里，以戒不虞，而今日且二百里。何也?”诩曰：“虏众多，吾兵少。徐行则易为所及，速进则彼所不测。虏见吾灶日增，必谓郡兵来迎。众多行速，必惮追我。孙膑见弱，吾今示强，势有不同故也。”

既到郡，兵不满三千，而羌众万余，攻围赤亭数十日。诩乃令军中，使强弩勿发，而潜发小弩。羌以为矢力弱，不能至，并兵急攻。诩于是使二十强弩共射一人，发无不中，羌大震，退。诩因出城奋击，多所伤杀。明日悉陈其兵众，令从东郭门出，北郭门入，贸易衣服，回转数周。羌不知其数，更相恐动。诩计贼当退，乃潜遣五百余人于浅水设伏，候其走路。虏果大奔，因掩击，大破之，斩获甚众，贼由是败散，南入益州。诩乃占相地势，筑营壁百八十所，招还流亡，假赈贫人，郡遂以安。

先是，运道艰险，舟车不通，驴马负载，僦五致一。诩乃自将吏士，案行川谷，自沮至下辩数十里中，皆烧石剪木，开漕船道，以人僦直雇借佣者，于是水运通利，岁省四千余万。诩始到郡，户裁盈万。及绥聚荒余，招还流散，二三年间，遂增至四万余户，盐米丰贱，十倍于前。坐法免。

永建元年，代陈禅为司隶校尉。数月间，奏太傅冯石、太尉刘熹、中常侍程璜、陈秉、孟生、李闰等，百官侧目，号为苛刻。三公劾奏诩盛夏多拘系无辜，为吏人患。诩上书自讼曰："法禁者俗之堤防，刑罚者人之衔辔。今州曰任郡，郡曰任县，更相委远，百姓怨穷，以苟容为贤，尽节为愚。臣所发举，臧罪非一，二府恐为臣所奏，遂加诬罪。臣将从史鱼死，即以尸谏耳。"顺帝省其章，乃为免司空陶敦。

时中常侍张防特用权势，每请托受取，诩辄案之，而屡寝不报。诩不胜其愤，乃自系廷尉，奏言曰："昔孝安皇帝任用樊丰，遂交乱嫡统，几亡社稷。今者张防复弄威柄，国家之祸将重至矣。臣不忍与防同朝，谨自系以闻，无令臣袭杨震之迹。”书奏，防流涕诉帝，诩坐论输左校。防必欲害之，二日之中，传考四狱。狱吏劝诩自引，诩曰：“宁伏欧刀以示远近。”宦者孙程、张贤等知诩以忠获罪，乃相率奏乞见。程曰：“陛下始与臣等造事之时③，常疾奸臣，知其倾国。今者即位而复自为，何以非先帝乎？司隶校尉虞诩为陛下尽忠，而更被拘系；常侍张防臧罪明正，反構忠良。今客星守羽林，其占宫中有奸臣。宜急收防送狱，以塞天变。下诏出诩，还假印绶。”时防立在帝后，程乃叱防曰：“奸臣张防，何不下殿！”防不得已，趋就东箱。程曰：“陛下急收防，无令从阿母求请。”帝问诸尚书，尚书贾朗素与防善，证诩之罪。帝疑焉，谓程曰：“且出，吾方思之。”于是诩子𫖯与门生百余人，举幡候中常侍高梵车，叩头流血，诉言枉状。梵乃入言之，防坐徙边，贾朗等六人或死或黜，即日赦出诩。程复上书陈诩有大功，语甚切激。帝感悟，复征拜议郎。数日，迁尚书仆射。

是时，长吏、二千石听百姓谪罚者输赎，号为“义钱”，托为贫人储，而守令因以聚敛。诩上疏曰：“元年以来，贫百姓章言长吏受取百万以上者，匈匈不绝，谪罚吏人至数千万，而三公、刺史少所举奏。寻永平、章和中，州郡以走卒钱给贷贫人。司空劾案，州及郡县皆坐免黜。今宜遵前典，蠲除权制。”于是诏书下诩章，切责州郡。谪罚输赎自此而止。

先是，宁阳主簿诣阙，诉其县令之枉，积六七岁不省。主簿乃上书曰："臣为陛下子，陛下为臣父。臣章百上，终不见省，臣岂可北诣单于以告怨乎?"帝大怒，持章示尚书，尚书遂劾以大逆。诩驳之曰："主簿所讼，乃君父之怨；百上不达，是有司之过。愚蠢之人，不足多诛。"帝纳诩言，笞之而已。诩因谓诸尚书曰："小人有怨，不远千里，断发刻肌，诣阙告诉，而不为理，岂臣下之义？君与浊长吏何亲，而与怨人何仇乎?"闻者皆惭。诩又上言："台郎显职，仕之通阶。今或一郡七八，或一州无人。宜令均平，以厌天下之望。"及诸奏议，多见从用。

诩好刺举，无所回容，数以此忤权戚，遂九见谴考，三遭刑罚，而刚正之性，终老不屈。永和初，迁尚书令，以公事去官。朝廷思其忠，复征之，会卒。临终，谓其子恭曰："吾事君直道，行己无愧，所悔者为朝歌长时杀贼数百人，其中何能不有冤者。自此二十余年，家门不增一口，斯获罪于天也。"

恭有俊才，官至上党太守。

选自《后汉书》卷五十八《虞诩传》

【注释】

①马棱：字伯威，马援族孙。东汉扶风茂陵人。建初（76—

84）中为郡功曹，后历广陵、汉阳、丹阳、会稽、河内等郡太守，颇有治绩。

②敖仓：又称“敖仓城”、“敖庾”，著名的粮仓之一，在今河南荥阳市东北敖山上。

③造事之时：指汉顺帝为太子，被江京等废为济阴王，孙程等谋立之时。

【译文】

虞诩，字升卿，是陈国武平人。他的祖父虞经，曾经担任郡县狱吏，审案执法公平得当，常持宽恕之心，每到冬月上报犯人的罪状时，经常为此流泪。他曾经说：“东海于公修建高大里门，他的儿子于定国官至丞相。我断狱已经六十年了，虽然比不上于公，但也差不多了。我的子孙为什么就不能任九卿呢?”所以他给虞诩起的字叫做升卿。

虞诩十二岁时，便能通晓《尚书》。他幼年丧父，孝顺奉养祖母。县里推荐他为顺孙，陈国国相觉得他不寻常，想任用他为属吏。虞诩推辞说：“我的祖母已经九十岁了，没有我不能得到奉养。”国相这才作罢。后来祖母去世，他服丧期满之后，被太尉李脩的公府征辟，授官郎中。

永初四年，羌胡反叛作乱，攻破并州、凉州，大将军邓骘认为征战耗费大量人力财力，如果两处作战不能同时应付供给，想要放弃凉州，全力保护北部边疆，于是召集公卿商议。邓骘说：“比如衣服破了，毁掉一件来补另一件，还能有一件完好的，如果不是这样，两件都将保不住。”众人都表示赞同。虞诩听说这件事，便劝说李脩：“我私下听说公卿定策认为应放弃凉州，我仔细考虑，却不见得适宜。先帝开拓疆域，历经劳苦才平定这些地方，而今因为舍不得小钱，就要放弃。这样做，得不偿失。舍弃凉州之后，就以三辅为边塞；三辅成为边塞，那么先帝的陵寝就要失去屏障保护，直接面对境外的侵扰，这是万万不能的。谚语说：‘关西出将，关东出相。’看凉州这个地方，人们熟悉兵事，百姓勇猛强壮，确实比其他的州强。现在羌胡之所以不敢侵入三辅，便是因为有凉州在边界地区抵挡。那些当地人之所以能拿起武器奋勇作战，没有二心，是因为凉州臣属于汉的缘故。假如放弃凉州之地，迁徙当地的百姓，他们安土重迁，必定会产生异心。如果豪雄相聚，席卷而来，即使是孟贲、夏育那样勇猛的人来做士卒，姜太公那样的人来担任将领，恐怕也抵挡不住。议论此事的人用破衣服相补能保存一件好的来比喻这件事，我认为恐怕这样做就像毒疮逐渐侵蚀周围的皮肉一样，逐渐溃烂而没有止息。放弃凉州不是办法。”李脩说：“我没有考虑到这一点，如果不是您的一番话，几乎坏了国家大事，那么您看还有什么办法?”虞诩说：“现在凉州动荡，居民们都惶惶不安，我担心会突然发生变故。确实应该命令四府九卿，各征辟凉州数人，当地的州牧、郡守、县令长的子弟都授予散官之职，表面上看是对他们鼓励，是对他们辛劳功绩的补偿，而实际上是将其子弟扣押作为人质，以防备他们搞诡计。”李脩赞同这种做法，重新召集四府商议，大家都同意虞诩的建议。于是征召西州豪杰担任掾属，任命州牧、郡守、县令长的子弟为郎官，以此来安抚他们。

邓骘兄弟因为虞诩没有同意他们的意见，非常生气，想根据制裁官吏的律法制裁虞诩。后来朝歌叛逆宁季等数千人攻杀长吏，屯聚连年，州郡官府束手无策。于是便任命虞诩为朝歌长来治理这个乱地方。虞诩的朋友听说后，都跑来慰问虞诩说："去治理朝歌是多么不幸啊！"虞诩笑着说："我做人的原则是立志不求容易，遇事不避艰难，这也是为臣的职责。如果不遇到盘根错节的树木，怎么来识别锋利的工具呢？"虞诩刚到朝歌，就去拜谒河内太守马棱。马棱勉励他说："你是读书人，应当在朝中出谋划策，怎么反而来到朝歌这种地方呢？"虞诩回答说："刚刚受到任命的时候，我的朋友们都来安慰勉励我。不过，据我的估计，宁季这些人是不会有什么作为的。朝歌这个地方，是韩、魏二国的交界，背靠太行山，前临黄河，离敖仓不过百里之遥，但是青、冀二州流亡到这里来的人数以万计。但这群造反的人不知道打开粮仓召集民众，夺取仓库里的兵器，以坚守城皋，就可以切断天下的右臂，所以说，是不值得担忧的。如今他们人多士气盛，一时难以和他们正面交锋。用兵讲求权变，希望现在能够对叛逆之人采取宽容的政策，不要让他们觉察到受限制而有所防备。"正式上任后，虞诩设立三个科目招募壮士，让掾史以下的官员各自推举自己所了解的犯有各种罪的人，其中强抢劫掠的作为第一等，伤人偷盗的排在第二，服丧而不从事家业的排在最后，招来一百多人，虞诩为他们大摆酒宴，将他们的罪全部赦免，命令他们混入贼人队伍中，引诱贼人出来抢劫，再埋伏好军队伏击他们，得以杀死贼兵数百人。虞诩又暗中派贫困之人中会做衣服的，使他们被贼人雇去做衣服时，用带颜色的线在贼人衣服的大襟上作标记，一旦穿彩色线缝制衣服的人出现在街上，官吏便立刻将他们抓住。贼人因此恐惧并散去，众人都称赞虞诩神明。不久，虞诩被迁升为怀县县令。

后来羌人入侵武都，邓太后认为虞诩有将帅的才能，便迁升他为武都太守，在嘉德殿把他引见给皇帝，皇帝对他厚加赏赐。羌人率领几千人在陈仓、崤谷一带阻拦虞诩，虞诩便停军不前，宣布已经上书朝廷请求援兵，并且快要到了。羌人听说后便分兵抄掠附近的县城，虞诩趁羌人分散之际，率兵日夜兼程，前行了一百多里。又命令将士每人修造两灶，每天增加一倍以造成人多的假象，羌人因此不敢紧逼。有人问虞诩："孙膑与敌人作战用减灶之法而您却用增灶之法。兵法上一日行军不过三十里，以防备意外事变，而您却行军二百里，这是为什么呢?"虞诩说："反叛的羌人数量多，我方兵少。慢走就容易被他们赶上，迅速前进便会使他们措手不及。对方见我们的炉灶每天在增加，一定会以为是郡兵来接应我们。敌人以为我们人数众多，行动又迅速，一定不敢追赶我们。孙膑减灶示敌以弱，我现在示敌以强，这是形势不同的缘故。"

到了武都郡后，虞诩率领的军队不满三千人，而羌兵却有一万多人，围攻赤亭数十天。虞诩命令军中，不要发射强弩，而暗中发射小弩。这样做以后，羌人以为汉军的弓箭力量微弱，射不到他们，便集中兵力猛攻。虞诩这时便命令用二十架强弩同射一个敌人，于是箭无虚发，羌人损失惨重，大为惊恐，急忙退兵，虞诩乘机出城追击，杀伤多人。次日，虞诩将军队全部集中列阵，吩咐他们从东郭门出，从北郭门入，变换服装，来回走上好几次。羌人摸不清汉军人数，感到惊恐，军心动摇。虞诩估计羌人将要退走，便暗中派遣五百多人在浅水之地设下埋伏，在他们的必经之路上监视。羌人果然慌乱逃跑，虞诩伏兵乘机截击，大破羌人，斩杀羌人甚多，羌人从此溃败离散，南逃到益州。虞诩于是观测地势，修筑营垒一百八十所，招回流亡人口，赈济穷人，武都郡于是得以安定。

之前武都郡的运道艰险，船和车都不能通行，用驴马运载粮食，花费五倍的代价才能运到一份。虞诩便亲自率领将士，考察巡视山川河谷，从沮县到下辩县几十里间，都烧石伐木，开辟漕运的船道，把原来租赁驴马的钱花在雇用佣工上，于是水运畅通顺利，每年能节省四千多万。虞诩刚刚到郡的时候，人口才一万余户。等到他安抚召集荒山中的人口，招还流落失散之人，二三年间，便增加到四万多户。盐米充足，价格便宜，百姓在这里安居乐业，数量超过以前的十倍。后虞诩因犯法被免去官职。

永建元年（126），虞诩代替陈禅任司隶校尉。几个月之间，他连续劾奏太傅冯石，太尉刘熹，中常侍程璜、陈秉、孟生、李闰等，百官为之侧目，认为虞诩过于苛求刻薄。三公劾奏虞诩在夏种这个季节的时候，拘押了许多无辜的人，成为祸患。虞诩上书为自己辩白说："法律禁令是世俗的堤防，刑罚是对人的约束。现在州说责任在郡，郡说责任在县，互相推托，百姓怨恨无穷，官吏以苟且纵容为贤，以尽职尽责为愚蠢。我所揭发上奏的，贪污赃罪的并不仅仅是一个人，丞相、御史二府恐怕被臣劾奏，所以他们先发制人，对我加以诬陷。臣将效仿史鱼那样，虽死却还要以尸首来进谏。"汉顺帝仔细体会到了虞诩奏章的意思，由此免掉了司空陶敦的官职。

当时中常侍张防利用权势，经常受人请托收受贿赂，虞诩每次都审查据实上报弹劾张防，但屡次上书，都被搁置，不予批复。虞诩实在按捺不住内心的愤怒，命人把自己捆起来，自投到廷尉狱中，并且上书说："从前孝安皇帝任用樊丰，废黜皇室正统，几乎使社稷灭亡。现在张防玩弄威势，国家之祸将再次降临。我不愿意与张防在朝廷同列，就自投到廷尉的狱中来使陛下了解现在危急的情况。不要让臣重蹈杨震当年被樊丰陷害而死的覆辙。”虞诩表章奏上后，张防在皇帝面前流着眼泪为自己辩解，虞诩因此被免官，送到左校当苦役。张防不肯罢休，又想加害虞诩，两天之内，虞诩被审讯拷打四次。狱吏劝虞诩自杀，以免凌虐，虞诩说：“我宁愿死在屠刀之下让远近的人都知道。”宦官孙程、张贤等知道虞诩因为忠君遭罪，就相继上奏请求面见顺帝。孙程说：“陛下当初与我们起事的时候，非常痛恨奸臣，深知任用奸臣，会使国家倾覆。而今即位以后，竟然纵容和包庇奸臣，又凭什么非议先帝呢？司隶校尉虞诩为陛下尽忠却被捉拿关押；中常侍张防贪赃枉法，罪证确凿，却逍遥法外，任由他构陷忠良。今观天象，有客星守于羽林星座，这是宫里有奸臣的征兆，应该赶快捉拿张防下狱，以顺应天意，防止异象的出现。并且下诏令放虞诩出狱，将印绶归还予他。”当时张防正站立在顺帝背后，孙程于是大声斥责张防说：“奸臣张防为什么不下殿去！”张防迫不得已，小步快走，退入东厢房。孙程又说：“陛下，请马上捉拿张防，不要让他去向您的母亲求情。”顺帝于是询问诸尚书，尚书贾朗素来与张防关系很好，便证明虞诩有罪。顺帝疑惑不定，对孙程说：“你们先出去，让我想想。”这时虞诩之子虞觊和门生一百多人，举着旗幡等候中常侍高梵的车子，叩头流血，诉说冤情。高梵于是入朝把看到的情形告诉顺帝，结果张防被判迁徙边疆，贾朗等六人有的被处死，有的被黜免，虞诩当日即被赦免出狱。孙程又上书说虞诩有大功，语言十分恳切激烈。顺帝醒悟，又任命虞诩为议郎，没过几天又把他升为尚书仆射。

当时，县令长、二千石准许受处罚的人用钱赎罪，称之为“义钱”，假称把这些钱储存起来以备救助穷人，但是，实际上郡守县令用这个办法为自己聚敛财富。虞诩上疏说：“永建元年以来，贫苦百姓上书告县令长受取钱财百万以上的，源源不断，而受到处罚的小官吏、百姓数以千万，三公和刺史却很少就此检举上奏。回想永平、章和年间，州郡官吏用走卒的钱借贷给穷人，司空劾奏审查，州和郡县的官员都因此获罪免官。现在应当遵循旧制，废除这种临时的制度。”于是顺帝下诏将虞诩的奏章下发有关部门，又严词责备州郡这种做法。用钱赎罪的做法从此被废止。

先前，宁阳县的主簿来到朝廷，申诉他们县令的冤屈，但是拖延了六七年都没有得到朝廷的答复。主簿便上书说：“臣是陛下的儿子，陛下是臣的父亲，臣上奏章百次，始终不被省察，难道要您的儿子到北边去向外族匈奴单于诉说冤情吗?”顺帝大怒，拿着主簿的奏章给尚书看，尚书遂劾奏宁阳主簿犯了大逆之罪。虞诩反驳说：“宁阳主簿所诉讼的，不过是对君父的不满，奏章上了百次都没有朝廷的任何回应，这明明是有司的过错，但他却怪在皇帝的头上，这样愚蠢的人，不值得用皇命杀掉。”顺帝采纳虞诩的话，仅仅对主簿处以笞刑。虞诩随之对诸尚书说：“百姓有怨，不远千里，断发刻肌历尽艰辛来至京师诉怨，却得不到受理，这难道不是臣子的责任么?各位与那些腐败的官吏有什么亲戚关系?或是和诉怨的人有什么仇呢?”听到虞诩话的人都感到很惭愧。虞诩又上书说：“尚书郎官之职非常重要，是做大官的捷径，现在有的一郡有七八个尚书郎，有的州一个都没有，应当令其数额平均，以满足天下人的愿望。”这个建议及虞诩另外的奏议大多被顺帝采纳。

虞诩喜好批评检举，毫不回避权要，多次得罪权臣贵戚，因而多次遭受牢狱之灾，然而他刚正不阿的本性，到老不变。永和初年，虞诩迁升尚书令，后因公事被免除官职。后来，朝廷想起他的忠正，又征召他入朝为官，不巧的是，这时他已经去世了。临终前，对他的儿子虞恭说："我侍奉皇帝坚持正道，自己的行为也无愧于心，所后悔的只是做朝歌长时杀死贼人几百人，恐怕在其中会有被冤杀的，所以，此后的二十多年里 ，家里没有再添一口人，这是得罪了上天啊。"

他的儿子虞恭很有才能，官至上党太守。

【评述】

虞诩是东汉时期著名的政治家、军事家，也是中国历史上有名的清官。他疾恶如仇，对贪官大胆弹劾，多次忤怒权贵要戚。在屡次上奏中常侍张防等人收受贿赂，却一直得不到应有的惩罚时，虞诩不顾个人安危，自投廷尉狱中，希望自己的良苦用心能为皇帝察觉，但却遭到了张防等人的诬陷，反而被罚劳役，受尽牢狱之苦，但虞诩宁为玉碎，不为瓦全，宁死不屈。由于汉顺帝深知虞诩的忠诚，并有浮阳侯孙程等人的大力营救，虞诩沉冤昭雪，被赦免出狱。但他秉性不改，依然犯颜直谏，抵触权贵，于是九次被谴，三次遭受刑罚的折磨。永和初年，虞诩被削职为民。不久，顺帝思念虞诩的忠诚，又征召他，诏书还没有到达，虞诩已与世长辞。

虞诩始终秉仁义之性情，他的临终遗言，并不是交代财产，告诫子孙，而是对自己的儿子检讨自己，认为当年在平定朝歌的叛乱中，恐怕杀害了无辜之人，战争难免伤及无辜，但虞诩认为是自己的责任，恐怕这种杀戮触怒了上天。这个在贪官污吏面前表现得坚强勇敢的人，此时，因为伤及无辜，不断自责着。他这种反求诸己的精神，更是难能可贵。

虞诩一生文韬武略，战功卓著，忠诚正直，他于国于民的赤胆忠心，可见一斑。虞诩在战时实不失为一代名将，在担任朝中要职时也不失为一代名相。他的事迹被载入史册，可谓是名垂千古。

（顾永霞注译、评述）

杜　乔

【原文】

杜乔字叔荣，河内林虑人也。少为诸生，举孝廉，辟司徒杨震府。稍迁为南郡太守，转东海相，入拜侍中。

汉安元年，以乔守光禄大夫，使徇察兖州。表奏太山太守李固政为天下第一；陈留太守梁让、济阴太守氾宫、济北相崔瑗等臧罪千万以上。让即大将军梁冀季父，宫、瑗皆冀所善。还，拜太子太傅，迁大司农。

时梁冀子弟五人及中常侍等以无功并封，乔上书谏曰："陛下越从藩臣，龙飞即位，天人属心，万邦攸赖。不急忠贤之礼，而先左右之封，伤善害德，兴长佞谀。臣闻古之明君，褒罚必以功过；末世暗主，诛赏各缘其私。今梁氏一门，宦者微孽，并带无功之绂[①]，裂劳臣之土，其为乖滥，胡可胜言！夫有功不赏，为善失其望；奸回不诘，为恶肆其凶。故陈资斧而人靡畏，班爵位而物无劝。苟遂斯道，岂伊伤政，为乱而已，丧身亡国，可不慎哉！"书奏不省。

益州刺史种暠举劾永昌太守刘君世以金蛇遗梁冀，事发觉，以蛇输司农。冀从乔借观之，乔不肯与，冀始为恨。累迁大鸿胪。时冀小女死，令公卿会丧，乔独不往，冀又衔之。

迁光禄勋。建和元年，代胡广为太尉。桓帝将纳梁冀妹，冀欲令以厚礼迎之，乔据执旧典，不听。又冀属乔举汜宫为尚书，乔以宫臧罪明著，遂不肯用，因此日忤于冀。先是李固见废，内外丧气，群臣侧足而立，唯乔正色无所回桡。由是海内叹息，朝野瞻望焉。在位数月，以地震免。宦者唐衡、左悺等因共谮于帝曰："陛下前当即位，乔与李固抗议言上不堪奉汉宗祀。"帝亦怨之。及清河王蒜事起，梁冀遂讽有司劾乔及李固与刘鲔等交通，请逮案罪。而梁太后素知乔忠，但策免而已。冀愈怒，使人胁乔曰："早从宜，妻子可得全。"乔不肯。明日冀遣骑至其门，不闻哭者，遂白执系之，死狱中。妻子归故郡。与李固俱暴尸于城北，家属故人莫敢视者。

乔故掾陈留杨匡闻之，号泣星行到洛阳，乃著故赤帻，托为夏门亭吏，守卫尸丧，驱护蝇虫，积十二日，都官从事执之以闻。梁太后义而不罪。匡于是带铁锧诣阙上书，并乞李、杜二公骸骨。太后许之。成礼殡殓，送乔丧还家，葬送行服[②]，隐匿不仕。匡初好学，常在外黄大泽教授门徒。补蕲长，政有异绩，迁平原令。时国相徐曾，中常侍璜之兄也，匿耻与接事，托疾牧豕云。

选自《后汉书》卷六十三《杜乔传》

【注释】

①绂（fú）：古代系印纽的丝绳，亦指官印。

②行服：大殓以后正式守孝。

【译文】

杜乔字叔荣，河内郡林虑县人。年少时是儒生，被推举为孝廉，征召进入杨震的司徒府任职。很快他升任为南郡太守，又调任东海相，后来进入朝廷任侍中。

汉安元年（142），派杜乔任光禄大夫，出使巡视、检查兖州。他上表奏说太山太守李固的政绩是全国第一；陈留太守梁让、济阴太守氾宫、济北相崔瑗等人贪赃受贿成千上万。梁让就是大将军梁冀的叔父，氾宫、崔瑗都和梁冀关系很好。杜乔回来后，被任命为太子太傅，升迁为大司农。

当时，梁冀的儿子、弟弟五人和中常侍等人无功而一同受封，杜乔就上书劝谏说："陛下您从封国起家，登上皇位，上天和人民都心悦诚服，万邦归附。您不急着礼待重用忠诚贤良，而先封赏身边的人，伤善害德，助长奸邪、谄媚的风气。我听说，古代圣明的君主，褒扬、惩罚官员必须根据功劳和罪过；衰亡时期的昏庸君主，封赏、诛杀都根据自己的好恶。现在梁氏一家，包括庶出的，甚至宦官，这样卑贱的人，都不劳而获、无功受禄，占据了有功劳的大臣应该得到的封土。那些不当的赏罚，怎么说得尽呢！有功劳而没有得到封赏，那么做好事的人就会失望；不追究奸邪的坏人，那么做坏事的人就会更加肆虐。所以，陈列着锋利的斧钺，人们却不害怕；分封爵位，人们却没有受到勉励。如果是这样做，哪里仅仅是损害国政，甚至会造成祸乱，丧身亡国，怎么可以不谨慎呢！”奏章递上去皇上却没有理会。

益州刺史种暠检举弹劾永昌太守刘君世拿着金蛇来贿赂梁冀，事情败露后，就把金蛇上缴给大司农。梁冀想跟杜乔借来看看，杜乔不肯给，梁冀开始记恨他。后来，杜乔经过几次升迁担任了大鸿胪。那时，梁冀最小的女儿去世，下令让公卿大臣会合来行送葬之礼，只有杜乔没有参加，梁冀更加怀恨他。

杜乔升任光禄勋。建和元年（147），他代胡广担任太尉。桓帝将要迎娶梁冀的妹妹，梁冀想要皇上用厚礼来迎娶，杜乔坚持根据以前的典制，不听从梁冀。还有，梁冀嘱托杜乔举荐汜宫任尚书，杜乔因为汜宫贪污受贿非常明显，不肯录用，因此杜乔日渐和梁冀有抵触。在这之前，李固被罢免，朝廷内外的人都情绪低落，大臣们不敢正身站立，只有杜乔表情端庄严肃，无所屈曲。从此天下的人都赞叹，朝廷内外都对他寄予期望。杜乔任职几个月后，因为发生地震而被罢免。宦官唐衡、左悺等人于是一同向皇上诬陷杜乔说：“陛下您以前要登皇位时，杜乔和李固都曾经提出意见说您没有能力继承汉家伟业。”桓帝听后，非常怨恨杜乔。到清河王刘蒜谋反事件发生后，梁冀就暗示有关部门弹劾杜乔、李固同刘鲔等人相勾结，请求逮捕杜乔核查罪状。可是，梁太后平素了解杜乔的忠心，只是罢免了他的官职。梁冀更加恼怒，派人威胁杜乔说：“早点做出合适的安排，妻子、孩子还可以得保全。”杜乔不肯。第二天，梁冀派人骑马到他家门口，没听到有人哭泣，就平白无故地逮捕了杜乔，杜乔死在牢狱中。他的妻子、孩子回了故乡。杜乔和李固都在城北边被暴尸示众，家属、老朋友都不敢来看视。

杜乔的老部下陈留人杨匡听说后，号哭着连夜赶到洛阳，戴上以前红色的头巾，托称是夏门亭的官吏，守护着尸体，驱赶苍蝇和虫子，过了十二天，都官从事把杨匡抓起来，向朝廷报告。梁太后认为他有义气，没有治罪。杨匡于是带着砍头用的砧板到朝堂上来上书，并且请求收葬李固、杜乔两人的尸体。梁太后答应了。杨匡祭祀完毕把尸体收敛，然后送杜乔的灵柩回老家，安葬好杜乔，守丧完后，就隐居不再做官。杨匡以前喜欢学习，常常在外黄的大泽中教授学生。他补任蕲县县长，因为政绩卓越，被升为平原县县令。当时，国相徐曾是中常侍徐璜的哥哥，杨匡耻于与他一起共事，就假托有病，回家放猪去了。

【评述】

道家的代表人物庄子曾经用“舔痈舐痔”这个成语来嘲讽那些逢迎讨好上司、阿谀奉承权贵的谄媚之徒。那么“舔痈舐痔”是否就是官场升迁的潜规则呢？不是！

东汉末年，宦官和外戚操纵朝政，整个社会滑入黑暗的深渊，国家处于崩溃的边缘。汉桓帝时，梁太后临朝称制，梁冀猖狂无比，“顺我者昌，逆我者亡”，挥舞着血腥的屠刀。面对梁冀的淫威，杜乔并不屈服，依然保持其忠臣本色，没有做出丝毫的妥协。

生活在黑暗封建社会中的正直之人，其人生结局必然是悲剧的。在宦官和外戚的联合陷害下，杜乔被杀了。生前，杜乔恪尽职守，与梁冀进行殊死搏斗；身后，其友冒死为他殡殓。他的肉体虽然毁灭了，但精神千古长存。

（朱武注译　金璐璐评述）

杨 秉

【原文】

秉字叔节，少传父业，兼明《京氏易》，博通书传，常隐居教授。年四十余，乃应司空辟，拜侍御史，频出为豫、荆、徐、兖四州刺史，迁任城相。自为刺史、二千石，计日受奉，余禄不入私门。故吏赍钱百万遗之，闭门不受。以廉洁称。

桓帝即位，以明《尚书》征入劝讲，拜太中大夫、左中郎将，迁侍中、尚书。帝时微行，私过幸河南尹梁胤府舍。是日，大风拔树，昼昏，秉因上疏谏曰："臣闻瑞由德至，灾应事生。《传》曰：'祸福无门，唯人所召。'天不言语，以灾异谴告，是以孔子迅雷风烈必有变动。《诗》云：'敬天之威，不敢驱驰。'王者至尊，出入有常，警跸而行，静室[①]而止，自非郊庙之事，则銮旗不驾。故《诗》称'自郊徂宫'，《易》曰'王假有庙，致孝享也'。诸侯如臣之家，《春秋》尚列其诫，况以先王法服而私出槃游！降乱尊卑，等威无序，侍卫守空宫，绂玺委女妾，设有非常之变，任章之谋，上负先帝，下悔靡及。臣奕世受恩，得备纳言[②]，又以薄学，充在讲劝，特蒙哀识，见照日月，恩重命轻，义使士死，敢惮摧折，略陈其愚。”帝不纳。秉以病乞退，出为右扶风。太尉黄琼惜其去朝廷，上秉劝讲帷幄，不宜外迁，留拜光禄大夫。是时，大将军梁冀用权，秉称病六年，冀诛后，乃拜太仆，迁太常。

延熹三年，白马令李云以谏受罪，秉争之不能得，坐免官，归田里。其年冬，复征拜河南尹。先是中常侍单超弟匡为济阴太守，以臧罪为刺史第五种所劾，窘急，乃赂客任方刺兖州从事卫羽。事已见《种传》。及捕得方，囚系洛阳，匡虑秉当穷竟其事，密令方等得突狱亡走。尚书召秉诘责，秉对曰：“《春秋》不诛黎比而鲁多盗，方等无状，衅由单匡。刺执法之吏，害奉公之臣，复令逃窜，宽纵罪身，元恶大憝，终为国害。乞槛车征匡考核其事，则奸慝踪绪，必可立得。”而秉竟坐输作左校，以久旱赦出。

会日食，太山太守皇甫规等讼秉忠正，不宜久抑不用。有诏公车征秉及处士韦著，二人各称疾不至。有司并效秉、著大不敬，请下所属正其罪。尚书令周景与尚书边韶议奏：“秉儒学侍讲，常在谦虚；著隐居行义，以退让为节。俱征不至，诚违侧席之望，然逶迤退食，足抑苟进之风。夫明王之世，必有下召之臣，圣朝弘养，宜用优游之礼。可告在所属，喻以朝庭恩意。如遂不至，详议其罚。”于是重征，乃到，拜太常。

五年冬，代刘矩为太尉。是时，宦官方炽，任人[3]及子弟为官，布满天下，竞为贪淫，朝野嗟怨。秉与司空周景上言：“内外吏职，多非其人，自顷所征，皆特拜不试，致盗窃纵恣，怨讼纷错。旧典，中臣子弟不得居位秉势，而今枝叶宾客布列职署，或年少庸人，典据守宰，上下忿患，四方愁毒。可遵用旧章，退贪残，塞灾谤。请下司隶校尉、中二千石、二千石、城门五营校尉、北军中候，各实核所部，应当斥罢，自以状言，三府廉察有遗漏，续上。”帝从之。于是秉条奏牧守以下匈奴中郎将燕瑗、青州刺史羊亮、辽东太守孙喧等五十余人，或死或免，天下莫不肃然。

时，郡国计吏多留拜为郎，秉上言三署见郎七百余人，帑臧空虚，浮食者众，而不良守相，欲因国为池，浇濯衅秽。宜绝横拜，以塞觊觎之端。自此终桓帝世，计吏无复留拜者。

七年，南巡园陵，特召秉从。南阳太守张彪与帝微时有旧恩，以车驾当至，因傍发调，多以入私。秉闻之，下书责让荆州刺史，以状副言公府。及行至南阳，左右并通奸利，诏书多所除拜。秉复上疏谏曰：“臣闻先王建国，顺天制官。太微积星，名为郎位，入奉宿卫，出牧百姓。皋陶诫虞，在于官人。顷者道路拜除，恩加竖隶，爵以货成，化由此败，所以俗夫巷议，白驹远逝，穆穆清朝，远近莫观。宜割不忍之恩，以断求欲之路。”于是诏除乃止。

时中常侍侯览弟参为益州刺史，累有臧罪，暴虐一州。明年，秉劾奏参，槛车征诣廷尉。参惶恐，道自杀。秉因奏览及中常侍具瑗④曰：“臣案国旧典，宦竖之官，本在给使省闼，司昏守夜，而今猥受过宠，执政操权。其阿谀取容者，则因公褒举，以报私惠；有忤逆于心者，必求事中伤，肆其凶忿。居法王公，富拟国家，饮食极肴膳，仆妾盈纨素，虽季氏专鲁，穰侯擅秦，何以尚兹！案中常侍侯览弟参，贪残元恶，自取祸灭，览顾知衅重，必有自疑之意，臣愚以为不宜复见亲近。昔懿公刑邴歜之父，夺阎职之妻，而使二人参乘，卒有竹中之难，《春秋》书之，以为至戒。盖郑詹来而国乱，四佞放而众服。以此观之，容可近乎？览宜急屏斥，投畀豺虎。若斯之人，非恩所宥，请免官送归本郡。”书奏，尚书召对秉掾属曰：“公府外职，而奏劾近官，经典汉制有故事乎？”秉使对曰：“《春秋》赵鞅以晋阳之甲，逐君侧之恶。《传》曰：‘除君之恶，唯力是视。’邓通懈慢，申屠嘉召通诘责，文帝从而请之。汉世故事，三公之职无所不统。”尚书不能诘。帝不得已，竟免览官，而削瑗国。每朝廷有得失，辄尽忠规谏，多见纳用。

秉性不饮酒，又早丧夫人，遂不复娶，所在以淳白称。尝从容言曰："我有三不惑：酒、色、财也。"八年薨，时年七十四，赐茔陪陵。子赐。

选自《后汉书》卷五十四《杨秉传》

【注释】

①静室：天子行幸时，先派人对所居宫室进行清扫和检查，以保持洁净并防止意外。

②纳言：古官名，主出纳王命。

③任人：汉代高官子弟凭借父兄地位而得官之制。两汉时，二千石以上官吏任满三年，不问其子弟德才高下，皆可获得为官的资格。

④具瑗（？—165）：魏郡元城人。汉桓帝初为中常侍。汉桓帝诛梁冀，瑗以与谋，封东武阳侯。恃宠骄恣，姻戚党羽遍州郡，欺压百姓，穷奢极欲，时称"具独坐"。

【译文】

杨秉，字叔节，少年时继承父业，兼通《京氏易》。他熟悉各种典籍，常年隐居教授弟子。他在四十多岁的时候，应司空征召，拜侍御史。其后，他接连出任豫州、荆州、徐州和兖州等四州刺史，随后又迁任城相。他自从当了刺史和诸侯国相，便按日领取俸禄，其他的钱财一律不准进入家门。他的一个老部下拿百万钱送他，他闭门不接受。因此，杨秉以廉洁著称。

汉桓帝即位以后，杨秉因精通《尚书》而被召入宫为皇帝讲学，任太中大夫、左中郎将，后升任侍中、尚书。皇帝当时着平民服装出行，偷偷前去河南尹梁胤的官邸。当时，突刮大风，拔起树木，白天天色昏暗，杨秉于是上疏劝桓帝说："我听说吉兆因德政而出现，灾祸因事端而产生。《左传》上说：'祸福并无固定的来源，只是由人自己招致的。'上天不会说话，通过灾害异常现象来谴责警告，因此当迅雷烈风出现，孔子必变脸色。《诗经》上说：'敬畏上天的威严，不敢任意行事。'帝王是最尊贵的人，出入有一定规矩。出宫，清道禁止行人并左右侍卫；入宫，清理宫室后才能居住。除非祭天祭祖之事，皇帝车马仪仗不出皇宫。因此《诗经》上说'由祭天场所直接回宫'，《易经》上说'王到宗庙是奉献孝祭的供品'。诸侯到家臣家，《春秋》记载下来作为鉴戒，更何况穿着先王的法服而私自出游！破坏尊卑等级，使威仪靡然无序，侍卫守护空殿，皇帝印玺留给女妾掌管，万一出现特殊情况，如任章刺杀宣帝之类的变故，上则辜负先帝的心愿，下则后悔莫及。臣下世代受皇帝恩泽，得以担任尚书，又借薄学浅才，充任讲读劝学之职，分外蒙受皇帝的怜爱赏识，被日月所照耀，恩义深重，生命微贱，为道义可使士人献身，因此敢于冒着受刑致死的危险，简单陈述自己的愚见。"桓帝没有采纳他的建议。杨秉以病为由请求退职，调任右扶风一职。太尉黄琼对于杨秉离开朝廷感到惋惜，上奏推荐杨秉劝学讲读于宫室，不应调到地方任职，于是杨秉被留在朝廷任命为光禄大夫。当时大将军梁冀掌权，杨秉称病六年，梁冀被诛后，于是被任命为太仆，后调任太常。

延熹三年（160），白马令李云因劝谏皇帝获罪，杨秉争辩此事没有成功，因而被免除官职，回到乡间。当年冬天，又被征召任命为河南尹。此前中常侍单超的弟弟单匡担任济阴太守，因贪污罪被兖州刺史第五种所弹劾，处境十分窘迫，于是花钱指使门客任方，刺杀兖州从事卫羽。此事已见于《第五种传》。等到捕获任方，囚禁在洛阳，单匡考虑到杨秉会对此事追查到底，于是暗中使任方等人找机会越狱逃走。尚书召杨秉责问，杨秉回答说："《春秋》上说鲁国因没有杀莒国黎比而盗贼增多，任方等人为非作歹，罪过起于单匡。刺杀执行法律的官吏，伤害秉公办事的大臣，又令罪犯逃跑，宽容放纵罪犯，这样的首恶大奸，终要成为国家的祸害。请求用囚车押送单匡，并拷问核实此事，奸行的来龙去脉一定会立刻清楚。"但杨秉竟然被送到左校罚作苦役，后因天气久旱不雨被赦免出来。

此时恰好出现日食，太山太守皇甫规等人为杨秉辨冤，称他忠诚正直，不该长期压制不加任用。后皇帝下诏书，用公车征召杨秉与处士韦著，二人均称病不到。有关部门弹劾杨秉、韦著对朝廷大不敬，要求他们所属的郡处治他们的罪过。尚书令周景与尚书边韶讨论后上奏："杨秉以儒家充任侍讲，常常谦虚自持，韦著隐居履行仁义，以退让为操守。他们都受征召而不到，确是有违皇上侧席以待贤良的心愿，然而从容谦退，公正廉洁，足以抑制苟且进取、以求禄位的风气。圣王之世，必然有征召不至的臣子，圣朝气量宏大，应该采用宽容的礼节。可通知所在郡，把朝廷恩情心意晓谕他们，如若最终还不到，再详细讨论如何处罚。"于是再次征召，杨秉才接受，被任命为太常。

延熹五年（162）冬，杨秉代刘矩为太尉。此时宦官势力正盛，任人及子弟为官，布满天下，他们竞相贪污淫乱，朝野一片嗟叹怨恨之声。杨秉与司空周景上言："内外官职，大多数任用的人都不合格，自不久前所征召的官员，都是只拜官而不考试，致使盗窃纵横恣肆，怨言诉讼不断出现。按照旧典，宦官子弟不得居位掌权，而今他们的子弟宾客遍布各个部门，有些年纪轻轻、平庸无才能之人，出任地方守宰，上级部门与下层百姓愤怒忧虑心有不平，各地人愁苦不堪。可遵行沿用旧制，屏退贪婪残暴之人，以阻止灾祸谤言的出现。请下令给司隶校尉、中二千石、二千石、城门五营校尉、北军中候，各自切实核实所属部门，应当清退罢免的，自己把情况上报，三府检察如果有遗漏，随后再上报。”皇帝听从了这个建议。于是杨秉开列州牧郡守以下匈奴中郎将燕瑗、青州刺史羊亮、辽东太守孙喧等五十多人，或被处死，或被免职，天下没有不敬畏的。

当时郡国上计吏多被留在京城任命为郎官，杨秉上奏说三署现在有郎七百多人，国家货币库藏空虚，而游手好闲者多，且行为不端的郡守国相，想把国家作为池塘，冲洗掉自己的罪责秽行。应该杜绝不循正道的拜官任职，以阻塞觊觎权力的苗头。从此到桓帝一代结束，计吏不再留京拜任为郎。

延熹七年（164），皇帝南巡园陵，特地诏命杨秉跟从。南阳太守张彪与皇帝未即位时有旧恩，在皇帝的车马快要到的时候，他借着征调物资之机，将许多物资私自留给自己。杨秉听说后，发送文书痛责荆州刺史，令其将此事详细报告太尉府。皇帝车驾走到南阳，皇帝左右的人都接受了贿赂，诏书中多是下令拜受官职的。杨秉又上疏劝谏说：“臣听说先王建国，顺应上天而建立官制。太微天区积聚二十五颗星，叫做郎位，入则昼夜卫护皇帝，出则统治百姓。皋陶告诫虞舜，为政在于授官于人。近来在道路旅途中任命官员，恩泽加于小人仆隶，爵位由贿赂而得，教化由此败落，所以平民百姓在街头巷尾议论，贤人乘白驹远离而去，端庄清明的朝廷，远近都无人看得见。应该割舍慈悲心怀，以斩断贪求之路。”于是发诏任官才停止。

当时中常侍侯览弟侯参任益州刺史，多次犯有贪污罪，在州中执政暴虐。第二年，杨秉向皇帝检举侯参的罪行，用囚车送他到廷尉审判。侯参感到很害怕，在道上自杀了。杨秉因而弹劾侯览及中常侍具瑗说：“臣考查旧典，宦竖之官，本来是负责传号通报、司昏守夜，而今却不正当地受到过分宠幸，执政操权。那些阿谀奉承取悦于他们的人，则被朝廷举荐加以褒奖提拔，以报答个人恩惠；若是与他们心意相抵触不和者，必定被他们寻找机会加以中伤，以逞他们的凶狠之性。他们的住所，效仿王公，他们的财富，可与国家相比，饮食极尽肴膳之珍，仆妾全身穿着丝绸，即使季氏专权于鲁国，穰侯擅政于秦国，何以与此相比！调查结论是中常侍侯览弟弟侯参，贪婪残暴，罪大恶极，自取灾祸而死，侯览自知罪责深重，必然会有自疑之心，臣下愚见，认为他不应该再被亲近。古时齐懿公给邴歜父亲的尸体施刑，夺走阎职的妻子，而让二人陪他乘车，最终出现竹林中的祸难，《春秋》记载此事，作为大戒。郑詹来鲁国而国家动乱，四凶放逐而众人宾服。由此看来，这样的人能亲近吗？侯览应当马上屏退，投到豺虎群中。像这种人，不是恩情所应宽恕的，请免除官职送归本郡。”书上呈，尚书召见杨秉属吏，对他说：“三公府是外朝官员，而上奏弹劾内廷近官，经典以及汉代制度中有先例吗？”杨秉使人回答道：“《春秋》上记载赵鞅凭借晋阳军队驱逐君王身边的恶人。《左传》上说：‘清除君王身边的恶人，要使出全力。’邓通上朝懈怠简慢，申屠嘉召见邓通并加以责问，文帝同意并代为求请。汉代旧制，三公府的职责无所不管。”尚书辩论不过。桓帝迫不得已，最终免除侯览官职，削除了具瑗的封地。朝廷处理问题每有得失，杨秉总是尽忠规劝进谏，多被采用。

杨秉生性不饮酒，夫人又早丧，就没有再娶，所到之处人们都以清白称赞他。他曾经从容地说：“有三种东西不能迷惑我，那就是酒、色、财。”杨秉于延熹八年（165）去世，时年七十四岁，在皇陵附近赐他墓地来陪陵。他的儿子是杨赐。

【评述】

杨秉，字叔节，著名清官杨震之子。自任刺史后，他领取俸禄时，总是根据自己实际的理政天数来计算；多余的部分，上交国库，而不是据为己有。所以，他虽然为官多年，家中并不富足。

杨秉一生曾三次被贬，四次复出，其三次被贬皆因忠正刚直。延熹三年，杨秉为白马令李云求情，被免官归田，生活贫寒，一天只能吃一顿饭。即使在这种情况下，他依旧洁身自好，决不接受他人馈赠。任城孝廉景虑曾送给他一百多万钱以为“接济”，但杨秉坚决拒绝了。

杨秉被重新起用后，更加严于律己。他平时不饮酒，吃的也只是粗茶淡饭。尤其是在当时腐败之风盛行的情况下，许多官吏都妻妾成群，而他却“早年丧妻而不复娶”。诸如此类，都被人传为美谈。延熹五年，杨秉任朝廷太尉，与司空周景清理冒滥及诸劣迹官员，一举惩治赃官诸如匈奴中郎将燕瑗、青州刺史羊亮、辽东太守孙谊等五十余人，斩杀了一批，罢免了一批，天下莫不肃然，人民安居乐业。

杨秉在任期间，坚持扶正祛邪，每遇朝廷得失，皆尽忠规谏，许多建议都被采纳。杨秉为官继承文德，清廉节俭。有人问及杨秉为人做官的成功秘诀，他说自己一生有“三不惑”：酒、色、财。

（徐云平注译、评述）

陈　蕃

【原文】

陈蕃字仲举，汝南平舆人也。祖河东太守。蕃年十五，尝闲处一室，而庭宇芜秽。父友同郡薛勤来候之，谓蕃曰："孺子何不洒埽以待宾客?"蕃曰："大丈夫处世，当埽除天下，安事一室乎!"勤知其有清世志，甚奇之。

初仕郡，举孝廉，除郎中。遭母忧，弃官行丧。服阕，刺史周景辟别驾从事，以谏争不合，投传而去。后公府辟举方正，皆不就。

太尉李固表荐，征拜议郎，再迁为乐安太守。时，李膺为青州刺史，名有威政，属城闻风，皆自引去，蕃独以清绩留。郡人周璆，高洁之士。前后郡守招命莫肯至，唯蕃能致焉。字而不名，特为置一榻，去则县之。璆字孟玉，临济人，有美名。民有赵宣葬亲而不闭埏隧，因居其中，行服二十余年，乡邑称孝，州郡数礼请之。郡内以荐蕃，蕃与相见，问其妻子，而宣五子皆服中所生。

蕃大怒曰："圣人制礼，贤者俯就，不肖企及。且祭不欲数，以其易黩故也。况及寝宿冢藏，而孕育其中，诳时惑众，诬污鬼神乎？"遂致其罪。

大将军梁冀威震天下，时遣书诣蕃，有所请托，不得通，使者诈求谒，蕃怒，笞杀之，坐左转修武令。稍迁，拜尚书。

时，零陵、桂阳山贼为害，公卿议遣讨之，又诏下州郡，一切皆得举孝廉、茂才。蕃上疏驳之曰："昔高祖创业，万邦息肩，抚养百姓，同之赤子。今二郡之民，亦陛下赤子也。致令赤子为害，岂非所在贪虐，使其然乎？宜严敕三府，隐核牧守令长，其有在政失和，侵暴百姓者，即便举奏，更选清贤奉公之人，能班宣法令情在爱惠者，可不劳王师，而群贼弭息矣。又三署郎吏二千余人，三府掾属过限未除，但当择善而授之，简恶而去之。岂烦一切之诏，以长请属之路乎！"以此忤左右，故出为豫章太守。性方峻，不接宾客，士民亦畏其高。征为尚书令，送者不出郭门。

迁大鸿胪。会白马令李云抗疏谏，桓帝怒，当伏重诛。蕃上书救云，坐免归田里。

复征拜议郎，数日迁光禄勋。时，封赏逾制，内宠猥盛，蕃乃上疏谏曰："臣闻有事社稷者，社稷是为；有事人君者，容悦是为。今臣蒙恩圣朝，备位九列，见非不谏，则容悦也。夫诸侯上象四七，垂耀在天，下应分土，藩屏上国。高祖之约，非功臣不侯。而闻追录河南尹邓万世父遵之微功，更爵尚书令黄儁先人之绝封，近习以非义授邑，左右以无功传赏，授位不料其任，裂土莫纪其功，至乃一门之内，侯者数人，故纬象失度，阴阳谬序，稼用不成，民用不康。臣知封事已行，言之无及，诚欲陛下从是而止。又比年收敛，十伤五六，万人饥寒，不聊生活，而采女数千，食肉衣绮，脂油粉黛不可赀计。鄙谚言'盗不过五女门'，以女贫家也。今后宫之女，岂不贫国乎！是以倾宫嫁而天下化[①]，楚女悲而西宫灾。且聚而不御，必生忧悲之感，以致并隔水旱之困。夫狱以禁止奸违，官以称才理物。若法亏于平，官失其人，则王道有缺。而令天下之论，皆谓狱由怨起，爵以贿成。夫不有臭秽，则苍蝇不飞。陛下宜采求失得，择从忠善。尺一[②]选举，委尚书三公，使褒责诛赏，各有所归，岂不幸甚！”帝颇纳其言，为出宫女五百余人，但赐儁爵关内侯，则万世南乡侯。

延熹六年，车驾幸广成校猎。蕃上疏谏曰：“臣闻人君有事于苑囿，唯仲秋西郊，顺时讲武，杀禽助祭，以敦孝敬。如或违此，则为肆纵。故皋陶戒舜'无教逸游'，周公戒成王'无槃于游田'。虞舜、成王犹有此戒，况德不及二主者乎！夫安平之时，尚宜有节，况当今之世，有三空之厄哉！田野空，朝廷空，仓库空，是谓三空。加兵戎未戢，四方离散，是陛下焦心毁颜，坐以待旦之时也。岂宜扬旗曜武，骋心舆马之观乎！又秋前多雨，民始种麦。今失其劝种之时，而令给驱禽除路之役，非贤圣恤民之意也。齐景公欲观于海，放乎琅邪，晏子为陈百姓恶闻旌旗舆马之音，举首嚬眉之感，景公为之不行。周穆王欲肆车辙马迹，祭公谋父为诵《祈招》之诗，以止其心。诚恶逸游之害人也。”书奏不纳。

自蕃为光禄勋，与五官中郎将黄琬共典选举，不偏权富，而为势家郎所谮诉，坐免归。顷之，征为尚书仆射，转太中大夫。八年，代杨秉为太尉。蕃让曰：“‘不愆不忘，率由旧章’，臣不如太常胡广。齐七政，训五典，臣不如议郎王畅。聪明亮达，文武兼姿，臣不如弛刑徒李膺。”帝不许。

中常侍苏康、管霸等复被任用，遂排陷忠良，共相阿媚。大司农刘祐、廷尉冯绲、河南尹李膺，皆以忤旨，为之抵罪。蕃因朝会，固理膺等，请加原宥，升之爵任。言及反复，诚辞恳切。帝不听，因流涕而起。时，小黄门赵津、南阳大猾张汜等，奉事中官，乘势犯法，二郡太守刘瓆、成瑨考案其罪，虽经赦令，而并竟考杀之。宦官怨恚，有司承旨，遂奏瓆、瑨罪当弃市。又山阳太守翟超，没入中常侍侯览财产，东海相黄浮，诛杀下邳令徐宣，超、浮并坐髡钳，输作左校。蕃与司徒刘矩、司空刘茂共谏请瓆、瑨、超、浮等，帝不悦。有司劾奏之，矩、茂不敢复言。蕃乃独上疏曰：“臣闻齐桓修霸，务为内政；《春秋》于鲁，小恶必书。宜先自整敕，后以及人。今寇贼在外，四支之疾；内政不理，心腹之患。臣寝不能寐，食不能饱，实忧左右日亲，忠言以疏，内患渐积，外难方深。陛下超从列侯，继承天位。小家畜产百万之资，子孙尚耻愧失其先业，况乃产兼天下，受之先帝，而欲懈怠以自轻忽乎？诚不爱己，不当念先帝得之勤苦邪？前梁氏五侯，毒遍海内，天启圣意，收而戮之，天下之议，冀当小平。明鉴未远，覆车如昨，而近习之权，复相扇结。小黄门赵津、大猾张汜等，肆行贪虐，奸媚左右，前太原太守刘瓆、南阳太守成瑨，纠而戮之。虽言赦后不当诛杀，原其诚心，在乎去恶。至于陛下，有何悁悁？而小人道长，营惑圣听，遂使天威为之发怒。如加刑谪，已为过甚，况乃重罚，令伏欧刀乎！又，前山阳太守翟超、东海相黄浮，奉公不桡，疾恶如仇，超没侯览财物，浮诛徐宣之罪，并蒙刑坐，不逢赦恕。览之从横，没财已幸；宣犯衅过，死有余辜。昔丞相申屠嘉召责邓通，洛阳令董宣折辱公主，而文帝从而请之，光武加以重赏，未闻二臣有专命之诛。而今左右群竖，恶伤党类，妄相交搆，致此刑谴。闻臣是言，当复啼诉。陛下深宜割塞近习豫政之源，引纳尚书朝省之事，公卿大官，五日壹朝，简练清高，斥黜佞邪。于是天和于上，地洽于下，休祯符瑞，岂远乎哉！陛下虽厌毒臣言，凡人主有自勉强，敢以死陈。”帝得奏愈怒，意无所纳，朝廷众庶莫不怨之。宦官由此疾蕃弥甚，选举奏议，辄以中诏谴却，长史已下多至抵罪。犹以蕃名臣，不敢加害。瓆字文理，高唐人。瑨字幼平，陕人。并有经术称，处位敢直言，多所搏击，知名当时，皆死于狱中。

九年，李膺等以党事下狱考实。蕃因上疏极谏曰："臣闻贤明之君，委心辅佐；亡国之主，讳闻直辞。故汤武虽圣，而兴于伊吕；桀纣迷惑，亡在失人。由此言之，君为元首，臣为股肱，同体相须，共成美恶者也。伏见前司隶校尉李膺、太仆杜密、太尉掾范滂等，正身无玷，死心社稷。以忠忤旨，横加考案，或禁锢闭隔，或死徙非所。杜塞天下之口，聋盲一世之人，与秦焚书坑儒，何以为异？昔武王克殷，表闾封墓，今陛下临政，先诛忠贤。遇善何薄？待恶何优？夫谗人似实，巧言如簧，使听之者惑，视之者昏。夫吉凶之效，存乎识善；成败之机，在于察言。人君者，摄天下之政，秉四海之维，举动不可以违圣法，进退不可以离道规。谬言出口，则乱及八方，何况髡③无罪于狱，杀无辜于市乎！昔禹巡狩苍梧，见市杀人，下车而哭之曰：'万方有罪，在予一人！'故其兴也勃焉。又青、徐炎旱，五谷损伤，民物流迁，茹菽不足。而宫女积于房掖，国用尽于罗纨，外戚私门，贪财受赂，所谓'禄去公室，政在大夫'。昔春秋之末，周德衰微，数十年间无复灾眚者，天所弃也。天之于汉，悢悢无已，故殷勤示变，以悟陛下。除妖去孽，实在修德。臣位列台司，忧责深重，不敢尸禄惜生，坐观成败。如蒙采录，使身首分裂，异门而出，所不恨也。”帝讳其言切，托以蕃辟召非其人，遂策免之。

永康元年，帝崩。窦后临朝，诏曰：“夫民生树君，使司牧之，必须良佐，以固王业。前太尉陈蕃，忠清直亮。其以蕃为太傅，录尚书事。”时，新遭大丧，国嗣未立，诸尚书畏惧权官，托病不朝。蕃以书责之曰：“古人立节，事亡如存。今帝祚未立，政事日蹙，诸君奈何委荼蓼[④]之苦，息偃在床？于义不足，焉得仁乎！”诸尚书惶怖，皆起视事。

灵帝即位，窦太后复优诏蕃曰：“盖褒功以劝善，表义以厉俗，无德不报，《大雅》所叹。太傅陈蕃，辅弼先帝，出内累年。忠孝之美，德冠本朝；謇愕之操，华首弥固。今封蕃高阳乡侯，食邑三百户。”蕃上疏让曰：“使者即臣庐，授高阳乡侯印绶，臣诚悼心，不知所裁。臣闻让，身之文，德之昭也，然不敢盗以为名。窃惟割地之封，功德是为。臣孰自思省，前后历职，无它异能，合亦食禄，不合亦食禄。臣虽无素洁之行，窃慕‘君子不以其道得之，不居也’。若受爵不让，掩面就之，使皇天震怒，灾流下民，于臣之身，亦何所寄？顾惟陛下哀臣朽老，戒之在得。”窦太后不许，蕃复固让，章前后十上，竟不受封。

初，桓帝欲立所幸田贵人为皇后。蕃以田氏卑微，窦族良家，争之甚固。帝不得已，乃立窦后。及后临朝，故委用于蕃。蕃与后父大将军窦武，同心尽力，征用名贤，共参政事，天下之士，莫不延颈想望太平。而帝乳母赵娆，旦夕在太后侧，中常侍曹节、王甫等与共交搆，谄事太后。太后信之，数出诏命，有所封拜，及其支类，多行贪虐。蕃常疾之，志诛中官，会窦武亦有谋。蕃自以既从人望而德于太后，必谓其志可申，乃先上疏曰："臣闻言不直而行不正，则为欺乎天而负乎人。危言极意，则群凶侧目，祸不旋踵。钧此二者，臣宁得祸，不敢欺天也。今京师嚣嚣，道路喧哗，言侯览、曹节、公乘昕、王甫、郑飒等与赵夫人诸女尚书并乱天下。附从者升进，忤逆者中伤。方今一朝群臣，如河中木耳，泛泛东西，耽禄畏害。陛下前始摄位，顺天行诛，苏康、管霸并伏其辜。是时，天地清明，人鬼欢喜，奈何数月复纵左右？元恶大奸，莫此之甚。今不急诛，必生变乱，倾危社稷，其祸难量。愿出臣章宣示左右，并令天下诸奸知臣疾之。"太后不纳，朝廷闻者莫不震恐。蕃因与窦武谋之，语在《武传》。

及事泄，曹节等矫诏诛武等。蕃时年七十余，闻难作，将官属诸生八十余人。并拔刃突入承明门，攘臂呼曰："大将军忠以卫国，黄门反逆，何云窦氏不道邪？"

王甫时出，与蕃相迕，适闻其言，而让蕃曰："先帝新弃天下，山陵未成，窦武何功，兄弟父子，一门三侯？又多取掖庭[5]宫人，作乐饮宴，旬月之间，赀财亿计。大臣若此，是为道邪？公为栋梁，枉桡阿党，复焉求贼！"遂令收蕃。蕃拔剑叱甫，甫兵不敢近，乃益人围之数十重，遂执蕃送黄门北寺狱。黄门从官驺蹋踧蕃曰："死老魅！复能损我曹员数，夺我曹禀假不？"即日害之。徙其家属于比景，宗族、门生、故吏皆斥免禁锢。

蕃友人陈留朱震，时为铚令，闻而弃官哭之，收葬蕃尸，匿其子逸于甘陵界中。事觉系狱，合门桎梏。震受考掠，誓死不言，故逸得免。后黄巾贼起，大赦党人，乃追还逸，官至鲁相。

震字伯厚，初为州从事，奏济阴太守单匡臧罪，并连匡兄中常侍车骑将军超。桓帝收匡下廷尉，以谴超，超诣狱谢。三府谚曰："车如鸡栖马如狗，疾恶如风朱伯厚。"

论曰：桓、灵之世，若陈蕃之徒，咸能树立风声，抗论惽俗。而驱驰崄厄之中，与刑人腐夫同朝争衡，终取灭亡之祸者，彼非不能洁情志，违埃雾也。愍夫世士以离俗为高，而人伦莫相恤也。以遁世为非义，故屡退而不去；以仁心为己任，虽道远而弥厉。及遭际会，协策窦武，自谓万世一遇也。懔懔乎伊、望之业矣！功虽不终，然其信义足以携持民心。汉世乱而不亡，百余年间，数公之力也。

选自《后汉书》卷六十六《陈蕃传》

【注释】

①倾宫嫁而天下化：《帝王纪》中记载："纣作倾宫，多采美女以充之。武王伐殷，乃归倾宫之女于诸侯。"

②尺一：汉代书写用竹简、木牍。书写诏书的木牍长一尺一寸，故称诏书为"尺一"。

③髡（kūn）：古代剃去头发的一种刑罚。

④荼蓼：荼和蓼。泛指田野沼泽间的杂草。

⑤掖庭：宫中旁舍，妃嫔居住的地方。

【译文】

陈蕃，字仲举，汝南郡平舆县人。祖父任河东太守。十五岁时，陈蕃曾闲居独处一室，他的庭院脏乱不堪，父亲的朋友、同郡的薛勤来看望他，对他说："小孩子家为什么不打扫干净庭院来招待客人？"陈蕃说："大丈夫在世上，应当清扫天下，哪里需要做清扫一间房子的事呢？"薛勤由此知道他有澄明天下的志向，认为他很不寻常。

陈蕃最初在郡中任职，被举荐为孝廉，担任郎中。母亲去世，他离职服丧。服丧期满，刺史周景征召他做别驾从事，因为陈蕃直言规劝而导致两人不相投合，陈蕃交回印符辞官离去。后来公府征召，举荐他为方正，他也没有接受。

由于太尉李固上表推荐，李蕃被征召授予议郎的官职，两次升迁后担任乐安太守。当时，李膺为青州刺史，以施政威严著名，下级郡县的官员听说李膺威严，都自行离官而去，唯独陈蕃因廉洁清明的治绩而留任。同郡人周璆，是位品德高尚的人，历任郡守招请他去，他都辞谢，只有陈蕃能延请他来。陈蕃以字号尊称他，而不直呼其名，还特意为他准备了一张床榻，他离开后，陈蕃还把床榻悬挂起来。周璆字孟玉，临济人士，有很好的名声。当时有个百姓赵宣安葬了父母而没有封闭墓道，穿孝服在里面住了近二十年，乡亲都称赞他孝顺，州郡也多次聘请他为官。郡内把他推荐给陈蕃，陈蕃与他相见，问及他的妻子与孩子，得知他的五个孩子都是在服孝期间所生。陈蕃大怒说：“圣人制定服丧礼仪，贤者屈尊而就，不肖者努力企及。而且祭祀不宜过于频繁，因其容易使人随便应付而不再庄重对待。而你就寝于墓穴中，并且在墓穴中生养儿女，这不是欺世惑众、玷污神灵吗？”于是将赵宣治罪。

大将军梁冀当时威名震慑天下，他曾派人送信拜托陈蕃为他办点事，使者没能见到陈蕃，他便以欺诈手段求见，陈蕃大怒，鞭笞并杀死了使者。陈蕃因此被贬为修武令。不久又被提升，担任尚书。

当时零陵、桂阳山贼作乱，公卿商议派军讨伐，同时又诏告两郡，所有讨伐有功者都可以保举孝廉、茂才。陈蕃上书驳斥道：“以前，高祖统一天下之后，各地休养生息，他养育百姓如同养育自己的孩子一样。现在两郡的人民，也像是陛下的孩子，那些百姓之所以要生事为害，难道不是那里的官吏贪污腐败逼迫的吗？应该严令三府暗地里查考那里的大小官员，如果有玩忽失职、欺压百姓的，让他们立即向朝廷告发，然后改选清廉贤明、奉公守法，能切实颁布、宣告法律诏令，对百姓施以仁政的人。这样就能不劳烦国家的军队，却使所有的盗贼平息。现在三署郎官有两千多人，三府下属的官吏早就超过了正常的数量，应该选择优秀的人授予职位，淘汰掉无才无德的人，哪里用得着颁布繁复的诏令，来延长这条请托之路呢?”陈蕃因此得罪了皇帝身边的大臣，被降为豫章太守。陈蕃性格刚毅冷峻，不轻易接待宾客，士人和百姓都敬畏他的高义。后陈蕃被征调回京做尚书令，送他的人都没有出城。

陈蕃后升任大鸿胪。正赶上白马县令李云直言进谏，触怒汉桓帝，被判死刑。陈蕃上书营救李云，结果获罪免官回乡。

后朝廷又征陈蕃回京，拜为议郎，几天后升为光禄勋。当时，朝廷封爵赏赐多逾越规定，皇帝内宠的宫女也越来越多。陈蕃于是上书皇帝，说：“臣听说为国家做事的人，以国家为上；侍奉人君者，以取悦君主为上。如今我承蒙圣恩，列位九卿，看到不好的事情而不劝谏圣上，我也就成了取悦君主的人。诸侯在上天对应着二十八星宿，星宿在天空中闪耀，下面对应着各自的封地，围绕、屏护着朝廷。高祖曾定下规矩，不是功臣不能封侯。但如今我听说朝廷追记河南尹邓万世的父亲邓遵当年的小功劳，重新封给尚书令黄儁先人早就失袭的爵位，皇上身边的亲近之人都无缘由地被赐以封邑，没有任何功劳却受奖赏，授予职位却不考虑他的任职能力，列土封疆也不考察他的功绩，以至于出现一家之内有数人封侯的情况。所以现在天象失常，阴阳之变也出现错乱，庄稼没有收成，百姓日用也不足。臣下知道封赏之事已经发生了，现在说也没用，但希望圣上从现在开始再不要这样做了。这还不算，又逢连年收敛，百姓十之五六都为之所困，万人饥寒交迫，民不聊生，可皇上却养着宫女数千，每天吃肉、穿绮罗，所耗脂油粉黛不计其数。常言说得好，小偷都不进有五个女儿的家门，那是因为养了这么多女儿，家中肯定贫穷，现在后宫养了这么多嫔妃宫女，难道不会让国家贫穷吗？因此，臣建议把宫女全部遣送出去嫁人，这样天下风俗就会改变，楚女废居西宫而得不到关怀，就会产生悲愁怨恨。把天下的女子聚在宫中而不侍寝，必定会产生忧愁悲伤之情，从而导致水旱灾害。设立监狱是为了禁止犯法，设立官职是让有才能的人来治理事务。如果执法不公平，任用无能的人担任官职，则是王道缺失的表现，并且会使天下的舆论都认为，狱案是因为民怨而产生，官爵是靠贿赂而得到。没有污秽腐臭，就引不来苍蝇乱飞。陛下应该认识自己的得与失，选用那些忠诚善良的官员跟随左右。请下诏将选拔、举用贤能者托付给尚书、三公，使责罚与赏赐的职责各有所归。这难道不是很好吗？”皇帝很赞同陈蕃的这番话，于是遣出宫女五百多人，只赏赐给黄儁关内侯的爵位、邓万世南乡侯的爵位。

延熹六年（163），皇帝将到广成苑打猎，陈蕃上书劝谏说：“我听说皇帝到苑囿之地的时间，只在仲秋之时，郊祀于西，顺应时宜，讲习武事，宰杀鸟兽，辅助祭祀，以表示对孝顺父母、尊敬长辈的崇尚。如果违背这个初衷，就是恣纵放肆。因此，皋陶劝诫舜帝说‘不要倡导放纵游乐’，周公告诫成王‘不要以出游打猎为乐’。虞舜、成王这样的贤君尚且有这样的告诫，何况道德还不如这两位君主的帝王呢？在安定太平的时代尚且应该有所节制，何况当今之世，本来就有三空（田野空、朝廷空、仓库空）之灾祸，加上战乱不止，流民不断，正是皇上焦心毁颜、坐卧不安的时刻，怎么能不顾社稷，扬旗耀武去围场狩猎呢？秋季前期多雨，农民刚开始播种秋季大麦，现在却错过劝种的好时机，而征调夫役驱禽除路以供狩猎，这不是贤明的圣主抚恤民众的做法。从前，齐景公想去海边观景，去琅邪游玩，晏子向他陈述了老百姓听到旌旗招展、车马齐奔的声音，厌恶而抬头皱眉的情况，齐景公就因此打消了这个念头。周穆王想纵行车马，周游天下，祭公谋父作《祈招》之诗来劝止周穆王，这实在是畏惧放纵游乐会损害百姓呀！”陈蕃的奏章最终没有被采纳。

自从陈蕃担任光禄勋后，就和五官中郎将黄琬一起主管官吏的选拔。陈蕃不偏袒权贵和富人，因而被权贵子弟诬陷控告，并因此获罪免职回到家乡。不久，他又被征召为尚书仆射，转任大中大夫。延熹八年，被命代替杨秉担任太尉。陈蕃上书辞让道：“‘不失误不怠忽，完全依循旧规办事’，这方面我不如太常胡广；推算日月五星的运行规律，遵从五经的教义，这方面我不如议郎王畅；智慧过人、明察事理，文才与武略兼有，我不如被罚作不带枷锁劳役的李膺。”皇帝最终仍不许。

中常侍苏康、管霸等人又被皇上任用，他们上任后便排斥、陷害忠诚贤良的人，并一起相互阿谀奉承高官。大司农刘祐、廷尉冯绲、河南尹李膺，都因为违逆皇帝的旨意，被他们诋毁、构罪。陈蕃借朝见皇上的机会，坚持为李膺等人申辩，请求酌情宽恕并提升他们的官职。他反复陈词，情真意切，但皇帝仍不接受，陈蕃只好流着眼泪离开。当时，小黄门赵津、南阳大恶人张汜等，讨好太监，仗势干违法的事。太原太守刘瓆、南阳太守成瑨依法审查他们的罪行，虽看到了皇帝的赦免令，仍然秉公查办，最后把他们拷打致死。太监们怨恨至极，于是承旨上奏称刘瓆、成瑨犯罪应当弃市。又有，山阳太守翟超没收了中常侍侯览的财产，东海相黄浮诛杀了下邳县令徐宣，翟超、黄浮都被判剃发，用铁圈束颈，发往左校服苦役。陈蕃和司徒刘矩、司空刘茂一起上书请求赦免刘瓆、成瑨、翟超、黄浮等人，皇帝听后不高兴。衙门又弹劾上奏的人，刘矩、刘茂便不敢再上书。为此，陈蕃又独自上疏说："我听说齐桓公建立霸业，根本在于治理好国家内政；《春秋》中，鲁国小小的恶事也有记载。皇上应该先整饬朝政，然后再推及他人。现在盗贼在外作乱，只是四肢上的病；内政不理，才是心腹大患。我寝不能寐，食不能饱，实在是忧虑皇上远贤臣、亲小人，朝廷内部祸患逐渐增多，外部的祸患也在加深。陛下从列侯的位置上超拔出来，继承了天子之位。平民百姓中有祖宗留下百万产业的家庭，子孙尚且以失去祖先的产业为耻，何况是富有天下、继承先帝之位的您？难道您想松懈怠慢而自轻疏忽吗？即使您不爱惜自身，难道不应当顾念先帝打天下时的勤劳、辛苦吗？先前梁氏一门五侯，祸害遍及全国，老天开启圣意，把他们抓住诛杀了，臣民以为到了天下稍微安定的时候了。前车之鉴刚过去，教训仿佛还在昨天，但是近臣又相互煽动、勾结起来。小黄门赵津、大恶人张汜等，贪婪暴虐，在皇上近臣前阿谀献媚，前太原太守刘瓆、南阳太守成瑨，把他们依法处死。虽然说有皇帝赦免令后不应该诛杀他们，然推究他们忠诚的本意在于扫除罪恶。陛下竟然对此事愤愤不平。小人得势，迷惑了皇上的眼耳，才使皇上大发龙威。对忠臣加以责罚，已经为过，何况是如此严重的刑罚，一定要将他们斩杀吗？而且前山阳太守翟超、东海相黄浮，正直奉公，疾恶如仇，翟超抄没侯览的财物，黄浮按查徐宣的罪行并诛杀了他，这两个正直的大臣也一起获罪受刑，却不能得到皇帝的赦免和宽恕。侯览恣肆暴虐，仅抄没其家财已属侥幸；徐宣所犯的罪过是死有余辜。以前，丞相申屠嘉责罚邓通，洛阳令董宣指责、羞辱公主，汉文帝肯定申屠嘉的做法而为邓通求情，而汉光武帝则对董宣加以重赏，却没有听说两个大臣因不待请命、擅自责罚而获罪。但现在皇上身边的那群小人，忌恨这些大臣诛伤了他们的同类，相互构陷，使大臣招致刑罚。群小们听到我的这番话一定又会痛哭申诉，陛下实在应该斩断左右太监干预朝政的源头，容忍和听取尚书们朝会，三公九卿，五日朝见一次。并且选拔廉洁高尚的人，贬退和黜废奸邪的人。这样才能使天地和谐融洽，这样的话，美好吉祥的征兆还会很远吗！陛下虽讨厌我的话，但凡是人主都有自勉之心，所以我敢冒死陈奏。”皇帝看了奏书更加生气，一点也没有采纳的意思，朝廷上下没有不怨恨他的。宦官也因此更加嫉恨陈蕃，他选拔推举人才所上呈的奏议，均在中途被矫诏谴责退回，长史以下的官员多被构罪处罚。然因陈蕃是名臣，不敢加害。刘瓆，字文理，高唐郡人；成瑨字幼平，陕县人。二人都以经学著称，做官敢于直言，他们弹劾了许多贪官污吏，闻名于当时，然而都死在了狱中。

延熹九年（166），李膺等人因为党人事件被投入监狱拷问。陈蕃上疏给桓帝说：“臣听说贤明的君主，完全信任辅臣；亡国的君王，忌讳听到直言。因此，商汤、周武王那样的圣君，也是借助伊尹、吕尚这样的贤臣而得以成功；夏桀、商纣这样的君王不辨是非，亡国就亡在失去贤人。由此看来，皇帝譬如人的头，大臣好像人的四肢，构成同一个整体而相互不可或缺，一起成就是非善恶。我看到前司隶校尉李膺、太仆杜密、太尉掾范滂等人，刚正不阿，忠心为国。因为忠心而违抗您的旨意，却被横加罪名受到审查，或被禁锢隔离，或被害于迁徙之地。像这样来堵塞天下人的嘴，让所有的人都成为瞎子、聋子的做法，与秦始皇焚书坑儒有什么两样？先前，周武王灭了殷商后，还为商臣商荣张表嘉奖、为比干重修坟墓，现在陛下做了皇帝，却首先诛杀忠良贤臣。对待善良是何等的刻薄少恩，对待邪恶又是何等优厚？那些散布谗言者看似诚实，其实正是靠如簧的巧言，让听者迷惑、视者昏聩。吉凶得效验，在于辨别善恶；成败的机缘，在于观察言谈。为人君者摄政天下，执掌四海，一举一动都不可以违背圣王的法度，一进一退都不可以远离事物的规律。谬论一出，就会乱及全国，何况是将无罪的人剃发下狱，把无辜的人在闹市杀害呢！过去，大禹巡狩苍梧时，看见官吏在闹市中杀人，下车痛哭着说：‘天下任何人有罪，都是我的罪！’大禹因此才能使夏朝兴盛蓬勃起来。现在青州、徐州干旱成灾，五谷歉收，百姓流亡迁徙，粮食严重不足，但是宫娥美女充斥于后宫，国家资财都耗尽于采办衣物，外戚权贵们贪财受赂，现在正如孔子所说‘爵禄赏罚之权离开君主，朝政权力到了大夫手里’。过去春秋末年，周王朝德政衰败式微，数十年间也没有灾祸征兆，那是因为周王朝已经为上天所弃。上天对于大汉还眷念不已，所以频发灾祸，就是为了让陛下醒悟。臣以为，除妖去孽的根本在于修德。我位列三公之中，责任深重，不敢尸禄素餐，明哲保身，无视朝政的成败。此奏如蒙皇上采纳，我即使身首异处，被从不同的门里丢出，也不后悔。”汉桓帝忌讳他言辞激烈然又切中要害，就以陈蕃征召的官员不称职为借口而将他罢官。

永康元年（167），汉桓帝驾崩，窦太后执掌朝政。下诏书说："上天降生民众，为他们树立君主，让他来统领民众，此外还必须有贤良的大臣辅佐，来巩固王业。前太尉陈蕃，忠诚清正，为人坦荡，现任命他为太傅，管理尚书事宜。"当时新遭国丧，还未立新帝，各位尚书畏惧朝中权臣，假托生病均不上朝。陈蕃写信责备他们说："古人讲究节操，侍奉去世的君主就像他活着时一样，如今皇嗣还没有确立，政事日渐紧迫，各位尚书怎么能无视国家的苦难，在家中休息呢？这对于道义而言尚有不足，哪里谈得上仁呢！"各位尚书惊惶害怕，都赶紧上朝办理政务。

汉灵帝即位后，窦太后又下诏书表彰陈蕃说："常言道：'称扬功劳是为了勉力为善，表彰正义是为了淳化风俗。'《大雅》诗中感叹'没有什么恩德是没有回报的'。太傅陈蕃，辅助先帝，传递谕旨多年，其忠贞纯孝的美德，冠于本朝；其直言敢谏的操行，愈老弥坚。现在决定封陈蕃为高阳乡侯，食邑三百户。"陈蕃上疏辞让道："使者到臣的家中，向我颁授高阳乡侯的印绶，臣实在是惶恐万分，不知所措。臣听说辞让更能美化自身，彰显德行，但是我不敢盗用辞让之名来提升自己。不过我认为割地封臣，只有功德之臣方能承受。臣多次自省，历任职务中，没有表现出特别的能力，称职也享受俸禄，不称职也享受俸禄。臣虽然没有高洁的德行，但仰慕孔子所谓'以不正当的方法得到的，就不接受'，如果我受爵不让，厚颜接受，而使得皇天震怒，祸及百姓，臣将托身何处？恳请陛下哀悯臣年老体衰，已经到了孔子所谓戒除贪厌的岁数了，准予辞让。"窦太后不答应，陈蕃再次上书辞让，前后上奏十多次，最终他也没有接受封地。

起先，汉桓帝想立爱妃田贵人为皇后，陈蕃认为田氏出身卑微，而窦氏是良家大族，故坚决争立窦氏。汉桓帝不得已立窦氏为皇后。所以窦太后执掌朝政后，便重用陈蕃。陈蕃和窦父大将军窦武同心尽力，起用名流贤士，共同参与国家政治，天下士人没有不伸长脖子盼望天下太平的。然而汉灵帝的乳母赵娆，早晚都侍奉在太后身边，中常侍曹节、王甫和她勾结在一起，讨好太后。太后也信任他们，多次下诏给他们封爵授官，封授甚至遍及他们的爪牙，他们大多都贪婪暴虐。陈蕃一直痛恨他们，决心除掉这些人，正好窦武也有这种想法。陈蕃认为自己的想法既顺从人们的心愿，自己又对太后有过功德，此计划一定能实现。于是，他先向太后上疏说："臣听说言论不正直而行为不端正，就是欺违上天而背负人民；直言尽意，则会受到群小的仇视，灾祸也就不远了。衡量这两种情况，臣宁愿招来个人的灾祸，也不敢欺瞒上天。现在京城里、道路上很多人都在议论，说侯览、曹节、公乘昕、王甫、郑飒等与赵夫人诸位女尚书一起在祸害天下。趋附他们的人得到提升举进，违背得罪他们的就被攻击陷害。如今满朝群臣，都如河中木头，漂浮东西，流连俸禄，畏惧灾祸。陛下刚即位时，顺应天意对恶人大行诛戮，苏康、管霸等人都伏罪得诛。那时，天清地明，人鬼欢喜，为什么几个月后又纵容左右宦官？首恶大奸为祸为乱，没有比这更严重的。现在不赶紧诛杀，一定会生变乱，危害社稷江山，到时候祸害之大难以估量。我愿把臣的奏章明白宣示给陛下的左右，让天下所有的奸人都知道臣憎恨他们。"太后没有采纳奏章的意见，朝中凡听到的人莫不震惊。陈蕃于是和窦武合谋铲除宦官，此事记载在

《窦武传》中。

后来事情泄露，曹节等人假传皇帝的诏令诛杀窦武等人。陈蕃当时已经七十多岁，听到变乱发生，带领属官和学生八十多人，一起拔刀冲进承明门，举臂高呼："大将军忠诚卫国，宦官造反作乱，怎么还说是窦氏不守臣道呢?"王甫这时出宫，正好和陈蕃相遇，听到他的话，就斥责陈蕃说："先帝刚刚去世，陵墓还没有修成，窦武有什么功劳，而兄弟父子一门三人封侯？另外，他还弄走了许多宫女，饮酒作乐，一月之内，搜刮财富数以亿计。大臣这样，算得上守臣道吗？你作为国家栋梁，却徇私枉法与他结成朋党，还要到哪里去捉贼子?"随即下令捉拿陈蕃。陈蕃拔剑呵斥王甫，王甫的兵士不敢靠近，王甫又增兵把陈蕃等人围了几十层，最后将其逮捕并押送到宦官掌管的北寺狱，宦官的随从、骑士对陈蕃又踢又打，骂陈蕃说："死老鬼，你还能裁减我们的人员，剥夺我们的额外收入吗?"他们当天就杀害了陈蕃，并把他的家人流放到了最遥远的南方，其宗族、门生、旧属都被免职并关入监牢。

陈蕃的朋友、陈留人朱震当时在做铚县县令，听到消息后，弃官前往哭祭，收殓安葬了陈蕃的尸首，并把他的儿子陈逸藏在甘陵界内。此事被发觉后，朱震全家被捕，朱震受到严刑拷打，但他宁死也不说出陈逸的去向，陈逸才得以幸免。后来黄巾发难起事，朝廷大赦党人，陈逸才被追寻回来，后官至鲁相。

朱震字伯厚，最初为州刺史的从事官，上奏举报济阴太守单匡贪赃枉法，并且牵连到单匡的哥哥——中常侍、车骑将军单超。汉桓帝逮捕单匡交由廷尉审理，又谴责单超，单超到监狱里去谢罪。三公府的谚语说："车像鸡笼马像狗，疾恶如仇朱伯厚。”

论曰：汉桓帝、汉灵帝之世，像陈蕃这样的人，都能树立好的风气和名声，敢于直论昏乱的流俗，驰驱在险恶的环境之中，与宦竖阉人在朝廷里相抗衡，最后遭到灭亡的灾祸，并不是他们没有高洁情志去隐逸遁世，而是担忧以离尘去俗为高，就没有人来关注人伦；他们以遁世为无义，所以屡遭贬退均不离去；以仁心为己任，故道路虽遥却意志更坚。一遇到机会，陈蕃就协助窦武筹谋策划，自认为这是千载难逢之机。这多像伊尹、吕望的事业呀！功业虽然没有完成，但他们的信义足以维系人心。汉朝虽然动乱但没有灭亡，一百多年间，依靠的就是这几位大臣的力量啊。

【评述】

东汉的桓、灵之世，宫廷充斥着外戚、宦官、党人之间的混战，自小有志于扫除天下的陈蕃正是处于这样的政治漩涡之中。他的一生，宦海浮沉，并最终因触怒阉宦，被曹节等人矫诏诛杀，留下“功虽不终，然其信义足以携持民心。汉世乱而不亡，百余年间，数公之力”的历史评价。概览其仕宦一生，为后世为政留下颇多思考。

《后汉书·陈蕃传》详述了陈蕃多次进谏、上疏的经历，如劝谏汉桓帝遣退宫女、减少狩猎；又为力保受宦官陷害的义士多次上疏，如为救李云上书进谏，与司徒刘矩、司空刘茂一起上书请求赦免刘瓆、成瑨、翟超、黄浮等。如此等等，无不言辞激烈，切中要害，今日读来亦酣畅淋漓、大快人心。然稍作统计则可见，谏言被采纳者不多，被激怒者却不少，虽然陈蕃最终遇难是阉臣所为，然深层次上却不能否定有这些被谏者的默许。在犯颜进谏的行为上，历史上虽然不乏魏徵、唐太宗这样的施受组合，然这始终是个特例，是一种危险的进言方式。面对个性迥异、生性多变的君王，“主文而谲谏，言之者无罪，闻之者足以戒”（《毛诗序》）的智慧劝谏方式值得借鉴。

陈蕃事迹亦再现了亲贤臣、远小人，善于纳谏，“褒功以劝善，表义以厉俗”等为政中颠扑不破的真理，而陈蕃“以遁世为非义，故屡退而不去；以仁心为己任，虽道远而弥厉”，为社稷倾危、志士仁人誓死护卫的精神亦流芳后世，震撼后人。

（徐云平注译、评述）

刘 祐

【原文】

刘祐字伯祖，中山安国人也。安国后别属博陵。祐初察孝廉，补尚书侍郎，闲练故事，文札强辨，每有奏议，应对无滞，为僚类所归。

除任城令，兖州举为尤异，迁扬州刺史。是时会稽太守梁旻，大将军冀之从弟也。祐举奏其罪，旻坐征。复迁祐河东太守。时属县令长率多中官子弟，百姓患之。祐到，黜其权强，平理冤结，政为三河[①]表。

再迁，延熹四年，拜尚书令，又出为河南尹，转司隶校尉。时权贵子弟罢州郡还入京师者，每至界首，辄改易舆服，隐匿财宝。威行朝廷。

拜宗正，三转大司农。时中常侍苏康、管霸用事于内，遂固天下良田美业，山林湖泽，民庶穷困，州郡累气。祐移书所在，依科品没入之。桓帝大怒，论祐输左校。

后得赦出，复历三卿，辄以疾辞，乞骸骨归田里。诏拜中散大夫，遂杜门绝迹。每三公缺，朝廷皆属意于祐，以谮毁不用。延笃贻之书曰："昔太伯三让，人无德而称焉②。延陵高揖③，华夏仰风。吾子怀蘧氏之可卷，休宁子之如愚，微妙玄通，冲而不盈，蔑三光之明，未暇以天下为事，何其劭与！"

灵帝初，陈蕃辅政，以祐为河南尹。及蕃败，祐黜归，卒于家。明年，大诛党人，幸不及祸。

选自《后汉书》卷六十七《刘祐传》

【注释】

①三河：指河东、河内、河南。

②太伯三让，人无德而称焉：语出《论语·泰伯》："泰伯可谓至德矣，三以天下让，民无德而称焉。"即吴国第一代君主太伯（一说泰伯）三次让位的事。

③延陵高揖：延陵，春秋时吴公子季札。季札为避位，离开吴国赴延陵，终身不入吴国，故世称延陵季子。揖，辞让，谦让。

【译文】

刘祐，字伯祖，中山安国人。安国后来归属博陵郡。刘祐最初被举荐为孝廉，出任尚书侍郎。他熟悉朝廷掌故惯例，文书精审凝练，每次应对奏折都能对答如流，由此得到同僚的敬服。

刘祐后来担任任城县令，由兖州推举为政绩优秀的人才，升任扬州刺史。当时的会稽太守梁旻，是大将军梁冀的堂弟。刘祐举报他的罪行，梁旻因此获罪被召回处罚。后来朝廷又调刘祐担任河东太守。当时，他属下的县令多为宦官子弟，百姓深恶痛绝。刘祐到任后，免除他们的强权，纠正冤假错案，政绩成为河东、河内、河南三郡的榜样。

后刘祐再次升迁，延熹四年，任尚书令，又出京任河南尹，调任司隶校尉。当时，权贵子弟从各州郡罢官回京师，路过他管辖的地区，都会更换车马衣服，把财宝隐藏起来。刘祐的威严闻名朝廷。

后刘祐又被任命为宗正，几次调动后任大司农。当时中常侍苏康、管霸在宫内主持事务，霸占了天下的良田美地、山林湖泊，以致民不聊生，州郡官员都不敢出声。刘祐发文到当地，命令按照等级予以没收。桓帝非常生气，将刘祐判罪并遣送到左校去服劳役。

后来刘祐获得赦免，再次担任三卿，他旋即以有病为由，请求离职回乡里。朝廷下诏封他为中散大夫，他随后闭门谢客，与外界断绝来往。每当三公位置空缺，朝廷就有意让刘祐来担任，但刘祐总遭人诽谤而不获重用。延笃写信给他说："以前太伯三次让出君位，人们找不出更好的语言来称赞他。延陵让王位，华夏人士无不景仰他的高风亮节。你既有蘧伯玉怀才退隐的风度，又有休宁子大智若愚的思想，洞察精微玄奥，谦冲不已，虚而不满，不以日月星辰为亮，无暇顾及天下大事，多么美好啊！"

灵帝初年，陈蕃辅佐朝政，任命刘祐为河南尹。陈蕃衰败后，刘祐被罢免回乡，死在家中。第二年，朝廷大举诛杀党人，刘祐幸免于祸。

【评述】

刘祐为官清正廉洁，执法严明，不避权贵。任扬州刺史时，敢于举报当时权倾朝野的大将军梁翼之弟梁旻。任河东太守时，属下的县令长吏大多是宦官子弟，百姓将其视作灾祸。刘祐到任后，刚正不阿，罢黜强横官吏，审理、纠正冤案，成为三河官员的榜样。任司隶校尉时，权贵子弟听闻刘祐的廉政威严，从各州郡罢官回京城，路过他所管辖的边界时，都要改换车马仪仗，藏匿贪敛而来的金银财宝。任大司农时，与河南尹李膺、廷尉冯绲等人同心同德，纠察、惩罚奸邪小人。当时，中常侍苏康、管霸主持宫内事务，霸占良田美地、山林湖泽。而百姓则穷困潦倒，身处水深火热之中，州郡官员皆敛声屏气，不敢指摘。刘祐无视强权，照例将霸占之地按级全部予以没收，也正因此举触怒桓帝，被判罪服役。

东汉王朝，外戚、宦官专权，怙恃恩眷，权贵子弟更是恃宠而骄，荼毒生灵。政治环境险恶，仕途多舛，所以，刘祐蒙冤获罪，得赦后杜门绝迹，此举得到了京兆尹延笃的盛赞："吾子怀蘧氏之可卷，休宁子之如愚，微妙玄通，冲而不盈，蔑三光之明，未暇以天下为事，何其劭与！"这一称赞从反面证实了东汉朝政混乱、法令纲纪衰败、正直官员举步维艰的事实。由此更突显了刘祐秉公执法、不避强权的精神，这在当时的政治环境下是难能可贵的。

（徐云平注译、评述）

王　畅

【原文】

畅字叔茂。少以清实为称，无所交党。初举孝廉，辞病不就。大将军梁商特辟举茂才，四迁尚书令，出为齐相。征拜司隶校尉，转渔阳太守。所在以严明为称。坐事免官。是时，政事多归尚书，桓帝特诏三公，令高选庸能。太尉陈蕃荐畅清方公正，有不可犯之色，由是复为尚书。

寻拜南阳太守。前后二千石逼惧帝乡贵戚，多不称职。畅深疾之，下车奋厉威猛，其豪党有衅秽者，莫不纠发。会赦，事得散。畅追恨之，更为设法，诸受臧二千万以上不自首实者，尽入财物；若其隐伏，使吏发屋伐树，堙井夷灶，豪右大震。功曹张敞奏记谏曰："五教在宽，著之经典。汤去三面，八方归仁。武王入殷，先去炮格之刑。高祖鉴秦，唯定三章之法。孝文皇帝感一缇萦[①]，蠲除肉刑。卓茂、文翁、召父之徒，皆疾恶严刻，务崇温厚。仁贤之政，流闻后世。夫明哲之君，网漏吞舟之鱼[2]，然后三光明于上，人物悦于下。言之若迂，其效甚近。发屋伐树，将为严烈，虽欲惩恶，难以闻远。以明府上智之才，日月之曜，敷仁惠之政，则海内改观，实有折枝之易，而无挟山之难。郡为旧都侯甸[3]之国，园庙出于章陵，三后[4]生自新野，士女沾教化，黔首仰风流，自中兴以来，功臣将相，继世而隆。愚以为恳恳用刑，不如行恩；孳孳求奸，未若礼贤。舜举皋陶，不仁者远。随会为政，晋盗奔秦。虞、芮入境，让心自生。化人在德，不在用刑。”畅深纳敞谏，更崇宽政，慎刑简罚，教化遂行。

郡中豪族多以奢靡相尚，畅常布衣皮褥，车马羸败，以矫其敝。同郡刘表时年十七，从畅受学。进谏曰：“夫奢不僭上，俭不逼下，循道行礼，贵处可否之间。蘧伯玉[5]耻独为君子。府君不希孔圣之明训，而慕夷、齐之末操，无乃皎然自贵于世乎?”畅曰：“昔公仪休在鲁，拔园葵，去织妇；孙叔敖相楚，其子被裘刈薪。夫以约失之鲜矣。闻伯夷之风者，贪夫廉，懦夫有立志。虽以不德，敢慕遗烈。”

后征为长乐卫尉。建宁元年，迁司空，数月，以水灾策免。明年，卒于家。

子谦，为大将军何进长史。谦子粲，以文知名。

选自《后汉书》卷五十六《王畅传》

【注释】

①缇萦（tí yíng）：西汉临淄人。文帝四年（前176），其父淳于意因给人错治病，应押送长安受“肉刑”。缇萦陪父亲一起去长安，上奏章，情愿没入官府作奴婢，来替父亲赎罪。汉文帝被她的行为所打动，遂下令废除肉刑。

②网漏吞舟之鱼：语出《韩诗外传》：“夫吞舟之鱼，不居潜泽。”此处指网里漏掉吞舟大鱼。比喻法律宽松，放过重大的罪犯。

③侯甸：侯服和甸服。侯服是距离都城一千里以外的地区，甸服是距都城五百里以外、一千里以内的地区。侯甸统称古代王畿外围千里以内的区域。

④三后：三位皇后。指光烈皇后、和帝阴后、邓后，她们都是新野人。

⑤蘧伯玉：春秋末年卫国大夫，有贤名。孔子周游列国走投无路之际，数次投奔蘧伯玉，曾称赞蘧伯玉是真正的君子。

【译文】

王畅，字叔茂。他在年轻的时候就以清廉朴实著称，很少与人结交。起初，王畅被举荐为孝廉，但他以有病为借口，没有接受。后来，大将军梁商特征他为秀才。经过四次升迁，王畅官至尚书令，又出任齐相。后来，他又被征调为司隶校尉，转为渔阳太守。王畅所为官之处，都以严明著称。但有一次，他因事被罢官。当时，政事多由尚书处理，汉桓帝特意下诏于三公，让他们举荐有功劳和有才德的人才做尚书。于是，太尉陈蕃以清明公正、面容庄肃为由推荐王畅。在陈蕃的推荐下，王畅又担任了尚书。

不久，王畅又拜为南阳太守。因为前几任太守惧怕南阳是光武帝的发迹之地，多皇亲贵戚，故做事畏首畏尾，因此多不能算称职的官员。王畅对这些贵戚深恶痛绝，他到任后，以威猛严厉的作风，将那些有罪过的豪强都揭露出来。可当时正赶上大赦，王畅未来得及实施他的惩罚措施，便草草收场。但王畅对此异常追悔，他重新制定法令，规定凡贪污两千万以上而不主动向官府自首的，被发现后没收全部财产；如果胆敢窝藏赃物，他就派官吏去摧毁这个人的房屋，并砍伐他家的树木，填井平灶。王畅这些做法，豪门大户都十分震动。对此，王畅的功曹张敞上奏记劝说："我们常说的父义、母慈、兄友、弟恭、子孝等都很宽容，这在我们的经典中是有明确记载的。从前，商汤网开一面，使八方诸侯自然归顺。周武王攻入殷都，也先去除炮烙之刑。汉高祖以暴秦灭亡为鉴，与咸阳百姓约法三章。汉文帝被一个小小的缇萦所感动，结果从此废除肉刑。本朝卓茂、文翁、召信臣等人都痛恨严刑苛法，极力实行温和宽厚的政策。唯有仁德贤良的政策，方能流传后世。圣明的君主，往往法律宽松，然后日月星三光高照，人民在下，其乐融融。这说起来似乎有点玄，但其效用却很近。毁屋伐树这样过火的行为，虽然是要惩罚贪恶之人，但是却难以使远方的人接受。大人您绝顶聪明，如您施行仁政，如日月普照，则全国风气会发生改观。行仁政，确实像为长者攀折树枝一样容易，而没有用胳膊夹着泰山以超越北海那样困难。南阳是旧都，南顿君刘钦等四座陵庙都在章陵，光烈皇后、和帝阴后和邓后等三位皇后都出生于新野，人民深受教化，百姓景仰这里的文采风流。自光武中兴以来，这里的功臣将相，世代隆盛。愚以为采用严刑峻法，不如施恩于民；不停地拷问犯人，不如礼贤下士。舜任命皋陶为司法官，不仁的人就远远逃离开了。随会在晋国执政，晋国的盗贼逃往秦国去。虞国、芮国的百姓进入周国境内，谦让之心自然产生。所以说，教化人民在于用德，而不在于施刑。”王畅读罢，深为感动，他完全接受。从此，王畅便减省刑罚，宽厚执政，于是教化得以大行南阳。

但南阳的豪强地主大多崇尚攀比奢侈之风。为纠正这种不良之风，王畅经常穿布衣皮褥，乘坐瘦马拉的破车。南阳的刘表当时十七岁，他跟随王畅学习。对王畅的俭朴作风，他有所不满。刘表就劝王畅说：“只要遵循道德礼仪，奢侈不超过上级，俭朴不与穷人相似，这是未尝不可的。君子可贵之处就是在可与不可之间。从前，蘧伯玉以独自为君子而感到羞耻。大人您不迎合孔子之明训，而仰慕伯夷、叔齐的小品行，恐怕是使您自己超世脱俗了吧?”王畅回答说：“以前，公仪休在鲁国为相，因自家的菜好吃，为照顾菜农，他把自己园中的葵菜拔掉；因自己妻子织的布好，他考虑其他织妇的情况，而主动休了妻子。孙叔敖在楚国做相国，他的儿子与百姓一样，以砍柴为生。历来，因简约而出事的人很少。听到伯夷风操的，贪婪者变得廉洁，怯懦者便有了志气。我虽无德，但也仰慕先人的高风亮节。”

后来，王畅被拜为长乐卫尉。汉灵帝建宁元年（168），王畅升为司空，但几个月之后，因为发生水灾而被免官。第二年，王畅在家中去世。

王畅的儿子王谦，曾做过大将军何进的长史。王谦的儿子就是“建安七子”之一的王粲，以文学才华而闻名于世。

【评述】

王畅是一个风格独具的好官。

一方面，他惩贪除暴。他对“帝乡贵戚”贪赃枉法之人斗争到底，“下车奋厉威猛，其豪党有衅秽者，莫不纠发”，“诸受臧二千万以上不自首实者，尽入财物；若其隐伏，使吏发屋伐树，堙井夷灶”，这种严厉、决绝的做法，非当时的一般官吏所能做。在此过程中，王畅没有给自己留下丝毫转圜余地，也没有考虑他的激烈行为会给自己带来什么样的结果。

另一方面，他从善如流。王畅的激烈做法与儒教平和的治国方略有点背道而驰，因为“五教在宽，著之经典”，“仁贤之政，流闻后世”。当功曹张敞建议他“悫悫用刑，不如行恩；孳孳求奸，未若礼贤”、“化人在德，不在用刑”。王畅恍然大悟，并完全采纳。从此，他礼贤下士，施恩于民，使教化大行。

当然，他对非理的建议则断然拒绝。为纠正南阳的奢靡之风，他身体力行，乘破旧马车，穿布料衣服，以为表率。但对王畅这种艰苦朴素的优良作风，弟子刘表建议他“奢不僭上，俭不逼下，贵处可否之间”。对刘表这一“适当奢侈”的建议，他断然拒绝，并用公仪休、孙叔敖、伯夷的优秀事迹，说自己“虽以不德，敢慕遗烈”，一心向古人学习。可见，王畅是一个很有主见，但不一意孤行的好官。只要是对人民有利的建议，他都可采用。

总之，王畅是一位胸怀广阔、心系人民、知过便改、率先垂范的千古廉吏。

（刘杨注译、评述）

杜　密

【原文】

杜密字周甫，颍川阳城人也。为人沈质，少有厉俗志。为司徒胡广所辟，稍迁代郡太守。征，三迁太山太守、北海相。其宦官子弟为令长有奸恶者，辄捕案之。行春到高密县，见郑玄为乡佐，知其异器，即召署郡职，遂遣就学。

后密去官还家，每谒守令，多所陈托。同郡刘胜，亦自蜀郡告归乡里，闭门埽轨，无所干及。太守王昱谓密曰："刘季陵清高士，公卿多举之者。"密知昱激己，对曰："刘胜位为大夫，见礼上宾，而知善不荐，闻恶无言，隐情惜己，自同寒蝉[①]，此罪人也。今志义力行之贤而密达之，违道失节之士而密纠之，使明府[②]赏刑得中，令问休扬，不亦万分之一乎？"昱惭服，待之弥厚。

后桓帝征拜尚书令，迁河南尹，转太仆。党事[③]既起，免归本郡，与李膺俱坐，而名行相次，故时人亦称"李杜"焉。后太傅陈蕃辅政，复为太仆。明年，会党事被征，自杀。

选自《后汉书》卷六十七《杜密传》

【注释】

①寒蝉：因天冷而叫声低微或不再叫的蝉，比喻沉默而不敢说话之人。

②明府：汉魏以来对郡守牧尹的尊称。又称明府君。

③党事：东汉桓帝、灵帝时，宦官专权，横行不法，加深了社会的动荡与不安。一些官僚和太学生通过议论政治，猛烈抨击宦官集团，时称“清议”。桓帝延熹九年，宦官集团诬陷李膺等人结党作乱，桓帝下令李膺等二百余名党人“禁锢终身，不得再为官”。灵帝时，宦官集团又将李膺等人或下狱处死，或流放。史称“党锢之祸”。

【译文】

杜密，字周甫，颍川郡阳城县人。为人深沉质朴，年少时就立志振兴社会风气。被司徒胡广所征辟，逐渐升迁为代郡太守。后被征召，几次调任太山太守、北海相，在任时，对那些担任县令、县长而有奸恶行径的宦官子弟，他一律逮捕拷问。春季巡行到高密县，杜密见到当时担任乡佐的郑玄，发觉他不是普通人，于是征召他至郡署任职，随后又派他去太学。

后来杜密离职回家，每次拜见太守县令，都常有陈辞、请托。同郡人刘胜，也从蜀郡辞官回到家乡，他闭门谢客，不跟人来往。太守王昱对杜密说：“刘季陵是清高之士，很多公卿都举荐他。”杜密知道王昱是在冲激自己，回答道：“刘胜位居大夫，受上宾之礼，但是知善不荐，闻恶不言，隐瞒实情，只顾珍惜自身，就像寒蝉一样沉默不敢说话，这是罪人。而现在有志向、正直并且身体力行的人我杜密举荐他，违背道义、丧失名节的人我纠正、检举他。使太守赏罚得当，美名远扬，我不也尽了万分之一的力量吗?”刘昱听了很愧服，对杜密更加友善。

后来，汉桓帝征召杜密做尚书令，迁河南尹，又转为太仆。党事发生，他被免职回到家乡，又和李膺一同获罪，因为两人名声事迹相近，所以时人并称他们为“李杜”。之后，太傅陈蕃辅政，杜密又担任太仆。第二年，又因为党人事件获罪被征问，最后自杀。

【评述】

杜密，与名士李膺齐名，时称“李杜”，为东汉“八俊”之一，太学生称誉杜密为“天下良辅杜周甫”。杜密少时就显露出了特有的才华，怀有改革时弊的雄心壮志。由于才华出众，受到朝廷重用，先后做过代郡太守、山东泰山太守、北海相、尚书令、河南尹、太仆等官职，最终位极人臣，成为位高权重的封疆大吏。

作为一代名臣，杜密的事迹至少为后世留下以下三个启示。第一，杜密执法公正，不避权贵，“宦官子弟为令长有奸恶者，辄捕案之”，在律令面前，他对官宦子弟毫不留情，与普通百姓一视同仁。显示出对官场里官官相护及宠臣一手遮天现象的愤慨和大无畏的精神，其不畏强权、刚正不阿的勇气值得敬佩，也给长期寄生在保护伞之下肆意妄为的官宦子弟敲响了警钟。

其二，杜密在位谋职，也知人善任，提拔、重用异才，为国家、社会选拔、培养出各式人才，也为各类怀抱异才之士提供、营造出良好、宽松的成才环境。

其三，杜密同时具备淡泊宁静之节和忧时悯俗之志，他能在必要之时“去官还家”，闭门谢客，脱离名利的漩涡，然绝不是明哲保身，也不是从此对世事不置可否，背弃社会责任感，变成一位离群索居、遗世高蹈、但求自保的隐者。杜密反对刘胜“知善不荐，闻恶无言，隐情惜己，自同寒蝉”的退隐方式，甚至视此为“罪人”，他仍饱含参与时事、忧时悯俗的热忱，这种在野而践行儒业、在市井而离俗的方式也为后代士人提供了一种新型、理想的生存典范。

（徐云平注译、评述）

刘 宠

【原文】

刘宠字祖荣，东莱牟平人，齐悼惠王①之后也。悼惠王子孝王将闾②，将闾少子封牟平侯，子孙家焉。父丕，博学，号为通儒。

宠少受父业，以明经举孝廉，除东平陵令，以仁惠为吏民所爱。母疾，弃官去。百姓将送塞道，车不得进，乃轻服遁归。

后四迁为豫章太守，又三迁拜会稽太守。山民愿朴，乃有白首不入市井者，颇为官吏所扰。宠简除烦苛，禁察非法，郡中大化。征为将作大匠。山阴县有五六老叟，龙眉③皓发，自若邪山谷间出，人赍百钱以送宠。宠劳之曰："父老何自苦?"对曰："山谷鄙生，未尝识郡朝。它守时吏发求民间，至夜不绝，或狗吠竟夕，民不得安。自明府下车以来，狗不夜吠，民不见吏。年老遭值圣明，今闻当见弃去，故自扶奉送。"宠曰："吾政何能及公言邪？勤苦父老！"为人选一大钱受之。

转为宗正、大鸿胪。延熹四年，代黄琼为司空，以阴雾愆④阳免。顷之，拜将作大匠，复为宗正。建宁⑤元年，代王畅为司空，频迁司徒、太尉。二年，以日食策免，归乡里。

宠前后历宰二郡，累登卿相，而清约省素，家无货积。尝出京师，欲息亭舍，亭吏止之，曰："整顿洒埽，以待刘公，不可得止。"宠无言而去，时人称其长者，以老病卒于家。

弟方，官至山阳太守。方有二子：岱字公山，繇字正礼。兄弟齐名称。

选自《后汉书》卷七十六《刘宠传》

【注释】

①齐悼惠王：即刘肥，是高祖最大的庶子，汉惠帝刘盈的哥哥。高祖六年（前201），刘肥立为齐王，封地七十座城，百姓凡是说齐语的都归属齐王。

②将闾（lǘ）（？—前154）：即齐孝王。汉初沛县（今属江苏）人。齐悼惠王子。景帝三年（前154），吴楚七国之乱，他狐疑观望。栾布击破叛军后，刘将闾惧而自杀。

③尨（máng）眉：花白眉毛。

④愆（qiān）：过分，过错。这里有时令失调的含意。

⑤建宁：东汉灵帝刘宏年号（168—172）。

【译文】

刘宠，字祖荣，东莱郡牟平县人，是齐悼惠王的后代。齐悼惠王的儿子就是齐孝王刘将闾，刘将闾的小儿子被封作牟平侯，于是他的子孙后代也迁居牟平。刘宠的父亲刘丕，学识渊博，在当时被人称作“通儒”。

刘宠年轻的时候，跟随父亲学习，因精通经学被荐举为孝廉，出任济南郡东平陵县令。因为他仁爱惠民而被备受百姓爱戴。有一次，刘宠的母亲病了，他弃官回家探望母亲。当地的百姓都去送他，因为送行人太多，道路都被堵塞了，刘宠坐的车无法前进，他只好换上便服悄悄地逃离而去。

不久，他四次迁升为豫章太守，接着又三次升迁会稽太守。所辖地区多为山民，性情朴实拘谨，有的人竟然到了头发花白的年龄还没进城逛过街市，因为过去他们经常被官吏惊扰。刘宠到任后，简化了烦琐的规章制度，禁止部属无故苛求扰民等不法行为。因为治理有方，郡中秩序井然，老百姓安居乐业，不久朝廷征辟他入朝担任将作大匠官职。离开会稽去京城上任时，山阴县有五六个老翁，眉毛头发都白了，特意从若邪山谷的小路上走出大山，每人赠送一百钱来给刘宠送行。刘宠慰劳他们说：“父老们为什么要这么辛苦自己？”老翁们回答说：“我们这些山沟里的鄙贱之人，从来没见识过郡中官府大堂是什么样子。别的太守在任时，派官吏到民间征调徭役、索求赋税，夜以继日，狗常常一宿一宿地叫，百姓根本得不到安宁。自从您到任以来，夜里听不见狗叫声，百姓也没有受到官吏的骚扰。我们活到这把年纪才遇到您这样贤明的太守，现在听说您要离开我们去别的地方，所以我们互相搀扶着带上这些钱来给您送行，表达我们的感谢之情。”刘宠说：“我的政绩哪里像您几位长者所说的那样好呢？老人家辛苦了！”他不得不在各人的钱中挑了一枚大的接受了，才脱身走掉。

后来他调任宗正、大鸿胪等官职。延熹四年（161），他代替黄琼担任司空，因为出现了冬季阴天多、晴天少的现象而被免职。不久，朝廷又授予他将作大匠的官职，后又再次担任宗正职务。建宁元年，他代替王畅担任司空，又频繁调任司徒、太尉等职。建宁二年，因日食而被免官，回到家乡定居。

刘宠前后管理过两个郡，多次担任三公九卿类官职，可是他仍然清廉自守，生活节俭、朴素，家中没有蓄积多余的钱财。有一次他离开京师，想在一个亭舍里休息，可亭吏却阻止他说：“我们整理亭舍，打扫干净，是用来接待刘公（刘宠）的，等他来过，离开后，您才可以入住。您现在不能在这里休息停顿。”刘宠听后没说什么就离开了。当时的人都说他是个宽厚的人，后刘宠因年老多病在家中辞世。

刘宠有个叫弟弟刘方，官至山阳郡太守。刘方有两个儿子，一子名叫刘岱，字公山；一子名叫刘繇，字正礼。兄弟俩都是远近闻名的贤人。

【评述】

“居官莫道一钱轻，尽是苍生血作成。向使特来抛海底，莒波赢得有清名。”

这是清初监察御史、翰林院庶吉士、邑人杨维乔在莒岛刘宠墓前的一首题诗，赞扬东汉不贪一钱而爱民如子的循吏刘宠。刘宠为官时，把全部的精力放在百姓疾苦、社会安定之上，用自己的一生对“清廉”一词做了精彩的诠释。

刘宠以仁义之策治理地方。他在担任会稽太守时，简除烦苛政令，禁止官吏非法行为，使官吏克己奉公，让百姓安居乐业。官廉则民附。当刘宠欲辞官回乡探望生病的母亲时，为他送行者堵塞道路；当他离开会稽去京城赴任时，五六位鬓发斑白的老人不顾山路艰险来送行，每人真心捧出一百文钱给刘宠途中之用。刘宠只得从每人手里接过一文钱，从此便有了“一钱太守”的美誉。

刘宠的美德被载入史册，广为传颂。清人宋克智称颂他：“冷落东牟汉室亲，坚持清节作名臣。到今千有余年后，占得五乡第一人。”如今的“一钱亭”、“一钱太守庙”等都为纪念他而修建。

为官清廉是一种责任，而奉行清廉者，也是一种福气和收获。

（郭建平注译　金璐璐评述）

陈 寔

【原文】

陈寔字仲弓，颍川许人也。出于单微。自为儿童，虽在戏弄，为等类所归。少作县吏，常给事厮役，后为都亭佐。而有志好学，坐立诵读。县令邓邵试与语，奇之，听受业太学。后令复召为吏，乃避隐阳城山中。时有杀人者，同县杨吏以疑寔，县遂逮系，考掠无实，而后得出。及为督邮，乃密托许令，礼召杨吏。远近闻者，咸叹服之。

家贫，复为郡西门亭长，寻转功曹。时中常侍侯览托太守高伦用吏，伦教署为文学掾。寔知非其人，怀檄请见。言曰："此人不宜用，而侯常侍不可违。寔乞从外署，不足以尘明德。"伦从之。于是乡论怪其非举，寔终无所言。伦后被征为尚书，郡中士大夫送至轮氏传舍。伦谓众人言曰："吾前为侯常侍用吏，陈君密持教还，而于外白署。比闻议者以此少之，此咎由故人畏惮强御，陈君可谓善则称君，过则称己者也。"寔固自引愆，闻者方叹息，由是天下服其德。

司空黄琼辟选理剧，补闻喜长，旬月，以期丧去官。复再迁除太丘长。修德清静，百姓以安。邻县人户归附者，寔辄训导譬解，发遣各令还本司官行部。吏虑有讼者，白欲禁之。寔曰："讼以求直，禁之理将何申？其勿有所拘。"司官闻而叹息曰："陈君所言若是，岂有怨于人乎？"亦竟无讼者。以沛相赋敛违法，乃解印绶去，吏人追思之。

及后逮捕党人，事亦连寔。余人多逃避求免，寔曰："吾不就狱，众无所恃。"乃请囚焉。遇赦得出。灵帝初，大将军窦武辟以为掾属。时中常侍张让权倾天下。让父死，归葬颍川，虽一郡毕至，而名士无往者，让甚耻之，寔乃独吊焉。及后复诛党人，让感寔，故多所全宥。

寔在乡闾，平心率物。其有争讼，辄求判正，晓譬曲直，退无怨者。至乃叹曰："宁为刑罚所加，不为陈君所短。"时岁荒民俭，有盗夜入其室，止于梁上。寔阴见，乃起自整拂，呼命子孙，正色训之曰："夫人不可不自勉。不善之人未必本恶，习以性成，遂至于此。梁上君子者是矣！"盗大惊，自投于地，稽颡[1]归罪。寔徐譬之曰："视君状貌，不似恶人，宜深克己反善。然此当由贫困。"令遗绢二匹。自是一县无复盗窃。

太尉杨赐、司徒陈耽，每拜公卿，群僚毕贺，赐等常叹寔大位未登，愧于先之。及党禁始解，大将军何进[2]、司徒袁隗遣人敦寔，欲特表以不次之位。寔乃谢使者曰："寔久绝人事，饰巾待终而已。"时三公每缺，议者归之，累见征命，遂不起，闭门悬车，栖迟养老。中平四年，年八十四，卒于家。何进遣使吊祭，海内赴者三万余人，制衰麻③者以百数。共刊石立碑，谥为文范先生。

有六子，纪、谌最贤。

选自《后汉书》卷六十二《陈寔传》

【注释】

①稽颡（sǎng）：古代一种跪拜礼，屈膝下拜，以额触地，表示极度的虔诚。

②何进（？—189）：字遂高，东汉南阳宛县（今河南南阳）人。本为屠户出身，因妹妹被立为皇后而发迹，官至大将军。

③衰（cuī）麻：丧服。

【译文】

陈寔，字仲弓，是颍川郡许县人。他出身贫寒。当他还是儿童的时候，就很有领导才干，即使是做游戏，伙伴们也都愿意听从他。陈寔年轻时做过县吏，经常干些粗活，后来他又当上了都亭佐。陈寔志向远大，爱好学习，只要有时间就读书。县令邓邵和他交谈，对他的学识感到很惊奇，于是就让他进入太学学习。后来，县令又想召陈寔做个小吏，陈寔不愿意去，为此躲避到阳城山中。当时，县城中正好有人杀了人，同县一位姓杨的小吏怀疑陈寔是凶手，县里便逮捕了他。经过一番拷问，没有得到什么证据，就释放了陈寔。等到陈寔做了督邮，曾秘密地托许县县令要礼待姓杨的小吏，没有加以报复。远近听说这件事的人，无不对陈寔的以德报怨赞叹和佩服。

陈寔家境贫寒，不得已又出来做了颍川郡西门亭亭长，不久转为功曹。这时，中常侍侯览托太守高伦选用某个官吏，高伦签署任命书给陈寔，要他将此人任命为文学掾。但是，陈寔知道这个人并不适合做文学掾，于是便怀揣着委任文书去见高伦。陈寔说："您推荐的这个人，不太适合做文学掾，但是侯常侍也不能违拗，所以我请求以我的名义从外面任命这个人，这样就不至于玷污您的清誉了。"高伦听从了陈寔的建议。这样一来，乡里都议论责怪陈寔不该举荐这样的人，陈寔始终没有为自己辩白。高伦后来被任命为尚书，颍川郡的士大夫为他送行到轮氏传舍。高伦对众人说："我以前为侯常侍选任一位官员，陈君秘密将我的委任文书送还给我，却以他个人的名义从外面任命这个人。我听说有人因此事议论陈君并对他颇有微词，其实这事错在我畏惧权势，而陈君替我开脱，陈君真可谓君子，有了好事让与他人，有了过失归咎自己。"陈寔仍坚持说这是自己的过错，众人都不禁感叹，从此都敬佩陈寔的为人。

司空黄琼召选能够治理艰难局面的官员，陈寔被补选为闻喜县长。任职近一个月后，陈寔因为守丧离职。不久又被任命为太丘县长。陈寔在任期间，为官清正严明，百姓安居乐业。邻县有来归附他的百姓，陈寔都劝解并遣送他们回到原来的地方。县吏中有害怕别人来县城打官司的，就告诉陈寔，希望陈寔能够禁止百姓来告状。陈寔说："打官司就是要探究事情的真相，如果禁止的话，公理正义该如何伸张呢？还是不要禁止吧。”司官听后叹息道：“陈君将话说到这个地步，哪还会有人有怨恨呢？”果然，没有人再来打官司。由于在沛地做长官的时候，上级要非法强行征收赋税，陈寔便卸职回乡去了，官员和百姓都很怀念他。

后来朝廷逮捕党人，陈寔受到牵连。大家都纷纷躲避唯恐不及，陈寔却说：“我如果不入狱，便没有个了结。”于是陈寔请求入狱。后来遇上天子大赦天下，陈寔才得以出狱。汉灵帝初年，大将军窦武将陈寔召为僚属。当时，中常侍张让权倾天下。张让的父亲去世，葬在颍川县。全郡的大小官员都去了，却没有一个名士赶去吊丧。张让感到很耻辱。只有陈寔赶去吊丧了。后来，朝廷又一次诛杀党人，张让因为感激陈寔，多次宽免保全他。

陈寔在乡间时，处理事情公平公正。所以，乡里间要是有事需要评判，大家都去找陈寔评判是非。陈寔总是能够明白是非，让大家心服口服，甚至有人发出这样的感叹：“宁肯遭到刑罚，也不愿被陈寔批评，在他面前丢脸。”当时正在闹饥荒，百姓生活凄苦，有一个盗贼深夜闯入陈寔家里，躲在房梁上。陈寔暗中看见了，起床穿戴整齐，将子孙都召集来，严肃认真地对他们说：“人不可以不自己学好。坏人未必天生是坏人，长期以来的坏习惯才使得他们最终成了坏人。躲在房梁上的那个人就是这样。”那个盗贼听到这些话，大吃一惊，他自己跳下地来，向陈寔磕头认罪。陈寔慢慢开导他说：“看你的样子，并不像是一个坏人，以后要努力克制自己的邪念，回归到善道上来。不过你现在这样做，想必也是因为太穷困了。”于是，陈寔命人送给盗贼两匹绢。从此以后，全县再也没有发生过盗窃的事。

太尉杨赐、司徒陈耽，每当朝廷拜授公卿时，百官都前来祝贺。这时，杨赐等人常常感叹陈寔到现在还没有登上高官之位，自己倒捷足先登了，心中自愧。等到朝廷解除党锢之禁，大将军何进、司徒袁隗派人劝陈寔出仕，想向朝廷进言越级提拔陈寔。陈寔向来使辞谢道："我已多年不问世事，现在不过是隐居终老而已。"当时，每当三公的职位有空缺时，大家都觉得应该让陈寔补缺。朝廷多次征召他，陈寔不得已只好托病卧床不起，将车驾悬在门外明志，在家过着隐遁养老的日子。中平四年（187），陈寔在家中去世，享年八十四岁。何进派使者前去吊唁，全国各地赶来奔丧的多达三万余人，披麻戴孝的有几百人。大家都为陈寔刻石立碑，谥号为文范先生。

陈寔有六个儿子，其中陈纪、陈谌最为贤德。

【评述】

提到陈寔，知道的人可能不多，但是如果提到"梁上君子"的典故，恐怕就无人不知无人不晓了。其实，"梁上君子"的故事正是与一代名臣陈寔联系在一起，才演绎出的一桩千古美谈。

陈寔出身布衣，在孩童时代便显示出过人的聪慧，再加上他好学上进，很快便在众人之间脱颖而出，被县令推荐到太学进行深造，后来出仕为官。陈寔一生并不曾担任过很高的官职，但是他在士大夫中却享有盛誉，在百姓中也极有威望。他去世后，群公百僚，无不叹息；乡里百姓，皆失声痛哭。海内赴吊者多达三万人。人们刻碑立传颂扬他的美德，著名文学家蔡邕亲自撰写碑文，谥号"文范先生"。在我国古代，谥号是对逝者一生的总结，按谥法"经纬天地曰文。道德博原曰文。勤学好问曰文。

慈惠爱民曰文。愍民惠礼曰文。锡民爵位曰文”（《史记·谥法》），这是对陈寔一生的肯定和总结，他的德行已堪为典范。

中国人自古就看重德行操守。《周易·系辞上》说：“地势坤，君子以厚德载物。”中国自古就有厚德载物的传统，其中“德”涵盖了诚、信、仁、义等一切美好品行的道德范畴，是中国伦理的核心概念，也是中华民族传统文化的核心概念。

在充斥尔虞我诈、相互倾轧的官场，没有家世背景、没有有力靠山的陈寔，没有遭到排挤，却成为受人拥戴的对象；人在仕途，他没有因为做官而忘本，面对贫寒的家境也能够泰然自若，胸怀坦荡，出淤泥而不染，不生贪念，这些都实属不易。若不是有崇高的人格，恐怕早就“常在河边走，哪能不湿鞋”了。居庙堂之高，他能够做到清正廉洁、明辨是非、伸张正义；处江湖之远，他能够孝敬父母、友爱乡里、引人向善。对同僚，他宽大为怀，从不打击报复；对百姓，他秉公办事，以民之疾苦为己任。他的美好德行不仅受到拥戴和传诵，也影响到后世子孙，陈寔“有六子，纪、谌最贤”。时人称他们父子三人为“三君”，而纪、谌二人之子，也就是陈寔的孙子也是为后世称颂显德之人。陈氏家风，德耀门楣，荫及子孙，满门才俊，堪称后世之风范。

（郑晓雯注译、评述）

李　膺

【原文】

李膺字元礼，颍川襄城人也。祖父脩，安帝时为太尉。父益，赵国相。膺性简亢，无所交接，唯以同郡荀淑、陈寔为师友。

初举孝廉，为司徒胡广所辟，举高第，再迁青州刺史。守令畏威明，多望风弃官。复征，再迁渔阳太守，寻转蜀郡太守，以母老乞不之官。转护乌桓校尉。鲜卑数犯塞，膺常蒙矢石，每破走之，虏甚惮慑。以公事免官，还居纶氏，教授常千人。南阳樊陵求为门徒，膺谢不受。陵后以阿附宦官，致位太尉，为节志者所羞。荀爽尝就谒膺，因为其御，既还，喜曰："今日乃得御李君矣。"其见慕如此。

永寿二年，鲜卑寇云中，桓帝闻膺能，乃复征为度辽将军。先是羌虏及疏勒、龟兹，数出攻钞张掖、酒泉、云中诸郡，百姓屡被其害。自膺到边，皆望风惧服，先所掠男女，悉送还塞下。自是之后，声振远域。

延熹二年征，再迁河南尹。时宛陵大姓羊元群罢北海郡，臧罪狼藉，郡舍溷轩有奇巧，乃载之以归。膺表欲按其罪，元群行赂宦竖，膺反坐输作左校。

初，膺与廷尉冯绲、大司农刘祐等共同心志，纠罚奸幸，绲、祐时亦得罪输作。司隶校尉应奉上疏理膺等曰："昔秦人观宝于楚，昭奚恤莅以群贤；梁惠王玮其照乘之珠，齐威王答以四臣。夫忠贤武将，国之心膂。窃见左校弛刑徒前廷尉冯绲、大司农刘祐、河南尹李膺等，执法不挠，诛举邪臣，肆之以法，众庶称宜。昔季孙行父亲逆君命，逐出莒仆，于舜之功二十之一。今膺等投身强御，毕力致罪，陛下既不听察，而猥受谮诉，遂令忠臣同愆元恶。自春迄冬，不蒙降恕，遐迩观听，为之叹息。夫立政之要，记功忘失，是以武帝舍安国[①]于徒中，宣帝征张敞于亡命。绲前讨蛮荆，均吉甫之功。祐数临督司，有不吐茹之节。膺著威幽、并，遗爱度辽。今三垂蠢动，王旅未振。《易》称'雷雨作解，君子以赦过宥罪'。乞原膺等，以备不虞。"书奏，乃悉免其刑。

再迁，复拜司隶校尉。时，张让弟朔为野王令，贪残无道，至乃杀孕妇，闻膺厉威严，惧罪逃还京师，因匿兄让弟舍，藏于合柱中。膺知其状，率将吏卒破柱取朔，付洛阳狱。受辞毕，即杀之。让诉冤于帝，诏膺入殿，御亲临轩，诘以不先请便加诛辟之意。膺对曰："昔晋文公执卫成公归于京师，《春秋》是焉。《礼》云公族有罪，虽曰宥之，有司执宪不从。昔仲尼为鲁司寇，七日而诛少正卯。今臣到官已积一旬，私惧以稽留为愆，不意获速疾之罪。诚自知衅责，死不旋踵，特乞留五日，克殄元恶，退就鼎镬，始生之愿也。”帝无复言，顾谓让曰：“此汝弟之罪，司隶何愆？”乃遣出之。自此诸黄门常侍皆鞠躬屏气，休沐不敢复出宫省。帝怪问其故，并叩头泣曰：“畏李校尉。”

是时，朝廷日乱，纲纪颓弛，膺独持风裁，以声名自高。士有被其容接者，名为登龙门②。及遭党事，当考实膺等。案经三府，太尉陈蕃却之。曰：“今所考案，皆海内人誉，忧国忠公之臣。此等犹将十世宥也，岂有罪名不章而致收掠者乎？”不肯平署。帝愈怒，遂下膺等于黄门北寺狱。膺等颇引宦官子弟，宦官多惧，请帝以天时宜赦，于是大赦天下。膺免归乡里，居阳城山中，天下士大夫皆高尚其道，而污秽朝廷。

及陈蕃免太尉，朝野属意于膺，荀爽恐其名高致祸，欲令屈节以全乱世，为书贻曰：“久废过庭，不闻善诱，陟岵瞻望，惟日为岁。知以直道不容于时，悦山乐水，家于阳城。道近路夷，当即聘问，无状婴疾，阙于所仰。顷闻上帝震怒，贬黜鼎臣，人鬼同谋，以为天子当贞观二五，利见大人，不谓夷之初旦，明而未融，虹蜺扬辉，弃和取同。方今天地气闭，大人休否，智者见险，投以远害。虽匮人望，内合私愿。想甚欣然，不为恨也。愿怡神无事，偃息衡门，任其飞沈，与时抑扬。”顷之，帝崩。陈蕃为太傅，与大将军窦武共秉朝政，连谋诛诸宦官，故引用天下名士，乃以膺为长乐少府。及陈、窦之败，膺等复废。

后张俭事起，收捕钩党，乡人谓膺曰：“可去矣。”对曰：“事不辞难，罪不逃刑，臣之节也。吾年已六十，死生有命，去将安之？”乃诣诏狱。考死，妻子徙边，门生、故吏及其父兄，并被禁锢。

时，侍御史蜀郡景毅子顾为膺门徒，而未有录牒，故不及于谴。毅乃慨然曰：“本谓膺贤，遣子师之，岂可以漏夺名籍，苟安而已！”遂自表免归，时人义之。

膺子瓒，位至东平相。初，曹操微时，瓒异其才，将没，谓子宣等曰：“时将乱矣，天下英雄无过曹操。张孟卓与吾善，袁本初汝外亲，虽尔勿依，必归曹氏。”诸子从之，并免于乱世。

选自《后汉书》卷六十七《李膺传》

【注释】

①安国：即韩安国。景帝时，韩安国为梁大夫，坐法抵罪。后梁内史缺，起徒中为二千石，拜为内史。此处说是汉武帝，误。

②登龙门：以鱼为比喻。龙门，河水所下之口。辛氏《三秦

记》曰："河津一名龙门，水险不通，鱼口之属莫能上，江海大鱼薄集龙门下数千，不得上，上则为龙。"

【译文】

李膺，字元礼，颍川襄城人。祖父李脩，在安帝时担任太尉。父亲李益，在赵国任相。李膺生性刚直高傲，结交的人很少，只把同郡的荀淑、陈寔视为良师益友。

李膺最初举孝廉，被司徒胡广征召，后因考核位列优等，又升迁后担任青州刺史。当地的郡守、县令因为畏惧他的威严清明，大都闻风弃官而去。后李膺又被征召，升为渔阳太守，不久转为蜀郡太守，他以母亲年迈请求不赴任。后又调任护乌桓校尉。边塞鲜卑屡次侵犯，李膺常常冒着箭雨石林回击，每次都击溃他们，鲜卑人都非常害怕他。后李膺因公事被免去官职，回到纶氏居住，他开馆授徒，学生超过千人。南阳的樊陵请求入室做他的门徒，李膺辞谢不接受。此人后来果然因为巴结宦官，官至太尉，为有节气志向者所鄙弃。荀爽曾去拜谒李膺，因能为李膺驾车，回来后，便高兴地说："今天才得以为李君驾车啊。"可见李膺被人仰慕到如此程度。

永寿二年（156），鲜卑入侵云中，汉桓帝听说了李膺的才能，于是又征召他为度辽将军。此前，羌虏及疏勒、龟兹屡次攻击掠夺张掖、酒泉、云中诸郡，百姓多次深受其害，然而自从李膺到了边塞，他们多闻风臣服，并把以前所掠夺的男女，全都送还塞内。此后，李膺声振边域。

延熹二年李膺受征召，被任命为河南尹。当时，宛陵大姓羊元群被免去北海郡守的职务，他的贪污罪行很多，其郡舍厕所里的奇巧物品离任时都被他带走了。李膺上奏要审查他的罪行，元群行贿宦官，李膺反而因此获罪，被罚在左校服劳役。

以前，李膺常与廷尉冯绲、大司农刘祐等齐心协力，纠察惩办作奸犯法之人，冯绲、刘祐当时也因获罪被罚服劳役。司隶校尉应奉上疏为李膺等人申辩说："以前，秦国人通过去看楚国宝器的时机来考察有无攻打楚国的契机，楚大臣昭奚恤以众多贤臣作为宝器展示给秦使。梁惠王夸耀自己有能光照十二辆马车的珍珠，齐威王以自己的四位贤臣比作珠宝回应梁惠王。可见贤臣武将是国家的栋梁。我看到左校弛刑徒前廷尉冯绲、大司农刘祐、河南尹李膺等，执法刚正不阿，揭邪惩贪，将奸臣绳之以法，大家都认为很合理。以前，季孙行父违背鲁君之命驱逐了杀君盗宝来投奔鲁国的莒仆，这相当于舜进贤黜奸之功的二十分之一。如今，李膺等全力打击强暴，竭忠尽虑反而获罪。陛下既不听取他们的申诉，也不考察事实真相，轻易相信了别人的诬告，从而使贤臣与巨恶同罪。而且从春到冬，贤良都得不到陛下降诏宽恕，远近的人听说后，无不扼腕叹息。为政之道，关键是记住功劳，忘掉失误，正因为如此，所以汉武帝从刑徒中起用了韩安国，汉宣帝征召处于亡命状态的张敞。冯绲以前曾讨伐过蛮荆，其功劳与周宣王时的尹吉甫相当。刘祐几次被任命为督察的官员，有柔亦不茹、刚亦不吐的节操。李膺担任度辽将军，显威于幽州、并州，被边陲的人们所爱戴。现在三边的敌人蠢蠢欲动，而国家的军队却没有整顿。《易》中说：'雷雨大作，天地解开。君子因此赦免有过错的人。'恳请宽恕李膺等人，以防不测。"此书上奏后，桓帝遂免去了李膺等人的刑罚。

李膺再次调动官职，被任命为司隶校尉。当时，张让的弟弟张朔任野王县县令，贪婪凶残，甚至杀害孕妇，他得知李膺政令威严，于是畏罪逃回京城，就躲在他哥哥张让的府中，藏在由多根木头合成的空心柱里。李膺了解到这些情况，率领将吏拆毁空心柱，捉拿张朔，交付洛阳监狱。录完供词后，就把他杀了。张让在皇帝面前诉冤，皇帝诏李膺进殿，亲自过问，责备李膺为什么不请旨就先行诛杀。李膺回答说："以前，晋文公擒拿卫成公归于京师，《春秋》对此是肯定的。《礼记》上说，公族有罪，国君虽然原谅他，有关部门仍然秉公执法，没有听从国君的话。以前孔子为鲁司寇，上任七天内诛杀少正卯。现在我已上任十天，深恐因办案迟缓而获罪，没想到会因办案过快而获罪。虽然我知道责任在我，死期就在眼前，不过我请求宽限五日，等我把恶徒除尽后，再来受鼎镬之刑，这是我平生的愿望。"皇帝再没说话，回头对张让说："这是你弟弟的罪过，司隶校尉有什么错误?"随即让李膺出去了。从此黄门常侍们都谨慎小心、敛声屏气，按例休假时都不敢再出皇宫了。皇帝感到奇怪，便询问他们原因，他们一齐叩头哭着说："因为怕李校尉。"

这时候朝廷一天比一天混乱，纲纪颓废松弛，李膺独守法度纲纪，以声名高洁著称。被他接纳的士人，均称为"登龙门"。后来党事发生，李膺被查核，他的案卷被送到三府，太尉陈蕃拒绝审理，说："今天考察的人都是被海内所称誉的人，是忧国忧民的贤臣，这样的人连他们十代子孙犯了错都应受到宽恕，怎么能因为罪名不明不白而逮捕拷问他们呢?"陈蕃不肯署名。皇帝更加生气，把李膺等押送到黄门北寺狱。李膺等人在申述时数次将宦官子弟牵引进来，宦官们很害怕，便请求皇帝以天时适宜为由赦免。皇帝于是大赦天下。李膺被赦免后回归乡里，住在阳城山中，天下的士大夫都认为他道德高尚，而朝廷污秽不堪。

后来，陈蕃被免去太尉的职位，朝野上下都希望李膺接替此位。荀爽怕李膺名声太高反而招来灾祸，希望他委曲求全，在乱世中保全性命，特地写信给他说："好久没有去探望请安，没能听到您的教诲，就像游子思念父母一样，度日如年。我知道您由于为人正直不为时势所容，所以才游山玩水，安家于阳城。阳城离这里很近，道路也很平坦，本当立即前去问候，无奈患病，不能前去探望您。最近听说天子震怒，贬黜大臣。人与鬼神的想法是相同的，都认为天子应行天下之道，以正义之道示人。不想事态犹如太阳初升，刚刚亮起来却仍昏暗不明，虹蜺出现，祸乱天子，朝廷弃君子，取小人。当前天地的正气正在关闭，有才德的人的厄运就要到来。聪明的人濒临危险，就会投奔到其他地方来躲避灾祸。这样做虽不符合人们的期望，但对自己是最好的，想想看也是没有遗憾的。祝愿您怡养精神，无所事事，深闭家门，听凭世事浮沉，不在意就是了。"不久，皇帝去世。陈蕃被任命为太傅，与大将军窦武共同掌管朝政，他们一起谋划诛杀诸多宦官，因此也提拔重用了天下众多的名士，李膺于是被任命为长乐少府。到陈蕃、窦武失败时，李膺等人又被罢免。

后张俭事件发生，朝廷缉捕株连的同党。同乡人对李膺说："你可以离开了。"李膺回答说："侍奉君王不躲避灾难，有了罪过不逃避刑罚，这是臣子的节操。我已经六十岁了，死生有命运的安排，要到哪里去呢？"随即去了奉诏监禁犯人的监狱。李膺被拷打致死，妻子儿女被流放到边远的地方，他的门生、旧吏以及他们的父兄，一律限制不准做官。

当时，侍御史蜀郡景毅的儿子景顾为李膺的门徒，他的名字没有在受牵连的名单之中，所以没有受到牵连。然景毅愤然地说："我本以为李膺很贤德，所以派儿子来做他的门徒，岂能因为没有在名单上，就苟且偷生!"随后自己上疏请求免官归乡，当时的人都称赞他很正义。

李膺的儿子李瓒，官至东平相。起初，曹操微贱时，李瓒惊异于他的才能，所以将死的时候，李瓒对他的儿子李宣等说："天下将乱，天下英雄没有会超过曹操的。张邈与我关系很好，袁绍是你的外亲，虽然这样，你也不要去依附，一定要投奔曹操。"李瓒的儿子们后来都照办了，因此在乱世中均幸免于难。

【评述】

李膺所处的东汉王朝后期，宦官势力横行霸道，从中央到地方，大小实权均被宦官掌握。在这种政治环境下，清廉官员的纠察之手越强硬就意味着触及的涉贪之面越广，从而树敌越多，就会将自身置于动辄得咎甚至蒙冤罹祸的危险境地之中。然而生性高傲的李膺却坚守着自己的信念。在青州刺史任上，心怀不轨的郡守县令弃官而逃；护乌桓校尉时，遏制了鲜卑之扰；汉桓帝对度辽将军之任的非二人选，等等，足见李膺对边塞的震慑之威；对宦官权贵张让之弟张朔的果敢诛杀，成功打压了恃宠而骄、权令智昏的黄门常侍的嚣张气焰。直至第二次党锢之祸，他不避冤刑、不保亲族、凛然赴难的壮举最终成全了他不"屈节以全乱世"的天下楷模形象。

乱世需要英雄，乱政需要清官。李膺虽然最终遇难，也未能扭转朝廷的清浊乾坤，然而这股正义的暗流一直涌动在邪恶之下，不断吸引、含纳着各条微小的支流。荀爽以为李膺驾车为荣，士人称入李膺门下为“登龙门”；李膺因揭发宛陵大姓羊元群贪腐罪行蒙冤获罪，司隶校尉应奉上疏为其申辩而最终获释；身陷第一次党锢之祸，太尉陈蕃拒审其案，力保其脱险，后陈蕃又与大将军窦武一起提拔、重用他。荀爽、同乡人都为其保全乱世出谋划策，李膺遇难后，其门徒景顾之父景毅因不愿苟且偷生而自请免官，等等。正直之士的这些高行义举无声地昭示和壮大着正义的力量，也将行将废弃的道义在严峻的形势之下维持了下来。

政权之下一直交织着的昏暗和清廉的两股势力，从未停止过争斗，若邪恶势力占据上风，则不仅直接危害政权，势必会最大限度地挤压正义，最大限度地打击正直之士的执政决心和勇气，并最终影响天下人心的向背。荀爽对李膺避祸乱世、屈节全身的劝导就是明证。因此，对于专权、贪腐的遏制和治理，肃清政治环境，营造一个是非分明、善恶分界的参政、议政氛围，使惩恶肃贪成为一种流行的社会思潮，是清廉正直官员坚守节操、正义威严得以伸张的必要环境，也是廉政文化、清明政治的最好体现。

（徐云平注译、评述）

陈　球

【原文】

陈球字伯真，下邳淮浦人也。历世著名。父亹，广汉太守。球少涉儒学，善律令。阳嘉中，举孝廉，稍迁繁阳令。时魏郡太守讽县求纳货贿，球不与之，太守怒而挝督邮，欲令逐球。督邮不肯，曰："魏郡十五城，独繁阳有异政，今受命逐之，将致议于天下矣。"太守乃止。

复辟公府，举高第，拜侍御史。是时，桂阳黠贼李研等群聚寇钞，陆梁荆部，州郡懦弱，不能禁，太尉杨秉表球为零陵太守。球到，设方略，期月间，贼虏消散。而州兵朱盖等反，与桂阳贼胡兰数万人转攻零陵。零陵下湿，编木为城，不可守备，郡中惶恐。掾史白遣家避难，球怒曰："太守分国虎符，受任一邦，岂顾妻孥而沮国威重乎？复言者斩！"乃悉内吏人老弱，与共城守，弦大木为弓，羽矛为矢，引机发之，远射千余步，多所杀伤。贼复激流灌城，球辄于内因地势反决水淹贼。相拒十余日，不能下。会中郎将度尚将救兵至，球募士卒，与尚共破斩朱盖等。赐钱五十万，拜子一人为郎。迁魏郡太守。

征拜将作大匠，作桓帝陵园，所省巨万以上。迁南阳太守，以纠举豪右，为势家所谤，征诣廷尉抵罪。会赦，归家。

征拜廷尉。熹平元年，窦太后崩。太后本迁南宫[①]云台，宦者积怨窦氏，遂以衣车载后尸，置城南市舍数日。中常侍曹节、王甫欲用贵人礼殡，帝曰："太后亲立朕躬，统承大业。《诗》云：'无德不报，无言不酬。'岂宜以贵人终乎？"于是发丧成礼。及将葬，节等复欲别葬太后，而以冯贵人配祔[②]。诏公卿大会朝堂，令中常侍赵忠监议。太尉李咸时病，乃扶舆而起，捣椒自随，谓妻子曰："若皇太后不得配食桓帝，吾不生还矣。"既议，坐者数百人，各瞻望中官，良久莫肯先言。赵忠曰："议当时定。"怪公卿以下各相顾望。球曰："皇太后以盛德良家，母临天下，宜配先帝，是无所疑。"忠笑而言曰："陈廷尉宜便操笔。"球即下议曰："皇太后自在椒房，有聪明母仪之德。遭时不造，援立圣明，承继宗庙，功烈至重。先帝晏驾，因遇大狱，迁居空宫，不幸早世，家虽获罪，事非太后。今若别葬，诚失天下之望。且冯贵人冢墓被发，骸骨暴露，与贼并尸，魂灵污染，且无功于国，何宜上配至尊？"忠省球议，作色俯仰，蚩球曰："陈廷尉建此议甚健！"球曰："陈、窦既冤，皇太后无故幽闭，臣常痛心，天下愤叹。今日言之，退而受罪，宿昔之愿。”公卿以下，皆从球议。李咸始不敢先发，见球辞正，然后大言曰：“臣本谓宜尔，诚与臣意合。”会者皆为之愧。曹节、王甫复争，以为梁后家犯恶逆，别葬懿陵，武帝黜废卫后，而以李夫人配食。今窦氏罪深，岂得合葬先帝乎？李咸乃诣阙上疏曰：“臣伏惟章德窦后虐害恭怀，安思阎后家犯恶逆，而和帝无异葬之议，顺朝无贬降之文。至于卫后，孝武皇帝身所废弃，不可以为比。今长乐太后尊号在身，亲尝称制，坤育天下，且援立圣明，光隆皇祚。太后以陛下为子，陛下岂得不以太后为母？子无黜母，臣无贬君，宜合葬宣陵，一如旧制。”帝省奏，谓曹节等曰：“窦氏虽为不道，而太后有德于朕，不宜降黜。”节等无复言，于是议者乃定。咸字元贞，汝南人。累经州郡，以廉干知名；在朝清忠，权幸惮之。

六年，迁球司空，以地震免。拜光禄大夫，复为廷尉、太常。光和元年，迁太尉，数月，以日食免。复拜光禄大夫。明年，为永乐少府，乃潜与司徒河间刘郃[3]谋诛宦官。

初，郃兄侍中儵[4]，与大将军窦武同谋俱死，故郃与球相结。事未及发，球复以书劝郃曰：“公出自宗室，位登台鼎，天下瞻望，社稷镇卫，岂得雷同容容无违而已？今曹节等放纵为害，而久在左右，又公兄侍中受害节等，永乐太后所亲知也。今可表徙卫尉阳球为司隶校尉，以次收节等诛之。政出圣主，天下太平，可翘足而待也。”又尚书刘纳以正直忤宦官，出为步兵校尉，亦深劝于郃。郃曰：“凶竖多耳目，恐事未会，先受其祸。”纳曰：“公为国栋梁，倾危不持，焉用彼相邪?”郃许诺，亦结谋阳球。

球小妻，程璜之女，璜用事宫中，所谓程大人也。节等颇得闻知，乃重赂于璜，且胁之。璜惧迫，以球谋告节，节因共白帝曰：“郃等常与藩国交通，有恶意。数称永乐声势，受取狼籍。步兵校尉刘纳及永乐少府陈球、卫尉阳球交通书疏，谋议不轨。”帝大怒，策免郃，郃与球及刘纳、阳球皆下狱死。球时年六十二。

子瑀，吴郡太守；瑀弟琮，汝阴太守；弟子珪，沛相；珪子登，广陵太守：并知名。

选自《后汉书》卷五十六《陈球传》

【注释】

①南宫：东汉都城洛阳城中的皇宫。

②祔（fù）：合葬。

③刘郃（hé）：东汉河间（治今河北献县东南）人，字季承。灵帝时，任大鸿胪。光和二年（179），为司徒，与永乐少府陈球、卫尉阳球等密谋诛除宦官曹节、张让等，事泄，下狱死。

④儵（shū）：刘郃之兄刘儵。

【译文】

陈球字伯真，是下邳淮浦人。家世历代有名望。父亲陈亹，任广汉太守。陈球小时候曾学习儒学，擅长律令。阳嘉年中，被推举为孝廉，逐渐升为繁阳县令。当时魏郡太守暗示各县县吏索要财物，但陈球不给他，太守恼怒，击打督邮，让他驱逐陈球。督邮不肯，说："魏郡有十五城，唯独繁阳政绩突出，如今驱逐他，必将遭到天下人的非议。"太守才停止。

陈球又被公府征召，列为上等，拜为侍御史。此时，桂阳狡猾的贼人李研等聚众抢掠，横行于荆州。州郡懦弱无能，禁止不住，太尉杨秉推荐陈球为零陵太守。陈球到后，制定策略，一月之间，贼虏消散殆尽。然而州兵朱盖等人谋反，与桂阳寇贼胡兰数万人转攻零陵。零陵地势低湿，编成木排作城墙，不能守，郡中人都很惶恐。掾史们请求让家属出走避难，陈球大怒道："太守所持是国家虎符，受任统领一方，怎能只顾妻子儿女而打击国家的重威呢？再说此话者斩！"便收纳吏民及老弱入城，共同坚守。他们在大树枝上安弦为弓，在矛头上插上羽毛为箭，启动机关发射，射程达一千多步，杀伤力很强。贼寇又用湍急的河水灌城，陈球就在城内利用地势反而决水淹贼。双方相持十几天，零陵没有失守。正逢中郎将度尚带领救兵赶到，陈球于是招募士卒，与度尚一起打败并斩杀朱盖等人。朝廷赐给他钱五十万，封他的一个儿子为郎，将他升任魏郡太守。

陈球被征为将作大匠，兴建桓帝陵园，节省数万钱以上。又迁为南阳太守，由于纠察豪强，遭到权势之家诽谤，被召至廷尉赎罪。赶上大赦，才得以回家。

陈球被征为廷尉。熹平元年（172），窦太后驾崩。窦太后本来已被迁到南宫云台居住，但宦官对窦氏积怨很深，就用衣车载着太后尸体，在城南市场的屋舍中放置了几天。中常侍曹节、王甫想用贵人的礼节为窦太后治丧，灵帝说："太后亲自把我立为帝，统承大业。《诗经》说：'没有不报的恩德，没有不应答的话语。'怎能按贵人身份为太后送终呢？"于是便按照太后的级别发丧。到将葬之时，曹节等又要把太后葬到别处，而将冯贵人与桓帝合葬。灵帝诏令公卿举行大规模朝会，令中常侍赵忠主持讨论。太尉李咸当时正有病，便手扶车舆站起，自己走了出去，对妻子说："如果皇太后不能配食桓帝，我就不活着回来了。"朝议开始后，数百人坐着，都看着宦官，许久没人愿意先发言。赵忠说："决议应及时商定。"对公卿以下的观望感到不满。陈球说："皇太后来自盛德良家，母临天下，应配先帝，这是没有问题的。"赵忠笑着说："陈廷尉应立刻操笔。"陈球当下写奏议说："皇太后自从进入后宫，通情达理，有母仪天下的美德。遭遇不幸，立现在的皇上继承皇位，功业极其重大。先帝驾崩后，遭遇大狱，被迁到空宫居住，不幸过早去世，她的家人虽有罪，但事情并非太后所为。现在如果将她在别处安葬，实在是让天下人失望。而且冯贵人的冢墓被挖掘，骸骨暴露在外，与贼人的尸体混在一起，魂灵已被污染，况且又对国家没有功劳，怎能上配先帝？"赵忠听着陈球的提议，身体摇动，改变脸色，嘲笑陈球说："陈廷尉此建议太强了！"陈球说："陈蕃、窦武已经蒙冤，皇太后无故被幽禁，我对此一直深感痛心，天下人也为之鸣冤感叹。今天能说出来，即使以后获罪，也遂了我的心愿。"

公卿以下，都赞同陈球的说法。

李咸开始的时候不敢先发言，见陈球言辞严正，才大声说道："我本来就说应当如此，陈球之议正与我相合。"与会者都为之感到羞愧。曹节、王甫又争，认为梁太后家犯恶逆之罪，被别葬于懿陵，武帝也废黜卫皇后，而让李夫人配食。如今窦氏罪过深重，怎能与先帝合葬？李咸到朝廷上疏："臣以为章德窦皇后虐害和帝之母恭怀皇后，安思阎皇后家人犯恶逆之罪，而和帝没有采取在别处另行安葬窦后的提议，顺帝也没有贬降阎后之诏文。至于卫皇后，她是孝武皇帝亲自废弃的，不可以作为先例。如今长乐太后有尊号在身，曾亲自临朝，母仪天下，支持拥立如今的皇上，使皇位传承。太后把陛下当成儿子，陛下怎能不把太后作为母亲？儿子不能废弃母亲，臣下不得贬黜君王，应该让太后与先帝合葬宣陵，一如旧制。"灵帝看完，对曹节等说："窦氏虽有不道的行为，但她对我有恩，不该降黜。"曹节等不再说什么，至此决议才定下。李咸字元贞，是汝南人。多次任州郡之官，以廉洁能干而知名；在朝清廉忠贞，权臣幸臣都怕他。

熹平六年（177），陈球被迁为司空，因地震发生而免官。后任光禄大夫，又当过廷尉、太常。光和元年（178），被迁为太尉，几个月后，又因发生日食被免官。后又被拜为光禄大夫。第二年，任永乐少府，暗中与司徒河间人刘郃谋划诛除宦官。

先前，刘郃的哥哥侍中刘儵，与大将军窦武共同谋划除掉宦官，都被杀死，所以刘郃与陈球来往。事未发时，陈球又写信劝刘郃说："您是汉家宗室，身为三公，天下人对你寄予厚望，你担负保卫国家的重任，怎能无所作为呢？如今曹节等人恣意为害，又长期在皇上身边。再者，您的哥哥侍中刘儵被曹节等所害，永乐太后也知道。如今您可上表徙卫尉阳球为司隶校尉，将曹节等人逐个逮捕诛杀。则政令出自皇上，天下太平就可翘足而待了。”尚书刘纳也因正直，曾经得罪宦官，被降为步兵校尉，他也力劝刘郃。刘郃说：“这些凶恶小人耳目很多，我担心事情还没办成，先受祸端。”刘纳说：“您是国家栋梁，国家倾倒您不去扶，用你这宰相干什么呢？”刘郃依其言，也与阳球结谋。

陈球的妾是中常侍程璜的女儿，程璜在宫中任职，被称为程大人。曹节等风闻陈球等人之谋，便以重金贿赂并威胁程璜。程璜很恐惧，就将陈球等人的谋划说了出来。曹节等一起禀报灵帝说：“刘郃等人经常与藩国勾结私通，心怀叵测。他们多次倚仗永乐孝崇皇后的势力，收受很多贿赂。步兵校尉刘纳及永乐少府陈球、卫尉阳球交结通信，图谋不轨。”灵帝大怒，策免刘郃。刘郃、陈球、刘纳、阳球全都下狱处死。陈球时年六十二岁。

陈球的儿子陈瑀，为吴郡太守。陈瑀的弟弟陈琮，是汝阴太守。陈球的侄子陈珪，为沛相；陈珪的儿子陈登，为广陵太守。他们都知名于当世。

【评述】

东汉自和帝刘肇登基后，出现了很多少儿皇帝，造成了外戚和宦官轮番窃掌国柄的局面。东汉灵帝时期这种斗争也是复杂激烈。此时朝中又出现了一位清官，他就是东汉名臣陈球。

陈球是一个廉洁之官。“太守求取钱财，陈球拒之不与”。对官场上的行贿受贿进行坚决的抵制。“征拜将作大匠，作桓帝陵园，所省巨万以上”。“将作大匠”是负责重要土木工程的官员，如果想中饱私囊易如反掌，但他没有，而是节省了大量经费。

陈球也是一个有能之官。首先他有着管理才能。太守索贿不成，欲令督邮驱逐陈球，督邮曰："魏郡十五城，独繁阳有异政，今受命逐之，将致议于天下矣。"因为陈球的政绩在全郡是最好的，连督邮也惜才。其次陈球有着卓越的军事才能。李研作乱，州郡"不能禁"，而"球到，设方略，期月间，贼虏消散"；州兵朱盖等反，又是陈球有勇有谋，取得最后的胜利。

陈球还是一个刚正之官。太后葬礼之争是外戚与宦官较量的尾声，面对着曹节等宦官的讥讽和恐吓，陈球表现出他的正直勇敢，其激浊扬清、匡扶正义的言辞令人赞叹不已。虽然是为外戚争得利益，但勇气可嘉。最终他与司徒刘郃、尚书刘纳谋诛宦官，事泄被杀，但亦是为"宿昔之愿"而死。

（李静注译、评述）

范　滂

【原文】

范滂字孟博，汝南征羌人也。少厉清节，为州里所服，举孝廉，光禄四行[①]。时冀州饥荒，盗贼群起，乃以滂为请诏使[②]，案察之。滂登车揽辔，慨然有澄清天下之志。乃至州境，守令自知臧污，望风解印绶去。其所举奏，莫不厌塞众议。迁光禄勋主事。时，陈蕃为光禄勋，滂执公仪诣蕃，蕃不止之，滂怀恨，投版弃官而去。郭林宗闻而让蕃曰："若范孟博者，岂宜以公礼格之？今成其去就之名，得无自取不优之议也？"蕃乃谢焉。

复为太尉黄琼所辟。后诏三府掾属举谣言[③]，滂奏刺史、二千石权豪之党二十余人。尚书责滂所劾猥多，疑有私故。滂对曰："臣之所举，自非叨秽奸暴，深为民害，岂以污简札哉！间以会日迫促，故先举所急，其未审者，方更参实。臣闻农夫去草，嘉谷必茂；忠臣除奸，王道以清。若臣言有贰，甘受显戮。"吏不能诘。滂睹时方艰，知意不行，因投劾去。

太守宗资先闻其名，请署功曹，委任政事。滂在职，严整疾恶。其有行违孝悌，不轨仁义者，皆埽迹斥逐，不与共朝。显荐异节，抽拔幽陋。滂外甥西平李颂，公族子孙，而为乡曲所弃，中常侍唐衡以颂请资，资用为吏。滂以非其人，寝而不召。资迁怒，捶书佐朱零。零仰曰："范滂清裁，犹以利刃齿腐朽。今日宁受笞死，而滂不可违。"资乃止。郡中中人以下，莫不归怨，乃指滂之所用以为"范党"。

后牢脩诬言钩党，滂坐系黄门北寺狱。狱吏谓曰："凡坐系皆祭皋陶。"滂曰："皋陶贤者，古之直臣。知滂无罪，将理之于帝；如其有罪，祭之何益！"众人由此亦止。狱吏将加掠考，滂以同囚多婴病，乃请先就格，遂与同郡袁忠争受楚毒。桓帝使中常侍王甫以次辨诘，滂等皆三木囊头，暴于阶下，余人在前，或对或否，滂、忠于后越次而进。王甫诘曰："君为人臣，不惟忠国，而共造部党，自相褒举，评论朝廷，虚构无端，诸所谋结，并欲何为？皆以情对，不得隐饰。"滂对曰："臣闻仲尼之言，'见善如不及，见恶如探汤'。欲使善善同其清，恶恶同其污，谓王政之所愿闻，不悟更以为党。"甫曰："卿更相拔举，迭为唇齿，有不合者，见则排斥，其意如何？"滂乃慷慨仰天曰："古之循善，自求多福；今之循善，身陷大戮。身死之日，愿埋滂于首阳山侧，上不负皇天，下不愧夷、齐。"甫愍然为之改容。乃得并解桎梏。

滂后事释，南归。始发京师，汝南、南阳士大夫迎之者数千两。同囚乡人殷陶、黄穆，亦免俱归，并卫侍于滂，应对宾客。滂顾谓陶等曰：“今子相随，是重吾祸也。”遂遁还乡里。

初，滂等系狱，尚书霍谞理之。及得免，到京师，往候谞而不为谢。或有让滂者。对曰：“昔叔向婴罪，祁奚救之，未闻羊舌有谢恩之辞，祁老有自伐之色。”竟无所言。

建宁二年，遂大诛党人，诏下急捕滂等。督邮吴导至县，抱诏书，闭传舍，伏床而泣。滂闻之，曰：“必为我也。”即自诣狱。县令郭揖大惊，出解印绶，引与俱亡。曰：“天下大矣，子何为在此？”滂曰：“滂死则祸塞，何敢以罪累君，又令老母流离乎！”其母就与之诀。滂白母曰：“仲博孝敬，足以供养，滂从龙舒君归黄泉，存亡各得其所。惟大人割不可忍之恩，勿增感戚。”母曰：“汝今得与李、杜齐名，死亦何恨！既有令名，复求寿考，可兼得乎？”滂跪受教，再拜而辞。顾谓其子曰：“吾欲使汝为恶，则恶不可为；使汝为善，则我不为恶。”行路闻之，莫不流涕。时年三十三。

选自《后汉书》卷六十七《范滂传》

【注释】

①光禄四行：光禄勋举荐人才的四种科目，即敦厚、质朴、逊让、节俭。

②请诏使：东汉三公府设请诏员，奉皇帝诏令随时巡视郡县。

③举谣言：采访反映民间疾苦的谣谚等用来考察郡县治绩后向朝廷报告。

【译文】

范滂，字孟博，汝南郡征羌县人。年轻时就具有清廉的节操，受到州郡乡亲的钦佩，故被推荐为孝廉，光禄勋举为四行。当时冀州发生灾荒，盗贼群起。朝廷任命范滂为请诏使，到冀州巡行视察。范滂登车握绳，慨叹政治混乱，大发澄清天下之志。他一到冀州境内，当地的太守和县令自知平时贪赃枉法，听见风声扔掉官印就跑了。范滂每次举报上奏，没有一次不驳倒众议的。后升迁为光禄勋主事。当时陈蕃担任光禄勋，范滂以官家礼仪拜访陈蕃，陈蕃并没有谦让，范滂心怀怨恨，扔下笏板弃官而去。郭林宗听说后，责备陈蕃说："像范滂这样的人才，怎么能够按照官家礼仪来要求他！现在这样不是成全了他辞官的美名，而自取不善之名了吗?"陈蕃于是向范滂道歉。

范滂又被太尉黄琼征召去做官。后来皇帝下诏书要太尉、司徒、司空三府下属的主要官员，寻访民间疾苦和地方官吏的善恶得失，向朝廷报告。范滂检举了刺史和权门豪绅共二十多人。尚书责备他弹劾的人太多，怀疑他有私心。范滂回答说："我所检举的如果不是贪污腐败、奸邪残暴、为害百姓极深的坏人，怎么会用他们来玷污简札呢？现在只因朝廷会集在即，时间急促，所以我先检举那些急需惩办的，至于还没有调查清楚的，还要进一步核实。我听说，农夫锄了杂草，庄稼必定会茂盛起来；忠臣把奸邪除掉，国家政治就会清明。如果我所检举的不符合事实，我甘愿当众接受死刑。”官吏们这才不再说什么。后来范滂看到当时世道艰难，知道自己的意愿不能实现，于是辞官而去。

汝南郡太守宗资早就知道范滂的名声，请他代理功曹职务，把郡中的政事委托给他。范滂在职期间，对吏治严加整顿，疾恶如仇。凡是行事违背“孝悌”、不遵守“仁义”规范的人，一律撤职驱逐，不同他们共事。他特别举荐有卓异操行的人，把被埋没的人才选拔出来任职。范滂的外甥西平县人李颂，是西平王李通的后代，在家乡名声不好，没有人肯推荐他。中常侍唐衡去请宗资帮忙，宗资同意任用李颂为吏。范滂认为李颂不是适当人选，就搁置下来，一直不加委任。宗资见自己的命令没有被执行，就把怒气发在文书朱零的身上，捶打朱零。朱零抬头望着宗资说：“范滂的清明裁决，就像用快刀斩切腐朽的东西一样。今天我宁可被你打死，也不能违背范滂的决定。”宗资至此才作罢。由此，郡中才能低下的人没有不怨恨范滂的。甚至把范滂所任用的人说成是“范党”。

后来牢脩诬告范滂结党，范滂因此而被关在黄门北寺的监狱里。狱中官吏对他说：“凡是犯法被关押在此的，都要先祭拜皋陶。”范滂说：“皋陶是贤者，是古代正直无私的大臣。倘若他知道我范滂无罪，就会到天帝那里去替我申诉；倘若我有罪，祭他又有什么用处呢！”众人因此也都停止了祭拜。狱吏将要拷打囚犯，因同狱囚犯多疾病缠身，范滂请求先受刑，与同郡袁忠争着去先受酷刑。桓帝派中常侍王甫按次序审问，范滂等人的手、足、颈都被锁上木制刑具，头被布囊蒙住，排在阶下。其他的人排在前面接受审讯，有的回答，有的不回答，范滂、袁忠越过次序挤到前列。王甫责问道："作为国君臣子，不尽忠报国，却结成朋党，互相褒扬提拔，评论朝廷，虚构一些没有的事情，你们所有的阴谋策划，都是想干什么呢？都要以实供认，不得隐藏掩饰。"范滂回答说："我听孔子曾经说过，'碰到善事便争着去做，惟恐来不及，见到恶事便马上躲避，好像手碰到了沸水一样。'我们是想让好的汇聚在一起变得更清明，坏的在一起让其更臭名昭著。我以为朝廷希望我们这样做，不料被认为是结党。"王甫说："你们互相提拔，互为唇齿，有志向不合的，就被你们排斥，这又是为何？"范滂情绪激昂，仰天叹息道："古人做好事，能使自身多福；今人做好事，却身遭杀戮。我死之后，希望能埋在首阳山侧，对上，我不辜负苍天，对下，我无愧伯夷、叔齐。"王甫听了心生怜悯，为之动容，就都解除了他们的刑具。

范滂后来被释放南归，刚从京师出发，汝南、南阳来迎接他的士大夫的车有数千辆。同囚的乡人殷陶、黄穆也被释放一起回来，都侍奉在范滂身边，帮他应对宾客。范滂回头对殷陶等人说："现在你们跟随在我身边，是加重我的灾祸。"于是悄悄回到乡里。

起初，范滂等人被关进监狱，尚书霍谞为他上书申诉。获释后，范滂再到京城，前去拜访霍谞，但未言谢。有人为此责备范滂，范滂回答："古时叔向负罪入狱，祁奚救了他，没有听说叔向有谢恩的话，也没看到祁奚有自夸的神态。"最终他也没去道谢。

建宁二年（169），朝廷大肆诛杀党人，并下诏紧急逮捕范滂等人。督邮吴导来到县里，抱着诏书，关闭传舍的房门，趴在床上哭泣。范滂听到后，说："这一定是因为我！"于是自己前往监狱投案。县令郭揖见到他后大惊失色，自解官印，要拉着范滂一起逃亡，说："天下这么大，你为何在这里呢？"范滂说："我死了，这祸也就过去了，怎么敢因为我的罪过而牵累您，又让老母亲流离失所呢？"他的母亲来和他告别，范滂对母亲说："仲博对您很孝敬，足以供养您，我跟随龙舒君命归黄泉，这样生死都各得其所。只是希望您割舍不忍之恩，不要增加伤感悲戚。"他母亲说："你现在能与李膺、杜密齐名，死了又有什么遗憾！已经有了美好的名声，又希望长寿，怎么可能兼得？"范滂跪着接受母亲的教导，拜了两次就辞别了。范滂回过头对他的儿子说："我想让你去作恶，但是恶是不能作的。想让你为善，我这样就是不为恶而为善的下场。"路人听了，没有不流泪的。范滂死时年仅三十三岁。

【评述】

范滂少时便怀澄清天下之志。他疾恶如仇，为官清厉，抑制豪强，制裁不轨，结交士人，反对宦官。曾任清诏使、汝南郡功曹，经历两次党锢之祸，最终因不想连累他人，主动投案，死于狱中。

临死前的"范滂别母"是《后汉书·范滂传》着力刻画的亮点，成为一曲千古绝唱。所谓"子伏其死而母欢其义"（《后汉书·党锢列传》"论曰"）说的就是范滂母子舍生取义之事。

范滂之母的胸襟令人钦佩，也给后人以思考。在宗族式的社会模式中，“一人得道，鸡犬升天”较为形象地概括出官员与亲族休戚与共的利益关联，因此，至亲成为仕者或贪腐或清廉最为直接和重要的影响因素，当局者迷，旁观者清，深陷复杂政治漩涡和诱惑十足的权力中心的当局者其实亟须的就是一份清醒和警惕，而它们最好的来源就是身边的至亲。“使汝为恶，则恶不可为”的告诫显示出范滂对为官为人的严厉家训，这多少成为范滂为官清廉之信念的根源，也是他拒绝委任外甥李颂的公正之心的依据。范滂之母于范滂舍生取义、凛然赴死的释然，狠狠地羞辱了那些助贪、诱腐的权臣之亲，为他们树立了光辉的典范。

另外，对“名”之重视也是自我约束的一项重要指标。“汝今得与李、杜齐名，死亦何恨！”此“名”非名气、名利之名，而是流传后世的名声之名，一个官员若是珍视自己、家庭、家族的名声，哪怕是带上点光宗耀祖的传统宗族式信念，也不会轻易越线，最终导致覆水难收的境地。

（徐云平注译、评述）

卢 植

【原文】

卢植字子干，涿郡涿人也。身长八尺二寸，音声如钟。少与郑玄俱事马融，能通古今学，好研精而不守章句。融外戚豪家，多列女倡歌舞于前。植侍讲积年，未尝转眄，融以是敬之。学终辞归，阖门教授。性刚毅有大节，常怀济世志，不好辞赋，能饮酒一石。

时皇后父大将军窦武援立灵帝，初秉机政，朝议欲加封爵。植虽布衣，以武素有名誉，乃献书以规之曰："植闻嫠有不恤纬之事，漆室有倚楹之戚，忧深思远，君子之情。夫士立争友，义贵切磋。《书》陈'谋及庶人'，《诗》咏'询于刍荛'。植诵先王之书久矣，敢爱其瞽言哉！今足下之于汉朝，犹旦、奭之在周室，建立圣主，四海有系。论者以为吾子之功，于斯为重。天下聚目而视，攒耳而听，谓准之前事，将有景风之祚。寻《春秋》之义，王后无嗣，择立亲长，年均以德，德均则决之卜筮。今同宗相后，披图案牒，以次建之，何勋之有？岂横叨天功以为己力乎！宜辞大赏，以全身名。又比世祚不竞，仍外求嗣，可谓危矣。而四方未宁，盗贼伺隙，恒岳、勃碣，特多奸盗，将有楚人胁比，尹氏立朝之变。宜依古礼，置诸子之官，征王侯爱子，宗室贤才，外崇训道之义，内息贪利之心，简其良能，随用爵之，强干弱枝之道也。”武并不能用。州郡数命，植皆不就。建宁中，征为博士，乃始起焉。熹平四年，九江蛮反，四府[1]选植才兼文武，拜九江太守，蛮寇宾服。以疾去官。

作《尚书章句》、《三礼解诂》。时，始立太学《石经》，以正《五经》文字，植乃上书曰：“臣少从通儒故南郡太守马融受古学，颇知今之《礼记》特多回冗。臣前以《周礼》诸经，发起秕谬，敢率愚浅，为之解诂，而家乏，无力供缮（写）上。原得将能书生二人，共诣东观，就官财粮，专心研精，合《尚书》章句，考《礼记》失得，庶裁定圣典，刊正碑文。古文科斗，近于为实，而厌抑流俗，降在小学，中兴以来，通儒达士班固、贾逵、郑兴父子，并敦悦之。今《毛诗》、《左氏》、《周礼》各有传记，其与《春秋》共相表里，宜置博士，为立学官，以助后来，以广圣意。”

会南夷反叛，以植尝在九江有恩信，拜为庐江太守。植深达政宜，务存清静，弘大体而已。

岁余，复征拜议郎，与谏议大夫马日磾、议郎蔡邕、杨彪、韩说等并在东观，校中书《五经》记传，补续

《汉记》。帝以非急务，转为侍中，迁尚书。光和元年，有日食之异，植上封事谏曰："臣闻《五行传》'日晦而月见谓之朓，王侯其舒'。此谓君政舒缓，故日食晦也。《春秋传》曰'天子避位移时'，言其相掩不过移时。而间者日食自巳过午，既食之后，云雾晻暧。比年地震，彗孛互见。臣闻汉以火德，化当宽明。近色信谗，忌之甚者，如火畏水故也。案今年之变，皆阳失阴侵，消御灾凶，宜有其道。谨略陈八事：一曰用良，二曰原禁，三曰御疠，四曰备寇，五曰修礼，六曰遵尧，七曰御下，八曰散利。用良者，宜使州郡覆举贤良，随方委用，责求选举。原禁者，凡诸党锢，多非其罪，可加赦恕，申宥回枉。御疠者，宋后家属，并以无辜委骸横尸，不得收葬，疫疠之来，皆由于此。宜敕收拾，以安游魂。备寇者，侯王之家，赋税减削，愁穷思乱，必致非常，宜使给足，以防未然。修礼者，应征有道之人，若郑玄之徒，陈明《洪范》，攘服灾咎。遵尧者，今郡守刺史一月数迁，宜依黜陟，以章能否，纵不九载，可满三岁。御下者，请谒希爵，一宜禁塞，迁举之事，责成主者。散利者，天子之体，理无私积，宜弘大务，蠲略细微。"帝不省。

中平元年，黄巾贼起，四府举植，拜北中郎将，持节，以护乌桓[②]中郎将宗员副，将北军五校士，发天下诸郡兵征之。连战破贼帅张角，斩获万余人。角等走保广宗，植筑围凿堑，造作云梯，垂当拔之。帝遣小黄门左丰诣军观贼形势，或劝植以赂送丰，植不肯。丰还言于帝曰：“广宗贼易破耳。卢中郎固垒息军，以待天诛。”帝怒，遂槛车征植，减死罪一等。及车骑将军皇甫嵩讨平黄巾，盛称植行师方略，嵩皆资用规谋，济成其功。以其年复为尚书。

帝崩，大将军何进中官，乃召并州牧董卓，以惧太后。植知卓凶悍难制，必生后患，固止之。进不从。及卓至，果陵虐朝廷，乃大会百官于朝堂，议欲废立。群僚无敢言，植独抗议不同。卓怒罢会，将诛植，语在《卓传》。植素善蔡邕，邕前徙朔方，植独上书请之。邕时见亲于卓，故往请植事。又议郎彭伯谏卓曰：“卢尚书海内大儒，人之望也。今先害之，天下震怖。”卓乃止，但免植官而已。

植以老病求归，惧不免祸，乃诡道从轘辕出。卓果使人追之，到怀，不及。遂隐于上谷，不交人事。冀州牧袁绍请为军师。初平三年卒。临困，敕其子俭葬于土穴，不用棺椁，附体单帛而已。所著碑、诔、表、记凡六篇。

建安中，曹操北讨柳城，过涿郡，告守令曰：“故北中郎将卢植，名著海内，学为儒宗，士之楷模，国之桢干也。昔武王入殷，封商容之闾；郑丧子产，仲尼陨涕。孤到此州，嘉其余风。《春秋》之义，贤者之后，宜有殊礼。亟遣丞掾除其坟墓，存其子孙，并致薄醊，以彰厥德。”子毓，知名。

选自《后汉书》卷六十四《卢植传》

【注释】

①四府：东汉指大将军、太尉、司徒、司空府，或太傅、太尉、司徒、司空。

②乌桓：中国古代民族之一。前3世纪末，迁至乌桓山（又名乌丸山），遂以山名为族号。

【译文】

卢植字子幹，涿郡涿县人。他身高八尺二寸，声若洪钟。少年时他同郑玄一道从师马融，通晓古文经学和今文经学，喜欢精深研究而不局限于章节句读的理解。马融是皇族的外戚豪门，喜欢多列女乐歌舞之类。卢植从师读书多年，未曾转过头瞟看，马融因此而敬重他。他学习结束告辞回家，闭门传授门徒。卢植性格刚毅，有气节，常怀救助国家的志向，不喜欢辞赋，能饮酒一石。

当时，皇后的父亲大将军窦武支持迎立汉灵帝，成功之后，刚刚掌管国家政务，朝廷议论要给窦武封爵。卢植虽然是个平民，但他认为窦武素有声名，就呈书信规劝他说：“我听说黎民百姓不考虑自己而关心时政。比如，寡妇不担心织布而担忧国家，漆室待嫁的少女不发愁嫁人而感慨国事。为国事而忧思深远，这是君子的情怀！读书人结交能规谏的朋友，意义在于对学问相互探讨。《尚书》称扬‘与百姓商量’，《诗经》咏唱‘征询打柴人的意见’。我诵读先代帝王的书已很久了，哪敢吝啬自己的鄙陋之见！现在足下对于汉朝，就好像周公姬旦、召公姬奭之于西周王室，拥立了圣明的君主，是天下所感念的。人们认为您最大的功劳就在这里。天下人聚拢目光看，集中耳力听，听说您以前朝的事例为准则，您将会有平安之福。按《春秋》中的道理，皇后没有儿子，就选择迎立亲族中的成年男子，年纪相同就以德行来衡量，德行相同就用占卜来决断。现在您对皇族考察之后，按图索牒，按次序拥立君主，有什么功劳呢？您怎能强贪天下之功为自己之力呢！您应当推辞这丰厚的赏赐，以保全自己的名声。假如皇族帝位衰弱，向亲属以外去寻找嗣君，这就危险了。况且天下没有安定，盗贼们在窥视可乘之机。恒岳、渤海和碣石山等地，奸恶之徒和强盗特别多，恐怕将要发生楚国人胁迫王子比、尹氏拥立王子朝那样的事变。您应当依照古代礼制，设置皇族官学，征召王侯们的子弟、皇室贤才，教他们尊崇道义，息灭贪欲，选拔他们中贤良有才的人，随时任用并给予官爵，这是强健本干、削弱枝叶的好方法。”但是，窦武一概没有采用他的措施。州郡官府几次任命他为官，他都没有接受。建宁年中，他被征拜为博士，才开始被起用。熹平四年（175），九江蛮族反叛，四府因卢植文武兼备而推选他，拜官九江郡太守，九江蛮族反叛者归顺降服。后因病辞官。

卢植著有《尚书章句》、《三礼解诂》。那时开始设立太学《石经》，用来校正《五经》文字，卢植就上书说：“我少年的时候跟随博通古今的儒者、前南郡太守马融学习古代学术，了解到现在流行的《礼记》有许多歪曲的地方。我从前用《周礼》等经书，指出其中的错误，冒昧地罗列愚浅见解，替这本书作注解，但家中贫穷，没有能力雇人缮写献上。我希望能得到两个善于书写的人，一同到东观，借助官家的财力，专心一意地研究，结合《尚书》，考证《礼记》的得失，这或许可以裁定圣人的经典，刊正石刻经文。古文经书以蝌蚪文字书写，接近于实际，但在民间受到贬抑，地位降低在小学之中。中兴以来，学贯古今的通儒班固、贾逵、郑兴父子，都深信笃爱它。现在《毛诗》、《左传》、《周礼》各有解说，它们与《春秋》互为表里，应当设置博士，建立学官，以帮助后来的学者，广泛传播圣人的思想。”

后来南夷反叛，因为卢植曾经在九江时有恩德信义，便拜官为庐江太守。卢植精通政务，致力于清简安定，宏观为政。

一年多后，卢植再次征拜为议郎，与谏议大夫马日磾，议郎蔡邕、杨彪、韩说等一同在东观，校订藏书《五经》及注本，补辑续写《汉记》。皇帝认为这不是紧急事务，转任他为侍中，迁任尚书。光和元年（178），发生了日食现象，卢植上书说：“《五行传》说：‘太阳昏暗而月亮早现叫做朓，是王政迟缓的天象。’这是说君主的政事迟滞，因此太阳被月亮遮蔽，变得昏暗。《春秋左氏传》说‘天子离开正殿一会儿’，是说月亮遮蔽太阳的时间不过一会儿。但不久日食从巳时到午时，日全食之后，云雾暗淡。连年地震，彗星交替出现。我听说汉朝用火德立国，政化应当宽明。亲近女色，听信谗言，这是最大的禁忌，就像是火惧怕水一样。今年的异常事情，都是因为阳势退却阴势入侵，要消除和抵制灾害凶祸，应当有正确的方法。现在我谨陈述八条措施：一是任用贤良，二是宽恕囚犯，三是预防瘟疫，四是防备盗寇，五是修明礼义，六是遵奉唐尧，七是控制臣下，八是分散货利。其中任用贤良：应当让州郡考核荐举贤才良人，适时委任，督责寻求，选拔推举。宽恕囚犯：凡是那些因党锢之事被囚的，大多不是因为他们犯了什么罪过，这些人可以给予宽恕赦免，说明他们的委屈冤屈。预防瘟疫：宋皇后的家属，都无辜暴尸野外，不能得到收敛埋葬，瘟疫的流行，都是由于这个原因。皇上应当敕令收拾尸骨，安慰游散的冤魂。防备盗寇：侯王家庭，征敛的赋税应当削减。百姓愁苦贫穷就会想到暴乱，进而导致突然的政变，应该让百姓给养充足，以此来防止不测。修明礼义：征召有道德修养的人，比如像郑玄那样的，陈述彰明《洪范》中的思想，以袪除灾异祸事。遵奉唐尧：现在郡守刺史一月迁调几次，应当依照降职与升迁的办法，用来彰显能与不能，纵然不能任职九年，也可任满三年。控制臣下：请托求官的事要一概禁止，升迁选举一类的事情，要责成主管的人来负责。分散货利：天子的法式，没有道理私自积敛财富，皇上您应当关注重大事务，忽略那些细枝末叶的小事情。”皇帝没有采纳。

中平元年（184），黄巾军兴起，朝廷四府举荐卢植为北中郎将，执掌符节为帅，用监护乌桓的中郎将宗员为副帅，统帅北军五部人马，带领全国各郡兵马征讨黄巾军。他们接连打败黄巾军元帅张角，斩杀俘获一万多人。张角等败逃死守广宗县。卢植修筑包围工事，开凿壕沟，制造云梯，等候时机攻取。皇帝派遣小太监左丰到军队中察看军情。有人劝卢植贿赂左丰，卢植不答应。左丰回到朝廷对皇帝说：“广宗的贼寇是容易打败的，但中郎将卢植固守营垒不进攻，以等待敌人自然灭亡。”皇帝很生气，竟用囚车征召卢植，给他减死罪一等的刑罚。后来车骑将军皇甫嵩平定黄巾军，极力称赞卢植的用兵方略，称全是借助他的谋略才成就功业的。因此，这一年卢植再次任尚书。

灵帝死后，大将军何进计划诛杀宦官，就召并州牧董卓进京，以此胁迫太后。卢植知道董卓凶残骄悍难以控制，必产生后患，坚决阻止这种作法。何进没有听从。董卓到后，果然欺凌虐待小皇帝，竟然在朝堂上大集百官，议论要废立皇帝。群臣没有敢说话的，唯独卢植直言反对。董卓怒而终止朝会，打算诛杀卢植，这事在《董卓传》里有记载。卢植往常同蔡邕交好，蔡邕原先被贬到朔方去，卢植独自上书替他求情。蔡邕当时与董卓关系亲近，因此前往为卢植求情。加上议郎彭伯劝董卓说：“卢尚书是天下闻名的大儒，受人景仰，现在杀了他，天下人会震惊恐惧。”董卓就没有杀他，只是免除了他的官职罢了。

卢植因年老多病请求回家，怕遭到不测，便秘密地择路从轘辕走。董卓果然派人追赶他，追到怀县，没有追上。于是卢植隐居在上谷，不再与外界来往。后来，冀州牧袁绍请他做军师。（可惜不久以后）卢植于初平三年（192）死去。弥留之际，命儿子挖土穴俭葬，不用棺椁，只穿贴身单衣。他的著述，有碑、谏、表、记，共六篇。

建安年间，曹操北征柳城，经过涿郡，告诫守令说：“已故北中郎将卢植，名声称著海内，论学问是儒学宗师，是读书人的榜样，是国家的栋梁。过去周武王进入殷商，旌表商容的门闾；郑国失去子产，孔子为之落泪。我到这里，也应该表彰卢植这种贤人。《春秋》说，对贤人的后代，应当给予特殊的礼遇。赶紧派遣吏属清扫他的坟墓，抚恤他的子孙，并且致祭品来祭奠他，表彰他的德行。”卢植的儿子卢毓，亦闻名于世。

【评述】

古语说：“风霜中可以鉴别草木的品性，危乱时方能看到贞良之臣的节操。”用这句话形容卢植再恰当不过了。

论学识，卢植是汉代大儒马融的得意弟子，博古通今。他对儒家经典的研究成一家之言，颇有著述，还为《五经》作了注解；此外，他看到了教育在传承经典方面的重要作用，建议国家推广儒学。论人品，卢植性情刚毅，怀匡扶社稷的大志，多次在危急关头拯救国家。

卢植在仕途上初露头角时，适逢窦氏外戚把持朝政。窦氏外戚与汉室王朝有着千丝万缕的联系，仅窦姓的皇后，汉朝就有三个：西汉文帝的皇后以及东汉章帝、桓帝的皇后。窦氏的影响力贯穿了整个汉朝的历史，其家族势力可谓根深叶茂，难以撼动。卢植碰到的，就是汉桓帝的妻子窦皇后。此时距汉室灭亡已经不远了，汉朝国运衰竭，窦氏外戚重又把持了朝政。汉桓帝死后，窦皇后的哥哥窦武拥立灵帝，成了事实上的掌权者。卢植上书向他进言，希望他能推辞封赏，专心辅佐幼主治理国家，然而窦武并没有采纳他的意见。

做九江太守时，卢植将九江治理得井井有条。这说明，他经世济民的抱负绝非空谈。重回朝廷做议郎时，他又向灵帝上疏，劝谏亲贤臣、远小人，励精图治，然而灵帝也没有听。

朝廷政治腐败，又逢天下大旱，汉末规模最大的农民起义

——黄巾起义爆发。在镇压起义军的战斗中，卢植又表现出军事上非凡的才能。一代大儒，既有政治才能又有军事才能，实在是难能可贵，不负“文武兼备”之名。

（韩玲注译、评述）

羊 续

【原文】

羊续字兴祖，太山平阳人也。其先七世二千石卿校，祖父侵，安帝时司隶校尉。父儒，桓帝时为太常。

续以忠臣子孙拜郎中，去官后，辟大将军窦武府。及武败，坐党事，禁锢十余年，幽居守静。及党禁解，复辟太尉府，四迁为庐江太守。后扬州黄巾贼攻舒，焚烧城郭，续发县中男子二十以上，皆持兵勒陈，其小弱者，悉使负水灌火，会集数万人，并执力战，大破之，郡界平。后安风贼戴风等作乱，续复击破之，斩首三千余级，生获渠帅，其余党辈原为平民，赋与佃器，使就农业。

中平三年，江夏兵赵慈反叛，杀南阳太守秦颉，攻没六县，拜续为南阳太守。当入郡界，乃羸服间行，侍童子一人，观历县邑，采问风谣，然后乃进。其令长贪絜，吏民良猾，悉逆知其状，郡内惊竦，莫不震慑。乃发兵与荆州刺史王敏共击慈，斩之，获首五千余级，属县余贼并诣续降，续为上言，宥其枝附。贼既清平，乃班宣政令，候民病利，百姓欢服。时，权豪之家多尚奢丽，续深疾之，常敝衣薄食，车马羸败。府丞尝献其生鱼，续受而悬于庭；丞后又进之，续乃出前所悬者以杜其意。续妻后与子秘俱往郡舍，续闭门不内妻，自将秘行，其资藏惟有布衾、敝祇裯，盐、麦数斛而已，顾敕秘曰："吾自奉若此，何以资尔母乎?"使与母俱归。

六年，灵帝欲以续为太尉。时拜三公者，皆输东园礼钱千万，令中使督之，名为"左驺"。其所之往，辄迎致礼敬，厚加赠赂。续乃坐使人于单席，举缊袍以示之，曰："臣之所资，惟斯而已。"左驺白之，帝不悦，以此故不登公位。而征为太常，未及行，会病卒，时年四十八。遗言薄敛，不受赗遗。旧典，二千石卒官赙百万，府丞焦俭遵续先意，一无所受。诏书褒美，敕太山太守以府赙钱赐续家云。

选自《后汉书》卷三十一《羊续传》

【译文】

羊续，字兴祖，太山平阳人。他的祖先七代都曾任二千石的卿校。他的祖父羊侵，在汉安帝时做司隶校尉。他的父亲羊儒，在汉桓帝时做太常。

羊续以忠臣的子孙受拜郎中，他离任后，被征辟到大将军窦武的幕府任职。后窦武因欲剪除宦官事败被治罪，羊续受到牵连，被禁锢了十多年。他待在家里，常静居自守。待禁锢解除后，他又被征辟至太尉府任官。经过四次升迁后，他做到了庐江太守。后来，扬州的黄巾起义军攻打舒县，他们放火焚烧该县城郭。为此，羊续调发县中二十岁以上的成年男子发给武器，严阵以待，年幼体弱者去担水灭火。这样，羊续一下子调集了数万人，大家齐心协力，大败黄巾军，庐江郡内得以安宁。此后，郡内安风戴风等人又乘机起义，羊续又率兵斩杀三千余人，将他们击溃，还俘虏了他们的首领。其余的起义军原都是平民，羊续发给他们农具，让他们回乡务农。

汉献帝中平三年（186），江夏驻军赵慈反叛，他们杀死了南阳太守秦颉，又攻陷了六个县。朝廷任命羊续继任南阳太守。羊续要进入南阳郡之时，身穿穷人衣服抄小路，仅带了一名随侍的仆人。他了解各县情况，询问风俗，之后才去上任。南阳郡各县令是贪是廉，吏民是善是恶，羊续都了如指掌。南阳人们对羊续此举无不震惊慑服。于是，羊续才与荆州刺史王敏共同发兵，攻打赵慈，将其斩首，并杀死赵慈军五千余人。所属各县残余都到羊续那里请降，羊续代他们上奏朝廷，宽恕了那些跟随作乱的人。叛乱平定之后，羊续便颁布各种政令，以兴利除害，百姓对羊续心悦诚服。当时，权贵之家大多奢侈，羊续对此深为痛恨。他经常身着旧衣，粗茶淡饭，车马瘦弱古旧。府丞曾经送活鱼给羊续，羊续收下后，将其悬挂在庭院；后来府丞又来送鱼，羊续便把先前所挂起的鱼拿出来给他看，以告诫府丞再也不要送鱼了。后来，羊续的妻子带着儿子羊秘一起到郡府找他，羊续没让妻子进门，自己则带着儿子看自己的东西：一些破旧的布衣，数斛盐和麦子。看完后，羊续对儿子说：“我只有这些东西，怎能养活你和你母亲呢?”于是，羊续把母子俩一起送走了。

中平六年（189），汉灵帝想任命羊续为太尉。当时担任三公的人，都要给东园上千万的礼钱。皇帝命令宦官专门管理此事，这些宦官被称为“左驺”。左驺所到之处，人们都要以礼相待，要送他们很多钱财。而羊续却让人坐在单席之上，举起破旧的棉袍给他看，说：“我所有的家财，仅此而已。”左驺将此事告知汉灵帝，灵帝非常不高兴，因此没让羊续做太尉，而任命其为太常。但羊续尚未启程赴任，不巧因病去世，时年四十八岁。羊续留下遗言，叮嘱将其薄葬，不要接受朝廷赐赠的钱财用来送丧。依照旧制，俸禄在二千石的官员去世后可获赐钱一百万，府丞焦俭遵照羊续生前的意愿，没有接受任何赐赠。汉灵帝下诏予以褒扬，敕令太山太守将官府本应赐赠治丧的钱赐给羊续的家人。

【评述】

羊续是我国历史上著名的“悬鱼太守”。相信每一位读罢《后汉书·羊续传》的人，都会为这样一位有智慧而又清廉的历史名臣而击节赞叹，也会为他的遭遇而扼腕叹息。

羊续是一位智勇双全的人。平定江夏赵慈叛乱时，鉴于当时形势，羊续采取的战略是：乔装入郡，详细掌握了南阳郡的情况。因这出奇制胜的一招，羊续很快稳住了该郡的形势，赢得了人心，从而发兵大获全胜。同样是敌人兵临城下，羊续所采取的策略却截然不同，一正面，一迂回，体现了羊续的大智大勇。

羊续的智勇不仅仅表现在对敌的斗争上，还体现在处理同僚的关系上。他一尘不染，生活极其简朴。为远离上下级官僚之间的私相授受甚至贿赂，他悬鱼于庭，巧妙拒礼。他这样做，既坚持了原则，又避免了强硬拒绝时的尴尬。

然而，正是这样一位才干超群的廉臣，却因无力、也不愿“孝敬”左驺而未登太尉之职，让我们感到遗憾。羊续这样的好官能吏本应该受到提拔重用，却因个别小人的一己私欲而受到打压。虽然历史作出了公正的评判，但仍令人惋惜。

（胡宏哲注译、评述）

贾　琮

【原文】

贾琮字孟坚，东郡聊城人也。举孝廉，再迁为京令，有政理迹。

旧交阯土多珍产，明玑、翠羽、犀、象、玳瑁、异香、美木之属，莫不自出。前后刺史率多无清行，上承权贵，下积私赂，财计盈给，辄复求见迁代，故吏民怨叛。中平元年，交阯屯兵反，执刺史及合浦太守，自称“柱天将军”。灵帝特敕三府精选能吏，有司举琮为交阯刺史。琮到部，讯其反状，咸言赋敛过重，百姓莫不空单，京师遥远，告冤无所，民不聊生，故聚为盗贼。琮即移书告示，各使安其资业，招抚荒散，蠲复[①]徭役，诛斩渠帅为大害者，简选良吏试守诸县，岁间荡定，百姓以安。巷路为之歌曰：“贾父来晚，使我先反；今见清平，吏不敢饭。”在事三年，为十三州最，征拜议郎。

时黄巾新破，兵凶之后，郡县重敛，因缘生奸。诏书沙汰刺史、二千石，更选清能吏，乃以琮为冀州刺史。

旧典，传车骖驾，垂赤帷裳，迎于州界。及琮之部，升车言曰："刺史当远视广听，纠察美恶，何有反垂帷裳以自掩塞乎？"乃命御者褰之。百城闻风，自然竦震。其诸臧过者，望风解印绶去，惟瘿陶[②]长济阴董昭、观津长梁国[③]黄就当官待琮，于是州界翕然。

灵帝崩，大将军何进表琮为度辽将军[④]，卒于官。

选自《后汉书》卷三十一《贾琮传》

【注释】

①蠲（juān）复：除去，免去。

②瘿（yǐng）陶：即瘿陶县。西汉置，治所在今河北宁晋县西南。

③梁国：西汉高祖五年（前202）改砀郡为梁国，都定陶（今山东定陶县西北）。文帝时移都睢阳县（今河南商丘县南），至南朝宋改为梁郡。

④度辽将军：将军名号，专掌卫护南单于。

【译文】

贾琮字孟坚，东郡聊城县人。因为品行端正被举荐为孝廉，不久就升为京县令，政绩卓著。

原来交阯这个地方出产很多珍贵宝物，如明亮的玑珠、翠鸟的羽毛、犀牛、象牙、玳瑁、特殊的香料、上等的木材之类的东西，没有不是从这里出产的。前后的刺史大多没有清廉品行，他们对上讨好权贵，在下则积累私财，等自己财产充裕富足了，就又请求调动升迁，所以这里的官民怨恨朝廷，发动叛乱。中平元年（184），交阯的驻兵反叛，他们抓住刺史和合浦郡太守，自称“柱天将军”。汉灵帝特别命令三公府精选能干的官吏（来平息此事），主管部门推举贾琮任交阯刺史。贾琮到任后，询问他们谋反的情况，都说是因为赋税太重，老百姓没有哪一家不被搜刮得精光，京城又离得远，没有地方告状申冤，人们无法生活下去，因此就聚集起来做盗贼。得知这些情况后，贾琮下发文书、张贴告示，要人民各自安居乐业，招引安抚逃荒流散到各地的百姓，免除徭役，斩杀作恶多端的头领，选拔优秀的官员试用为各县的县令，一年之内叛乱就平定了，老百姓也安定下来。街头巷尾歌唱贾琮：“贾姓父母官来得太晚，使得我们原先造反；现在政治清平，官吏不敢吃我一口饭。”贾琮在任三年，他的政绩是十三个州里最出色的，朝廷征召任命他为议郎。

当时，黄巾军刚被打败，遭受了这样大的兵祸后，各郡县都加重赋税，因此出现很多邪恶狡诈之事。朝廷下诏书淘汰不称职的刺史和官秩为二千石的官吏，重新选拔清廉能干的官吏，于是任命贾琮为冀州刺史。按照旧制度，刺史上任要用驿站的车马，车上垂挂红色帷帐，地方官到该州边界来迎接。等贾琮到达冀州界时，登上车子说：“刺史应该具有宽广的眼界，广纳群言，考察各地的好坏情况，为什么反而要挂上帷帐把自己掩盖起来呢？”于是命令驾车的把帷帐拉开。各县城听到这消息，自然受到很大震动。那些贪赃枉法的人听到消息就交出官印离开了，只有瘿陶县长济阴人董昭、观津县长梁国黄就（为官清廉，做人耿直）在官府里等待贾琮。于是全州安定下来。

汉灵帝死后，大将军何进上表推荐贾琮为度辽将军，贾琮在任上去世。

【评述】

徜徉在中国历史的长河中，我们既能发现那些玩弄权术、巧取豪夺之流终被世人所摒弃，也能看到一言一行不忘公仆形象、一举一动常思百姓冷暖之人在历史的洪流中万古流芳。他们身上的廉洁清风散发着阵阵幽香，如清茶一杯，静心正身；他们身上的浩然正气，为后人之典范，被世人所传承。

贾琮，东汉时期政绩卓著的清廉官员。贾琮年轻时由于德行兼备，被举为孝廉。他在任时，严格执法，宽以待民，平定冤狱，抑制豪强，廉政清明。交阯盛产珍宝奇物，而历任刺史品行贪婪，媚上欺下，大肆搜刮民脂民膏，捞完好处就调动升迁，以至激起民愤，发生叛乱。这就是所谓的“吏不廉平，则治道衰”。皇帝因为贾琮的品德和能力，派他做交阯刺史，以平定叛乱。贾琮并没有追逐金钱名利，以一己之私贪婪害民，到任后，他“德惟善政，政在养民”。他安抚百姓，免除徭役，施行仁政，斩杀叛乱的头领，很快平定叛乱。“其身正，不令而行；其身不正，虽令不从。”（《论语·子路》）由于贾琮谨慎行事，他的政策深得民心，得到百姓的赞扬和朝廷的嘉奖。黄巾军被打败后，各地赋税沉重，贾琮又因清廉能干被举荐派往冀州任刺史。去上任时，他摒弃旧制，没有招摇过市，而是亲自到各地考察民情。“公则生明，廉则生威”，那些贪赃枉法之人纷纷望风而逃，各地秩序稳定下来。这实在是“官多一分廉，民增一分福”。

“德如深山幽兰，不言自芳；欲似长堤蝼蚁，无孔不入。”

名节重于泰山，利欲轻于鸿毛。贾琮能做到独善其身，在于他把功名利禄看作身外之物，把品行道德作为立身之本。勤以为民，廉以养德，淡以明志，静以修身。传承的廉洁美德，对当代社会仍有明镜作用。因为这不仅仅是个人品行的体现，而且是中华美德的精华所在。

（李静注译　宋文燕评述）

徐　璆

【原文】

徐璆字孟玉，广陵海西人也。父淑，度辽将军，有名于边。璆少博学，辟公府，举高第。稍迁荆州刺史。时，董太后姊子张忠为南阳太守，因势放滥，臧罪数亿。璆临当之部，太后遣中常侍以忠属璆。璆对曰："臣身为国，不敢闻命。"太后怒，遽征忠为司隶校尉，以相威临。璆到州，举奏忠臧余一亿，使冠军县上簿诣大司农，以彰暴其事。又奏五郡太守及属县有臧污者，悉征案罪，威风大行。中平元年，与中郎将朱俊击黄巾贼于宛，破之。张忠怨璆，与诸阉官构造无端，璆遂以罪征。有破贼功，得免官归家。后再征，迁汝南太守，转东海相，所在化行。

献帝迁许，以廷尉征，当诣京师，道为袁术所劫，授璆以上公之位。璆乃叹曰："龚胜、鲍宣，独何人哉？守之必死！"术不敢逼。术死军破，璆得其盗国玺，及还许，上之，并送前所假汝南、东海二郡印绶。司徒赵温谓璆曰："君遭大难，犹存此邪？"璆曰："昔苏武困于匈奴，不坠七尺之节，况此方寸印乎？"

后拜太常，使持节拜曹操为丞相。操以相让璆，璆不敢当。卒于官。

选自《后汉书》卷四十八《徐璆传》

【译文】

徐璆，字孟玉，广陵海西人。徐璆的父亲徐淑，曾担任度辽将军，在边疆甚有名望。徐璆少年时，就学识渊博，受到公府的征召，又因考绩优异被举荐。后来，徐璆逐渐迁升为荆州刺史。当时，董太后姐姐的儿子张忠为南阳太守。张忠滥用职权，广索贿赂，所收贿赂竟达数亿之多。正好南阳为荆州所管辖。徐璆要到任时，太后派中常侍某人将张忠托付给徐璆。但徐璆回应道："微臣一心为国，不敢听从太后私人的懿旨。"太后听到后，勃然大怒，立即升张忠为司隶校尉，以威胁徐璆。徐璆到荆州府后，向皇帝举报张忠贪污一亿多，并派冠军县县令给大司农递送了有关这方面的书面材料，以公开张忠的事。徐璆又上奏五郡太守及属县的贪官污吏，结果，这些人全被按律处罚。这样，徐璆大大树立起自己的威信。汉灵帝中平元年，徐璆与中郎将朱俊携手在宛打败了黄巾军。为解检举之恨，张忠对徐璆进行疯狂的报复，他与宦官捏造罪名，使徐璆被审查。只是因为他击败黄巾军有大功劳，才得以被免官回家。后来，徐璆又被征召为汝南太守，又调任东海相。徐璆所到之处，教化大行。

汉献帝被迫迁都许昌，徐璆被任命为廷尉。徐璆正要到许昌去，可在路上被袁术派人劫走了，袁术授给他上公之位。徐璆感叹道："龚胜、鲍宣是何等人？如果袁术强迫我，我就一死了之！"结果，袁术不敢逼他。后来，袁术军败死后，徐璆得到袁术偷来的国玺。他在回到许昌时，就上交给朝廷，并且将曾为汝南、东海郡太守的印绶也一同交上去。对此，司徒赵温对徐璆说："您遭受大难，怎么还保存着它们？"徐璆慷慨激昂地说："从前，苏武被困在匈奴，不丢掉七尺旄节，何况这方寸宝印！"

后来，徐璆被汉献帝拜为太常，汉献帝派人拿着杖节去任命曹操为丞相。曹操要将丞相之位让给徐璆，徐璆不敢当。徐璆在太常任上去世。

【评述】

东汉末年，外戚和宦官当政，社会动荡。徐璆就生活在这样的历史环境之下，一般官场人士都以谨言慎行来保全自己，而徐璆却不然。一方面，他公然与太后作对，对太后的旨意决不屈从，对太后的威胁决不屈服，从而坚决检举揭发了太后外甥张忠贪赃枉法的罪行。另一方面，徐璆面对袁术许以上公之位的诱惑义正词严地拒绝。其凛然不可侵犯之神采，千古而下，仍让人敬佩。还有，徐璆历尽千辛万苦将袁术所得国玺和自己两个印绶一起交给朝廷，其忠心日月可鉴。

徐璆一身正气，与恶势力进行不屈不挠的斗争，其胆识与气魄来自他的一腔爱国情怀。正如前苏联教育家苏霍姆林斯基所说："热爱祖国，这是一种最纯洁、最敏锐、最高尚、最强烈、最温柔、最无情、最温存、最严酷的感情。一个真正热爱祖国的人，在各个方面都是一个真正的人。”他在屡经劫难中，像苏武持节牧羊一样，仍保守着国家的象征——国玺。所以，一个为官者，首先应是一个纯粹的爱国者。只有这样，他才能在种种诱惑面前“威武不能屈”。

（刘杨注译、评述）

邓　通

【原文】

邓通，蜀郡南安人也，以濯船为黄头郎。文帝尝梦欲上天，不能，有一黄头郎推上天，顾见其衣尻带后穿。觉而之渐台[①]，以梦中阴目求推者郎，见邓通，其衣后穿，梦中所见也。召问其名姓，姓邓，名通。邓犹登也，文帝甚说，尊幸之，日日异。通亦愿谨，不好外交，虽赐洗沐[②]，不欲出。于是文帝赏赐通巨万以十数，官至上大夫。

文帝时间如通家游戏，然通无他技能，不能有所荐达，独自谨身以媚上而已。上使善相人者相通，曰："当贫饿死。"上曰："能富通者在我，何说贫？"于是赐通蜀严道铜山，得自铸钱。邓氏钱布天下，其富如此。

文帝尝病痈，邓通常为上嗽吮之。上不乐，从容问曰："天下谁最爱我者乎？"通曰："宜莫若太子。"太子入问疾，上使太子齰痈。太子齰痈而色难之。已而闻通尝为上齰之，太子惭，由是心恨通。

及文帝崩，景帝立，邓通免，家居。居无何，人有告通盗出徼外铸钱，下吏验问，颇有，遂竟案，尽没入之，通家尚负责数巨万。长公主赐邓通，吏辄随没入之，一簪不得著身。于是长公主乃令假衣食。竟不得名一钱，寄死③人家。

选自《汉书》卷九十三《邓通传》

【注释】

①渐台：西汉长安城中未央宫附属建筑。

②洗沐：汉代官吏的休假，又称休沐。意为休息沐浴。汉制中朝官每五日回里舍休沐。

③寄死：死在所依附的人家中。

【译文】

邓通，蜀郡南安县人，因擅长持棹摇船而担任了黄头郎一职。汉文帝曾经在梦中想升天，不能如愿，恰有一名黄头郎从背后推着他上了天，他回头看见那人衣衫的横腰部分，衣带在背后打了结。梦醒后，汉文帝前往渐台，按梦中所见，暗自寻找推他上天的黄头郎。果然，不久就见到邓通，邓通的衣带恰好在身后打了个结，恰是汉文帝梦中所见。于是，汉文帝就把他召来，询问他的姓名，得知此人姓邓名通，而邓与登的读音相似（更加符合升天的梦境），由此，汉文帝十分高兴对其愈加宠幸。邓通老实谨慎，不喜欢和外人交往，虽然汉文帝给予他洗浴、休假的恩赐，他也不想外出。因此，汉文帝只好多多地赏赐他钱币，不计其数，而邓通也平步青云，官至上大夫。

汉文帝时不时地到邓通家游玩，但是邓通却没有别的什么才能，不能推荐贤士，只是自己处事谨慎，勤于谄媚汉文帝而已。有一次，汉文帝让善于相面的人给邓通相面，那人相面以后说："邓通当贫饿而死。"汉文帝说："能使邓通富贵的就是我，怎能说他会贫困呢？"于是文帝把蜀郡严道的铜山赏赐给了邓通，并给予其私人铸钱的特权，从此"邓氏钱"流通全国，邓通的富有程度可想而知。

汉文帝曾经得过痈疽病，邓通曾为文帝吮吸脓血。文帝不高兴，缓缓地问邓通说："天下谁最爱我呢？"邓通说："应该没有谁比得上太子更爱您的了。"太子前来看望汉文帝病情，汉文帝让太子给自己吮吸脓血，太子虽然吮吸了脓血，可是脸上却显露出为难之色。此后，太子听说邓通曾经主动为汉文帝吮吸脓血，心里感到惭愧，也因此怨恨邓通。

等到汉文帝驾崩，汉景帝即位，邓通被免职，在家闲居。过了不久，有人告发邓通私自在外铸钱。汉景帝令官员彻查此事，结果确有其事，于是全部收缴，并把邓通家的钱财全部没收充公，为此邓通家还欠债数量极多。长公主赏赐邓通的钱财，官吏也立即将其没收顶债，邓通连一只簪子也不能戴在头上，于是长公主就下令借给邓通日常衣食，供养他。邓通从此一文不名，最终寄人篱下，直至死去。

【评述】

邓通因衣着暗合汉文帝之梦而得以升迁，这种"官运"在中国封建政治史上实属罕见。而邓通也将其溜须拍马、阿谀奉承的本领发挥到了极致。他用尽浑身解数，以取媚于汉文帝。为了取宠，他主动给汉文帝吸吮脓疮。最终，任人唯亲的汉文帝将蜀郡严道的铜山都赐给了邓通，并给了他铸钱的特权。从此，“邓氏钱”流通全国，邓通“富甲天下”，而邓通也由此滑向了腐化的深渊。世事无常，钟情于谄媚的邓通终因“红过太子”而遭汉景帝严惩。

由此，我们可以得到三点启示：首先，俗话说“君子爱财，取之有道”。为官从政者，更应遵循此道。为官者乃民众公仆，当以为民众服务为己任，不可将代民众行使之公权力，作为非法获得个人私利的渠道或工具。其次，为官者，贪腐之心不可有。邓通从富甲天下到客死他乡，其人生轨迹形象地说明，贪腐之心可诱人误入歧途，并终将穷途末路。因此，树立健康的财富观，对于各级为官者至关重要。

（柳森注译、评述）

淳于长

【原文】

淳于长字子孺[①]，魏郡元城人也。少以太后姊子为黄门郎，未进幸。会大将军王凤病，长侍病，晨夜扶丞左右，甚为甥舅之恩。凤且终，以长属托太后及帝。帝嘉长义，拜为列校尉诸曹，迁水衡都尉侍中，至卫尉九卿。

久之，赵飞燕贵幸，上欲立以为皇后，太后以其所出微，难之。长主往来通语东宫。岁余，赵皇后得立，上甚德之，乃追显长前功，下诏曰："前将作大匠解万年奏请营作昌陵，罢弊海内，侍中卫尉长数白宜止徙家反故处，朕以长言下公卿，议者皆合长计。首建至策，民以康宁。其赐长爵关内侯。"后遂封为定陵侯，大见信用，贵倾公卿。外交诸侯牧守，赂遗赏赐亦累巨万。多畜妻妾，淫于声色，不奉法度。

初，许皇后坐执左道废处长定宫，而后姊嬿为龙頟思侯夫人，寡居。长与嬿私通，因取为小妻。许后因嬿赂遗长，欲求复为婕伃。长受许后金钱乘舆服御物前后千余万，诈许为白上，立以为左皇后。嬺每入长定宫，辄与嬺书，戏侮许后，嫚易[②]无不言。交通书记，赂遗连年。是时，帝舅曲阳侯王根为大司马票骑将军，辅政数岁，久病，数乞骸骨。长以外亲居九卿位，次第当代根。根兄子新都侯王莽心害长宠，私闻长取许嬺，受长定宫赂遗。莽侍曲阳侯疾，因言："长见将军久病，意喜，自以当代辅政，至对衣冠议语署置。"具言其罪过。根怒曰："即如是，何不白也?"莽曰："未知将军意，故未敢言。"根曰："趣白东宫。"莽求见太后，具言长骄佚，欲代曲阳侯，对莽母上车[③]，私与长定贵人姊通，受取其衣物。太后亦怒曰："儿至如此！往白之帝!"莽白上，上乃免长官，遣就国。

初，长为侍中，奉两宫使，亲密。红阳侯立独不得为大司马辅政，立自疑为长毁谮，常怨毒长。上知之。及长当就国也，立嗣子融从长请车骑，长以珍宝因融重遗立，立因为长言。于是天子疑焉，下有司案验。吏捕融，立令融自杀以灭口。上愈疑其有大奸，遂逮长系洛阳诏狱穷治。长具服戏侮长定宫，谋立左皇后。罪至大逆，死狱中。妻子当坐者徙合浦，母若归故郡。红阳侯立就国。将军、卿、大夫、郡守坐长免罢者数十人。莽遂代根为大司马。久之，还长母及子酺于长安。后酺有罪，莽复杀之，徙其家属归故郡。

始，长以外亲亲近，其爱幸不及富平侯张放。放常与上卧起，俱为微行出入。

选自《汉书》卷九十三《淳于长传》

【注释】

①禠（rú）：同“孺”。

②嫚（màn）易：和缓。

③对莽母上车：《汉书》颜师古注认为，王莽之母是淳于长的舅母，上车时应避开，若当面上车，则不敬。

【译文】

淳于长字子禠，是魏郡元城县人。年少时就依靠是太后姐姐的儿子的身份做了黄门郎，但没有得到重用和宠幸。后来大将军王凤生病，淳于长伺候病人，早晚在他身边陪护，表现得很有甥舅之情。王凤临终之时，把淳于长托付给太后和成帝。成帝很赞赏淳于长有情有义，就任命他为校尉诸曹官，又升任水衡都尉加侍中，一直做到了九卿之一的卫尉。

过了很久，赵飞燕受到皇帝宠幸，皇上想将立她为皇后，太后认为她出身卑微，不同意这件事。淳于长负责往来东宫传话。过了一年多，赵皇后得到了册封，皇上很感激淳于长，于是补封表彰他之前的功劳，下诏说：“原先将作大将解万年奏请营建昌陵，结果让全国百姓疲劳困乏，侍中卫尉淳于长多次奏报应当停止让百姓搬迁，而应让他们返回原地，我把淳于长的建议下达公卿议论。议论的人都赞同淳于长的主意。首倡佳议，百姓也因此康乐安定。因此赐予淳于长关内侯的爵位。”后来，最终封为定陵侯，大受皇帝信任，显贵胜过公卿大臣。淳于长对外与各地诸侯以及州牧郡守交往，所收受的赠送和赏赐的钱财多达巨万。他还妻妾成群，终日沉溺在女色之中，不奉行法度规定。

当初，许皇后因行歪门邪道而被废黜，居住在长定宫，而许废后的姐姐许孊为龙頟思侯夫人，守寡独居。淳于长与许孊通奸，后又娶为妾。许废后就通过许孊去贿赂淳于长，想要通过他说情重新再做婕妤。淳于长前后收受许废后赠送的金钱以及车马服饰、宫内用品价值一千多万，假意答应替她奏请皇上，立她为左皇后。许孊每次去长定宫，淳于长就让许孊带信，戏弄轻侮许废后，总是说一些拖延的话。就这样互通书信，许废后连年向淳于长馈赠钱物。当时，成帝的舅父曲阳侯王根为大司马骠骑将军，已经辅政多年，因常年患病，数次请求退休。淳于长凭借外戚身份位列九卿之位，按正常次序应当接替王根任大司马。王根兄长之子新都侯王莽心里嫉妒淳于长受宠，私下里听说淳于长娶了许孊为妾，还收受长定宫许废后的贿赂。王莽借伺候王根病的机会，对王根说：“淳于长见到将军长期卧病，心里很高兴，自以为应该接替您辅佐朝政，甚至已经和士大夫们议论官职的设置。”把淳于长的罪过一一告诉王根。王根生气地说：“既然如此，你怎么不早告诉我?”，王莽回答道：“不知将军怎么想的，所以没敢来跟您说。”王根说：“赶快去禀告东宫皇太后。”王莽就去求见皇太后，详细说了淳于长骄奢淫逸、想接替曲阳侯、对王莽的母亲不敬重、与长定宫许废后的姐姐私通、接受她的衣物等罪过。皇太后也发怒道：“这孩子到这般地步了！去把这件事禀告皇帝!”王莽禀告了皇上，皇上于是免去了淳于长的官职，并遣送回封国。

起初，淳于长做侍中，作为太后和皇帝的使者在中间传话，跟他们关系密切。红阳侯王立不能任大司马辅佐朝政，就怀疑是受到了淳于长的诽谤，因此常怨恨淳于长。皇上知道他们之间的恩怨。等到淳于长被遣回封国，王立的嫡长子王融向淳于长索要原属淳于长的车马仪仗，淳于长趁机通过王融厚赠王立珍宝，王立于是帮淳于长说话。王立忽然反过来替淳于长求情，皇上很是怀疑，就把这件事交司法机关去调查。后来狱吏逮捕了王融，王立就让王融自杀灭口。这样皇上就更加怀疑他们之间的奸恶勾当，就把淳于长抓进洛阳的牢狱彻底查办。淳于长于是全部供认自己戏弄轻侮长定宫许废后，为她谋划立为左皇后。罪行大逆不道，最后死在监狱中。他的妻子儿女应当连坐治罪的都流放到合浦，母亲王若回到原籍。红阳侯王立遣回封国。将军、卿、大夫、郡太守受淳于长一案牵连而遭免职的有几十人。王莽终于代替王根做了大司马。过了很长时间，又让淳于长的母亲和儿子王酺回到长安。后来王酺犯罪，王莽又杀了他，又把他的家属遣返故乡。

开始时，淳于长凭借自己外戚的身份有幸亲近天子，但他所受的宠幸远比不上富平侯张放。张放经常伴随皇上起居，还和皇上一起穿便服，微行出入宫廷。

【评述】

通过总结淳于长的人生轨迹，我们不难发现，他的所作所为无一不与贪婪、钻营、腐败联系在一起。他身为皇家贵戚不但不恭俭谦让，而且大肆运用自己的特殊身份以达到其不可告人的目的。

年轻时，淳于长凭借是太后姐姐儿子的身份做了黄门郎，往来出入于宫廷之中，结交显贵人士，伺机钻营。后来碰到大将军王凤生病的机会，就极尽阿谀奉承之能事，日夜服侍不离左右，从而得到成帝的褒奖与信任，从黄门郎升迁为卫尉，成为皇帝身边的宠臣。随后，因赵飞燕立后之事又立大功，从而巩固了自己的地位，并开始变本加厉地开始他的疯狂敛财之路，曾达到“赂遗赏赐亦累巨万”的程度。在短短一年的时间里接受贿赂的钱财“千余万”，过着声色犬马、骄奢淫逸的生活。在许皇后被废之后，淳于长充分利用自己在皇帝身边的特殊身份，假意帮助许皇后向皇帝求情，从而骗取大量钱物；他还与许皇后的姐姐私通，扰乱后宫。后来，朝中大司马王根因病请辞，淳于长和王莽都觊觎这一职位，开始了又一系列钩心斗角的权利之争。在这场较量中，因王莽掌握了淳于长大量受贿劣迹，故而向太后揭发检举，使其被免去官职。而淳于长不甘被免职又贿赂红阳侯王立，最终导致成帝的警觉，发现了他以往的种种诱骗索贿的行为，将其诛杀。

淳于长一生在政治舞台上混迹十余年，可以说没有做出任何有利于国民的事情。这种人占据要职，无疑使当时的政治更加腐败、黑暗。他的一生毁在一个“贪”字上，贪腐的后果不仅使自己终死狱中，还害得自己的妻子儿女流放远方，老母也不得安宁，实在值得为官者警戒。

（刘杨注译、评述）

侯　览

【原文】

侯览者，山阳防东人。桓帝初为中常侍，以佞猾进，倚势贪放，受纳货遗以巨万计。延熹中，连岁征伐，府帑空虚，乃假百官奉禄，王侯租税。览亦上缣五千匹，赐爵关内侯。又托以与议诛梁冀功，进封高乡侯。

小黄门段珪家在济阴，与览并立田业，近济北界，仆从宾客侵犯百姓，劫掠行旅。济北相滕延一切收捕，杀数十人，陈尸路衢。览、珪大怨，以事诉帝，延坐多杀无辜，征诣廷尉，免。延字伯行，北海人，后为京兆尹，有理名，世称为长者。

览等得此愈放纵。览兄参为益州刺史，民有丰富者，辄诬以大逆，皆诛灭之，没入财物，前后累亿计。太尉杨秉奏参，槛车征，于道自杀。京兆尹袁逢于旅舍阅参车三百余两，皆金银锦帛珍玩，不可胜数。览坐免，旋复复官。

建宁二年，丧母还家，大起茔冢。督邮张俭因举奏览贪侈奢纵，前后请夺人宅三百八十一所，田百一十八顷。起立第宅十有六区，皆有高楼池苑，堂阁相望，饰以绮画丹漆之属，制度重深，僭类宫省。又豫作寿冢，石椁双阙，高庑百尺，破人居室，发掘坟墓。虏夺良人，妻略妇子，及诸罪衅，请诛之。而览伺候遮截，章竟不上。俭遂破览冢宅，籍没资财，具言罪状。又奏览母生时交通宾客，干乱郡国。复不得御。览遂诬俭为钩党，及故长乐少府李膺、太仆杜密等，皆夷灭之。遂代曹节领长乐太仆。

熹平元年，有司举奏览专权骄奢，策收印绶，自杀。阿党者皆免。

选自《后汉书》卷七十八《侯览传》

【译文】

侯览，山阳郡防东县人。汉桓帝初年任中常侍，靠谄媚狡猾而得以晋升，仗势贪婪恣肆，收受的贿赂、馈赠数以万计。延熹年间，国家由于连年征伐，国库空虚，于是借用官员俸禄和王侯租税以补亏空。侯览也献出五千匹缣帛，因此被赐爵关内侯。后来又因参与谋划诛杀梁冀的功劳，晋封为高乡侯。

小黄门官段珪家住济阴，与侯览一起置办田产，所置田产在济北边界附近。他们的奴仆、门客经常侵夺百姓财产，劫掠过往行人。济北相滕延把他们全部捉拿归案，最后处死了几十人，还将他们的尸体摆在大路上。侯览、段珪因此非常仇恨滕延，就把这件事报告给了桓帝，滕延因滥杀无辜的罪名被移送廷尉那里审理，最后判处免去他的官职。滕延，字伯行，北海（在今山东青州市东部、潍坊市、莱州市西部一带）人。后来曾担任京兆尹，颇有政绩，世人称他为忠厚长者。

侯览等人此次得逞后越发放纵。侯览的哥哥侯参是益州刺史，辖内百姓如果富有家财，他就会诬陷他们犯有大逆不道之罪，将其统统处死，然后没收他们的家财，通过这种做法他前前后后搜刮财产数以亿计。太尉杨秉上折参奏侯参，侯参就被用囚车押回，结果他在路上自杀了。京兆尹袁逢在旅舍查看侯参搜刮的财物，共有三百余辆车，里面装的全是金银锦帛、珍宝古玩，不可胜数。侯览因此事获罪，被免去官职，但不久又官复原职。

建宁二年（169），侯览因母亲去世而回到家乡，大肆修建陵墓。督邮张俭因此参奏侯览贪奢无度，放纵恣肆，先后夺取他人宅第三百八十一所，田地一百一十八顷；还建造宅第十六处，均是高楼池苑，楼阁高堂相对，并用彩画丹漆进行装饰，规模宏伟，僭越采用宫中形制；他还预先建造自己的坟茔，做石制外棺，两个门楼，陵园廊庑有百尺之高；他毁坏他人房屋，捣毁别家坟墓；抢夺良善之人，霸占别家女子。还罗列了其他诸多罪状，奏请桓帝将其处死。然而侯览伺机拦下奏章，最后都没有上报给桓帝。于是张俭捣毁了侯览的陵冢、宅第，并没收了他的家财，详细列举他的罪状。还参奏侯览的母亲生前交结宾朋，扰乱了郡国秩序。这个奏章仍然没能够呈交给桓帝。侯览于是诬陷张俭是党人，同时还诬告了前长乐少府李膺、太仆杜密等人，这些人最后都被灭族。侯览从而代替曹节兼领长乐太仆一职。

熹平元年（172），有关部门参奏侯览专权跋扈，桓帝就下诏收回侯览的印绶，侯览则自杀。阿附侯览的那些人也都被免去官职。

【评述】

《易经·传》有言："积善之家，必有余庆；积不善之家，必有余殃。"对此，寻常百姓有更为朴素的表述："善有善报，恶有恶报，不是不报，时候未到。"对于这样一个浅显的道理，却总是有一些人不以为然，抛诸脑后。而这样做的结局也只有最终走向穷途末路。东汉时期的宦官侯览，便是这群人中很有代表性的一员。虽然这些说法并不能一概归为"报应"的结果，但是"多行不义必自毙"却是个亘古不变的真理。

侯览依靠阿谀奉承、攀附权势而得到重用。所有贪官恶吏的恶行在侯览身上皆可寻到。侯览秉内廷重臣之名，而行盗匪强梁之举，他侵吞田产，劫掠百姓，排除异己，构陷良善，种种恶行令人发指。

大凡似侯览者，都是些利欲熏心、丧心病狂的天良泯灭之徒。他们缺乏最根本的道德与良知，更遑论自省自爱，这也使得他们在错误的道路上渐行渐远，最终自取灭亡。侯览的兄长侯参和他是一丘之貉，被太尉杨秉弹劾，被免职抄家后畏罪自杀。侯览也因此受到牵连获罪，被免去官职。应该说，这给侯览敲响了警钟，他应该借此机会好好思考自己的所作所为，痛改前非。然而，侯览却不知悔改，在官复原职后依然我行我素，甚至变本加厉地强取豪夺，欺上瞒下，残害忠良。最终被罢免而自杀，重蹈其兄之覆辙。

由此可见，如侯览一般的巨恶元凶、骄奢专权之徒最终只会自取灭亡，被无数后人所不齿和唾弃。

（胡宏哲译文、评述）

张　让

【原文】

张让者，颍川人；赵忠者，安平人也。少皆给事省中，桓帝时为小黄门。忠以与诛梁冀功封都乡侯。延熹八年，黜为关内侯，食本县租千斛。

灵帝时，让、忠并迁中常侍，封列侯，与曹节、王甫等相为表里。节死后，忠领大长秋。让有监奴①典任家事，交通货赂，威形喧赫。扶风人孟佗，资产饶赡，与奴朋结，倾竭馈问，无所遗爱。奴咸德之，问佗曰："君何所欲？力能办也。"曰："吾望汝曹为我一拜耳。"时宾客求谒让者，车恒数百千两，佗时诣让，后至，不得进，监奴乃率诸仓头迎拜于路，遂共轝②车入门。宾客咸惊，谓佗善于让，皆争以珍玩赂之。佗分以遗让，让大喜，遂以佗为凉州刺史。

是时让、忠及夏恽、郭胜、孙璋、毕岚、栗嵩、段珪、高望、张恭、韩悝、宋典十二人，皆为中常侍，封侯贵宠，父兄子弟布列州郡，所在贪残，为人蠹害。黄巾既作，盗贼糜沸，郎中中山张钧上书曰："窃惟张角所以能兴兵作乱，万人所以乐附之者，其源皆由十常侍多放父兄、子弟、婚亲、宾客典据州郡，辜榷[3]财利，侵掠百姓，百姓之冤无所告诉，故谋议不轨，聚为盗贼。宜斩十常侍，县头南郊，以谢百姓，又遣使者布告天下，可不须师旅，而大寇自消。"天子以钧章示让等，皆免冠徒跣顿首，乞自致洛阳诏狱，并出家财以助军费。有诏皆冠履视事如故。帝怒钧曰："此真狂子也。十常侍固当有一人善者不?"钧复重上，犹如前章，辄寝不报。诏使廷尉、侍御史考为张角道者，御史承让等旨，遂诬奏钧学黄巾道，收掠死狱中。而让等实多与张角交通。后中常侍封谞、徐奉事独发觉坐诛，帝因怒诘让等曰："汝曹常言党人欲为不轨，皆令禁锢，或有伏诛。今党人更为国用，汝曹反与张角通，为可斩未?"皆叩头云："故中常侍王甫、侯览所为。"帝乃止。

明年，南宫灾。让、忠等说帝令敛天下田亩税十钱，以修宫室。发太原、河东、狄道诸郡材木及文石，每州郡部送至京师，黄门常侍辄令谴呵不中者，因强折贱买，十分雇一，因复货之于宦官，复不为即受，材木遂至腐积，宫室连年不成。刺史、太守复增私调，百姓呼嗟。凡诏所征求，皆令西园驺密约敕，号曰"中使"，恐动州郡，多受赇赂。刺史、二千石及茂才孝廉迁除，皆责助军修宫钱，大郡至二三千万，余各有差。当之官者，皆先至西园谐价，然后得去。有钱不毕者，或至自杀。其守清者，乞不之官，皆迫遣之。

时巨鹿太守河内司马直新除，以有清名，减责三百万。直被诏，怅然曰："为民父母，而反割剥百姓，以称时求，吾不忍也。"辞疾，不听，行至孟津，上书极陈当世之失，古今祸败之戒，即吞药自杀。书奏，帝为暂绝修宫钱。

又造万金堂于西园，引司农金钱缯帛，仞积其中。又还河间买田宅，起第观。帝本侯家，宿贫，每叹桓帝不能作家居，故聚为私臧，复寄小黄门常侍钱各数千万。常云："张常侍是我公，赵常侍是我母。"宦者得志，无所惮畏，并起第宅，拟则宫室。帝常登永安候台，宦官恐其望见居处，乃使中大人尚但谏曰："天子不当登高，登高则百姓虚散。"自是不敢复升台榭。

明年，遂使钩盾令宋典缮修南宫玉堂。又使掖庭令毕岚铸铜人四列于仓龙、玄武阙，又铸四钟，皆受二千斛，县于玉堂及云台殿前。又铸天禄虾蟆，吐水于平门外桥东，转水入宫。又作翻车渴乌[④]，施于桥西，用洒南北郊路，以省百姓洒道之费。又铸四出文钱，钱皆四道。识者窃言侈虐已甚，形象兆见，此钱成，必四道而去。及京师大乱，钱果流布四海。复以忠为车骑将军，百余日罢。

六年，帝崩。中军校尉袁绍说大将军何进，令诛中官以悦天下。谋泄，让、忠等因进入省，遂共杀进。而绍勒兵斩忠，捕宦官无少长悉斩之。让等数十人劫质天子走河上。追急，让等悲哭辞曰："臣等殄灭，天下乱矣。惟陛下自爱！"皆投河而死。

选自《后汉书》卷七十八《张让、赵忠传》

【注释】

①监奴：汉代称主管家务的奴仆为监奴，其地位比普通的家奴高，常获主子信任，有的甚至被视为心腹，他们不仅负责管理家务，甚至还出谋献策，为主人效劳。

②轝（yú）：同"舆"，抬，扛。

③辜榷：搜括；聚敛。王念孙《读书杂志·汉书十六》："今案辜榷，双声字也。《广雅》曰：'嫴榷，都凡也。'故总括财利谓之辜榷。"

④渴乌：古代汲水用的曲筒。

【译文】

张让，颍川人；赵忠，安平人。他们从小就在宫中做事，汉桓帝时担任小黄门。赵忠因参与诛杀梁冀有功被封为都乡侯。延熹八年（165），被降为关内侯，享受本县一千斛的租粮。

汉灵帝时，张让、赵忠一起升任中常侍，还封为列侯，与曹节、王甫等人内外呼应。曹节死后，赵忠兼任大长秋。张让的监奴主管家庭事务，徇私枉法，收受贿赂，声势显赫。有个扶风人孟佗，资产富足，与张让的监奴结为朋党，尽其所有去馈赠慰问，任何心爱之物他都在所不惜。奴仆们都感激他，就问孟佗说："您想要什么？就我们所能帮你办。"孟佗说："我希望你们给我行一次拜礼。"当时请求拜见张让的宾客很多，车子经常多达成百上千辆，孟佗此时也去拜见张让，但是来得晚，就进不去，张让的监奴于是率领其他奴仆在路边拜迎孟佗，还一起抬着车子进了门。宾客们都很震惊，认为孟佗同张让的关系密切，都争相用奇珍异宝贿赂他。孟佗拿出其中的一部分送给张让，张让很高兴，就任命孟佗担任凉州刺史。

当时张让、赵忠和夏恽、郭胜、孙璋、毕岚、栗嵩、段珪、高望、张恭、韩悝、宋典等十二个人，都担任中常侍。他们被封为列侯，又显贵受宠，父兄子弟都安插在州郡里面做官，贪婪残暴，为害一方百姓。黄巾军起兵后，盗贼作乱，任郎中的中山人张钧上书说："我认为张角之所以能兴兵作乱，成千上万的人之所以都愿意跟随他，其根源在于十常侍大多让他们的父兄、子弟、姻亲和宾客盘踞在各州郡，搜刮钱财，掠夺百姓。老百姓的冤情无处申诉，所以就图谋不轨，聚集在一起成为盗贼。所以应该杀掉十常侍，把他们的头悬挂在南郊，以向百姓谢罪，另外派使者昭告天下，这样就能不劳师动众，而盗贼自然就被消灭了。"皇帝把张钧的奏章给张让等人看，他们看了都除去冠帽，赤着双脚叩头在地，请求把自己送到洛阳的牢狱，而且还要拿出家产资助军队的费用。皇帝诏令他们戴好头冠，穿好鞋，任职处事还和以前一样。因为这件事，皇帝很生张钧的气，说："这真是个狂人，十常侍中难道没有一个是好的？"张钧再次上书，内容和上次一样，就被搁置起来不予上报。皇帝诏令廷尉和侍御史审查施行张角道术的人，御史就按照张让等人的意思，诬告张钧学习黄巾军的道术，并把他抓进牢狱拷打致死。实际上张让等人倒和张角有很多往来。后来只有中常侍封谞、徐奉因与张角往来的事情泄露而被杀，皇帝因此生气地责备张让等人说："你们常说党人图谋不轨，下令把他们都关起来不许做官，有的还被杀头。现在党人又在为国效命了，你们反倒和张角私通，是不是该杀？"张让等人都叩头说："都是原中常侍王甫和侯览做的。"皇帝于是不再追究。

第二年，南宫发生火灾。张让和赵忠等人劝谏皇帝下令天下每亩田收十钱税，用来整修宫室。还调发太原、河东、狄道等郡的木材及有花纹的石头，各州郡负责押送至京师，黄门常侍每每责骂那些所送不合标准的，趁机强行折价贱买，十成只给原价的一成，又将这些东西转卖给宦官，但因为宦官又不马上接受，以致木材堆积腐烂，而宫室连续几年都没有修成。刺史、太守又私自增加征调额，百姓叫苦连天。凡是皇上下诏所征求之物，都是派西园骑士秘密规约诫饬，他们被称为"宫内的使者"，到地方后，惊动州郡，引发恐慌，大量收受贿赂。刺史、太守以及茂才、孝廉的升迁、任命，都责令他们出钱资助军费和修宫，大的郡所交多达两三千万，其余的则多少不一。将要上任的官员，都要先到西园议价成交，然后才能动身。有的钱不够，甚至为此自杀。那些清廉自守之官，乞求不去上任，但也都被强迫送去。

当时巨鹿太守河内人司马直新被授任，因为有清廉之名，才被减去三百万的任务。司马直奉诏后，忧愁地说："做百姓的父母官，反要去盘剥百姓，来应付一时的需求，我不忍心。"于是推说有病，但没被批准。他到了孟津时，上书极力指陈当朝的失误，以及古往今来灾祸败亡的教训，然后服毒自杀。奏章上达后，皇帝为此才暂停征收修宫之钱。

又在西园建造万金堂，把大司农掌管的金银丝帛堆积在里边。还回到河间置办田宅，建造楼台房屋。灵帝本来出身诸侯家庭，向来清贫，常常叹息桓帝没能建造家中住宅，因此他聚敛财物以私藏，又在小黄门、常侍那里各寄存几千万钱。他常说："张常侍是我父亲，赵常侍是我母亲。"宦官得志后，肆无忌惮，全都修建宅第，并且都是比照宫室的样式而建。灵帝经常登上永安宫的瞭望台，宦官担心他望见他们在外边的居所，就让中大人尚但劝阻说："天子不应当登那么高，天子登高，百姓就会离散而去。"从此灵帝不敢再登台榭了。

第二年，皇帝派钩盾去令宋典修理南宫玉堂。又派掖庭令毕岚铸造铜人陈列在苍龙阙、玄武阙。还铸造四口大钟，每口都能容纳二千斛，悬挂在玉堂和云台殿前。又铸造天禄虾蟆，在平门外桥东吐水，水辗转流入宫内。又制造了引水用的翻车和渴乌，放在桥西，用来喷洒南北郊的道路，以节省百姓喷洒道路的费用。还铸造了有四出之纹的钱，钱上都有四条纹路。明白人私下议论说，权臣奢侈暴虐得太严重了，上天将要降惩罚，征兆已经出现，这种钱铸成，一定向四方流散。后来京师大乱时，钱果然流散到全国各地。皇帝又任命赵忠为车骑将军，但做了一百多天就被罢免了。

中平六年（189），汉灵帝驾崩。中军校尉袁绍向大将军何进进言，建议下令诛杀宦官以取悦天下百姓。但是他们的计划泄露了，张让、赵忠等人趁何进入宫之机，一起杀死了何进。袁绍率领军队斩杀赵忠，抓捕宦官，无论老少一律处死。张让等几十人劫持天子为人质逃到了黄河边。被追得很紧，张让等人哭着向皇帝辞别说："臣等被诛杀，天下就大乱了。望陛下自己珍重！"他们全部投河自杀。

【评述】

张让等十常侍的贪婪、罪恶的一生，后人看后，颇多感慨。他们能够如此嚣张跋扈，与当时强大的宦官势力有很大关系。

作为宦官，张让或许是成功的。他由最初的宫内小太监一步步地升官封侯，终至宦官中最高的职位"中常侍"，在皇帝面前随时准备"顾问应对"，出入禁宫，可以说是位极人臣，权倾朝野。

但权势的至尊并没有满足张让的贪欲，对于权、钱的贪婪追求可以说是张让一生的写照。张让极度地汲取民脂民膏，聚敛财富。他不仅巧立名目搜刮民财，而且还公然卖官鬻爵，向官吏索取贿赂，"不从者奏罢职"。他声势显赫，门庭若市，"时宾客求谒让者，车恒数百千两"。他借口宫内灾异，极力劝说汉灵帝修筑宫室，借此聚敛钱财，致使百姓呼嗟；官吏升官上任，皆要求捐助军资及修筑宫室之钱物；新为官者，需要先经其议价，然后才得以上任，不出钱者，即遭其迫害致死，不做官也会遭其迫害，使人进退维谷。搜刮来的钱财为张让的大肆挥霍铺平了道路。他为自己建造的宅第，豪华程度竟可与皇上的宫室相比，以致他想方设法不让皇帝看到，以免受到皇帝的责备。

"一人得道，鸡犬升天"，张让的得势，伴随的是其父兄、子弟、婚亲甚至宾客的“布列州郡”。他们一个个“所在贪残”，侵掠百姓。就连其家奴都是多方勾结官吏，收受贿赂，声势显赫，一副小人得志、狗仗人势的嘴脸。

张让文不能安邦，武不能定国，专靠阿谀奉承得到了皇上的宠信，从而权重一时。但把一切都建立在别人宠信的基础上，总不会长久的。张让小人得志的专横与残暴，终究也难免不得善终的命运，最终在与外戚的争斗中投河自尽。可谓善有善报，恶有恶报！

（周建清注译　孙保珍评述）

梁　冀

【原文】

冀字伯卓。为人鸢肩豺目，洞精目眖眪[1]，口吟舌言，裁能书计。少为贵戚，逸游自恣。性嗜酒，能挽满、弹棋、格五、六博、蹴鞠、意钱之戏，又好臂鹰走狗，骋马斗鸡。初为黄门侍郎，转侍中、虎贲中郎将，越骑、步兵校尉，执金吾。

永和元年，拜河南尹。冀居职暴恣，多非法，父商所亲客洛阳令吕放，颇与商言及冀之短，商以让冀，冀即遣人于道刺杀放。而恐商知之，乃推疑于放之怨仇，请以放弟禹为洛阳令，使捕之，尽灭其宗亲、宾客百余人。

商薨未及葬，顺帝乃拜冀为大将军，弟侍中不疑为河南尹。

及帝崩，冲帝始在襁褓，太后临朝，诏冀与太傅赵峻、太尉李固参录尚书事。冀虽辞不肯当，而侈暴滋甚。

冲帝又崩，冀立质帝。帝少而聪慧，知冀骄横，尝朝群臣，目冀曰："此跋扈将军也。"冀闻，深恶之，遂令左右进鸩加煮饼，帝即日崩。

复立桓帝，而枉害李固及前太尉杜乔，海内嗟惧，语在《李固传》。建和元年，益封冀万三千户，增大将军府举高第茂才，官属倍于三公。又封不疑为颍阳侯，不疑弟蒙西平侯，冀子胤襄邑侯，各万户。和平元年，重增封冀万户，并前所袭合三万户。

弘农人宰宣素性佞邪，欲取媚于冀，乃上言大将军有周公之功，今既封诸子，则其妻宜为邑君[②]。诏遂封冀妻孙寿为襄城君，兼食阳翟租，岁入五千万，加赐赤绂，比长公主。寿色美而善为妖态，作愁眉，啼妆，堕马髻，折腰步，龋齿笑，以为媚惑。冀亦改易舆服之制，作平上軿车，埤帻，狭冠，折上巾，拥身扇，狐尾单衣。寿性钳忌，能制御冀，冀甚宠惮之。

初，父商献美人友通期于顺帝，通期有微过，帝以归商，商不敢留而出嫁之，冀即遣客盗还通期。会商薨，冀行服，于城西私与之居。寿伺冀出，多从仓头，篡取通期归，截发刮面，笞掠之，欲上书告其事。冀大恐，顿首请于寿母，寿亦不得已而止。冀犹复与私通，生子伯玉，匿不敢出。寿寻知之，使子胤诛灭友氏，冀虑寿害伯玉，常置复壁中。冀爱监奴秦宫，官至太仓令，得出入寿所。寿见宫，辄屏御者，托以言事，因与私焉。宫内外兼宠，威权大震，刺史、二千石皆谒辞之。

冀用寿言，多斥夺诸梁在位者，外以谦让，而实崇孙氏宗亲。冒名而为侍中、卿、校尉、郡守、长吏者十余人，皆贪叨凶淫，各遣私客籍属县富人，被以它罪，闭狱掠拷，使出钱自赎，赀物少者至于死徙。扶风人士孙奋居富而性吝，冀因以马乘遗之，从贷钱五千万，奋以三千万与之，冀大怒，乃告郡县，认奋母为其守臧婢，云盗白珠十斛、紫金千斤以叛，遂收考奋兄弟，死于狱中，悉没赀财亿七千余万。

其四方调发，岁时贡献，皆先输上第于冀，乘舆乃其次焉。吏人赍货求官请罪者，道路相望。冀又遣客出塞，交通外国，广求异物。因行道路，发取伎女御者，而使人复乘势横暴，妻略妇女，欧击吏卒，所在怨毒。

冀乃大起第舍，而寿亦对街为宅，殚极土木，互相夸竞。堂寝皆有阴阳奥室，连房洞户。柱壁雕镂，加以铜漆；窗牖皆有绮疏青琐，图以云气仙灵。台阁周通，更相临望；飞梁石蹬，陵跨水道。金玉珠玑，异方珍怪，充积臧室。远致汗血名马。又广开园囿，采土筑山，十里九坂，以像二崤，深林绝涧，有若自然，奇禽驯兽，飞走其间。冀、寿共乘辇车，张羽盖，饰以金银，游观第内，多从倡伎，鸣钟吹管，酣讴竟路。或连继日夜，以骋娱恣。客到门不得通，皆请谢门者，门者累千金。又多拓林苑，禁同王家，西至弘农，东界荥阳，南极鲁阳，北达河、淇，包含山薮，远带丘荒，周旋封域，殆将千里。又起菟苑于河南城西，经亘数十里，发属县卒徒，缮修楼观，数年乃成。移檄所在，调发生菟，刻其毛以为识，人有犯者，罪至刑死。尝有西域贾胡，不知禁忌，误杀一兔，转相告言，坐死者十余人。冀二弟尝私遣人出猎上党，冀闻而捕其宾客，一时杀三十余人，无生还者。冀又起别第于城西，以纳奸亡。或取良人，悉为奴婢，至数千人，名曰“自卖人”。

元嘉元年，帝以冀有援立之功，欲崇殊典，乃大会公卿，共议其礼。于是有司奏冀入朝不趋，剑履上殿，谒赞不名，礼仪比萧何；悉以定陶、成阳余户增封为四县，比邓禹；赏赐金钱、奴婢、彩帛、车马、衣服、甲第，比霍光；以殊元勋。每朝会，与三公绝席。十日一入，平尚书事。宣布天下，为万世法。冀犹以所奏礼薄，意不悦。专擅威柄，凶恣日积，机事大小，莫不咨决之。宫卫近侍，并所亲树。禁省起居，纤微必知。百官迁召，皆先到冀门笺檄谢恩，然后敢诣尚书。下邳人吴树为宛令，之官辞冀，冀宾客布在县界，以情托树。树对曰：“小人奸蠹，比屋可诛。明将军以椒房之重[3]，处上将之位，宜崇贤善，以补朝阙。宛为大都，士之渊薮，自侍坐以来，未闻称一长者，而多托非人，诚非敢闻！”冀嘿然不悦。树到县，遂诛杀冀客为人害者数十人，由是深怨之。树后为荆州刺史，临去辞冀，冀为设酒，因鸩之，树出，死车上。又辽东太守侯猛，初拜不谒，冀托以它事，乃腰斩之。

时，郎中汝南袁著，年十九，见冀凶纵，不胜其愤，乃诣阙上书曰："臣闻仲尼叹凤鸟不至，河不出图，自伤卑贱，不能致也。今陛下居得致之位，又有能致之资，而和气未应，贤愚失序者，势分权臣，上下壅隔之故也。夫四时之运，功成则退，高爵厚宠，鲜不致灾。今大将军位极功成，可为至戒，宜遵悬车之礼[④]，高枕颐神。《传》曰：'木实繁者，披枝害心。'若不抑损权盛，将无以全其身矣。左右闻臣言，将侧目切齿，臣特以童蒙见拔，故敢忘忌讳。昔舜、禹相戒无若丹朱，周公戒成王无如殷王纣，愿除诽谤之罪，以开天下之口。"书得奏御，冀闻而密遣掩捕著。著乃变易姓名，后托病伪死，结蒲为人，市棺殡送。冀廉问知其诈，阴求得，笞杀之，隐蔽其事。学生桂阳刘常，当世名儒，素善于著，冀召补令史以辱之。时，太原郝絜、胡武，皆危言高论，与著友善。先是，絜等连名奏记三府，荐海内高士，而不诣冀，冀追怒之，又疑为著党，敕中都官移檄捕前奏记者并杀之，遂诛武家，死者六十余人。絜初逃亡，知不得免，因舆榇奏书冀门。书入，仰药而死，家乃得全。及冀诛，有诏以礼祀著等。冀诸忍忌，皆此类也。

不疑好经书，善待士，冀阴疾之，因中常侍白帝，转为光禄勋，又讽众人共荐其子胤为河南尹。胤一名胡狗，时年十六，容貌甚陋，不胜冠带，道路见者，莫不蚩笑焉。不疑自耻兄弟有隙，遂让位归第，与弟蒙闭门自守。

冀不欲令与宾客交通，阴使人变服至门，记往来者。南郡太守马融、江夏太守田明，初除，过谒不疑，冀讽州郡以它事陷之，皆髡笞徙朔方。融自刺不殊，明遂死于路。

永兴二年，封不疑子马为颍阴侯，胤子桃为城父侯。冀一门前后七封侯，三皇后，六贵人，二大将军，夫人、女食邑称君者七人，尚公主者三人，其余卿、将、尹、校五十七人。在位二十余年，穷极满盛，威行内外，百僚侧目，莫敢违命，天子恭己而不得有所亲豫。

帝既不平之。延熹元年，太史令陈授因小黄门徐璜，陈灾异日食之变，咎在大将军，冀闻之，讽洛阳令收考授，死于狱。帝由此发怒。

初，掖庭人邓香妻宣生女猛，香卒，宣更适梁纪。梁纪者，冀妻寿之舅也。寿引进猛入掖庭，见幸，为贵人，冀因欲认猛为其女以自固，乃易猛姓为梁。时猛姊婿邴尊为议郎，冀恐尊沮败宣意，乃结刺客于偃城，刺杀尊，而又欲杀宣。宣家在延熹里，与中常侍袁赦相比，冀使刺客登赦屋，欲入宣家。赦觉之，鸣鼓会众以告宣。宣驰入以白帝，帝大怒，遂与中常侍单超、具瑗、唐衡、左悺、徐璜等五人成谋诛冀。语在《宦者传》。

冀心疑超等，乃使中黄门张恽入省宿，以防其变。具瑗敕吏收恽，以辄从外入，欲图不轨。帝因是御前殿，召诸尚书入，发其事，使尚书令尹勋持节勒丞郎以下皆操兵守省阁，敛诸符节送省中。使黄门令具瑗将左右厩驺、虎贲、羽林、都候剑戟士，合千余人，与司隶校尉张彪共围冀第。使光禄勋袁盱持节收冀大将军印绶，徙封比景都乡侯。冀及妻寿即日皆自杀。悉收子河南尹胤、叔父屯骑校尉让，及亲从卫尉淑、越骑校尉忠、长水校尉戟等，诸梁及孙氏中外宗亲送诏狱，无长少皆弃市。不疑、蒙先卒。其他所连及公卿、列校、刺史、二千石死者数十人，故吏宾客免黜者三百余人，朝廷为空，惟尹勋、袁盱及廷尉邯郸义在焉。是时事卒从中发，使者交驰，公卿失其度，官府市里鼎沸，数日乃定，百姓莫不称庆。

收冀财货，县官斥卖，合三十余万万，以充王府，用减天下税租之半。散其苑囿，以业穷民。录诛冀功者，封尚书令尹勋以下数十人。

选自《后汉书》卷三十四《梁冀传》

【注释】

①晲眄（tǎng miǎn）：眼睛直视的样子。

②邑君：封地为邑的受封女子称邑君。

③椒房之重：椒房为汉代殿名，在未央宫内，为皇后所居。这里代指外戚，椒房之重即外戚的重要身份和地位。

④悬车之礼：西汉时御史大夫薛广德主动辞去官职，皇帝赐给他安车驷马。薛广德就将安车悬挂起来传给子孙。

【译文】

梁冀，字伯卓。长着老鹰一样的肩，豺一样的眼睛，目光精亮并且经常直视别人。他说话含混不清，擅长书写和计算。年轻时作为贵戚，四处游荡，放荡不羁。他生性嗜酒，会拉强弓、弹棋、格五、六博、蹴鞠、意钱等游戏，又好胳膊上架着鹰，纵狗打猎，还喜欢骑马、斗鸡。初仕为黄门侍郎，后转为侍中，虎贲中郎将，兼任越骑、步兵校尉以及执金吾等职。

永和元年（136），梁冀官拜河南尹。他为官残暴恣意，做了许多违法乱政之事。梁冀父亲梁商的亲信吕放时为洛阳令，常跟梁商谈起梁冀的缺点，梁商因此责备梁冀，梁冀就派人在路上刺杀了吕放。但是，他又怕梁商得知是他干的，就把凶手的嫌疑推到吕放的仇人身上，并请求让吕放之弟吕禹当洛阳令，还派人捉拿吕放的仇人，杀死吕放仇人的宗亲、门客一百多人。

后来梁商去世还没下葬，顺帝就拜梁冀为大将军，他的弟弟侍中梁不疑被任命为河南尹。

顺帝驾崩后，而冲帝还在襁褓之中，就由太后主持朝政。太后下令让梁冀和太傅赵峻、太尉李固一起参与总领尚书省事务。梁冀虽然推辞不肯受任，却更加奢侈残暴。

汉冲帝不久也驾崩，梁冀扶持立了汉质帝。质帝虽然年少，但很聪慧。他知道梁冀骄横，一次在朝见群臣的时候，看着梁冀说：“这是一个专横跋扈的将军。”梁冀听到这样说，心里非常厌恶，竟然命令手下将毒酒放进煮饼里给汉质帝送去，汉质帝当天就中毒死去。

梁冀又立了桓帝，并冤杀李固和前太尉杜乔，天下百姓唯有叹息和恐惧，这些事在《李固传》里都有记载。建和元年(147)，又给梁冀的封邑增加了一万三千户，并且增加了大将军府举荐高第和秀才的权力，大将军府官属人员比三公府还要多出一倍。后来，又封梁不疑为颍阳侯，梁不疑的弟弟梁蒙为西平侯，梁冀的儿子梁胤为襄邑侯，这几人的封邑都为一万户。和平元年（150），又新给梁冀增加一万户的封邑，这样，加上以前承袭的封邑，梁冀的封邑一共达到三万户。

弘农人宰宣为人一向奸邪谄媚，想要得到梁冀的宠信，就上书说大将军有周公那样的功德，现在已经给他的儿子们都封了爵，那么他的妻子也应该封为邑君。朝廷于是下诏封梁冀之妻孙寿为襄城君，兼收阳翟县（今河南禹县）的租税，一年可入五千万石，还赐给她红色的蔽膝，待遇和长公主一样。孙寿容貌漂亮而且善于做出各种妖媚的姿态，作愁眉，啼妆，堕马髻，折腰步、龋齿笑等媚态，以此来媚惑人。梁冀也改变车舆、服饰的定制，制作了带帷幕的平顶车，很低的头巾，窄狭的帽子，折头巾上角，怀抱遮身大扇，后摆拖地如狐尾的单衣。孙寿为人凶狠嫉妒，能够控制驾驭梁冀，梁冀对他非常宠爱但又很怕她。

当初，梁冀父亲梁商把美人友通期献给汉顺帝，友通期犯了小过错，顺帝就把她还给梁商，梁商不敢留她，就把她嫁出去了。梁冀知道以后，马上派门客把友通期偷回来。等到梁商去世，梁冀还在服丧期间，就私下里在城西给友通期置办住处，并与之同居。而孙寿趁梁冀外出的时候，率领很多家奴，把友通期抓回，剪断她的头发，刮破她的脸，用鞭子鞭打她，还准备上书皇帝告发梁冀的丑事。梁冀非常惊恐，向孙寿的母亲磕头请求，迫于家长的压力，孙寿最终不得不罢息此事。梁冀后来又与友通期私通，生了个儿子叫伯玉，藏起来不敢外露。孙寿不久就知道了这件事，让儿子梁胤杀死了友通期，梁冀害怕孙寿加害伯玉，常把他藏在夹壁墙中。梁冀喜爱一个叫秦宫的监奴，他官至太仓令，可以出入孙寿居处。孙寿见到秦宫，就屏退左右伺候之人，借口有事要谈，却趁机与秦宫私通。秦宫内外受宠，威望和权力大增，刺史、太守上任前都来拜见他，和他交往。

梁冀接受孙寿的建议，多排斥在任的梁氏子弟，在外人看来是谦让避亲，这种做法实际上却是提拔孙氏的宗亲。有十几人假冒梁姓而当上侍中、卿、校尉、郡守、长吏的，大多数都是贪婪凶恶，派自己的门客把自己属下县中的富人登录在册，安上各种罪名，把他们关在监狱中拷打，让他们出钱赎身，有的因为给钱财少以至于被打死，或被流放。扶风人士孙奋虽然富有但生性吝啬，梁冀于是先把马车放他那里，然后从他那里借款五千万，而士孙奋仅给他三千万，梁冀大怒，于是告发到郡县官员那里，指认士孙奋的母亲是他家看守府库的婢女，说她偷了十斛白珠，一千斤紫金后逃跑，于是士孙奋及兄弟都被逮捕拷打，死在牢中，他们的家财一亿七千多万全被没收。

那些从全国各地征调来的物品，以及每年按时进贡来的东西，都要先把最好的送到梁冀家，皇帝却送其次的。送物求官职和求免罪的，道路上随处可见。梁冀又派门客到塞外，与外国交往，广泛求取珍奇物品。所过之处，遍寻歌舞女伎和仆人，而后再派人仗势强行捕捉，强抢他人妻女作为自己的妻妾，殴打官吏士卒，为所欲为，当地的人们都怨恨他们。

梁冀于是大规模修建屋舍，而孙寿也在街对面建造宅第，大兴土木，无人能比，两人还互相夸耀、攀比。正堂、寝室都有背阴、向阳的内室，房间相连，门户相通。房柱、墙壁都雕饰镂刻，镶铜涂漆；窗户雕刻上绮纹并用青色的琐纹修饰，配上云气和仙灵的图案。台阁之间环绕相通，彼此可以相望；河上架飞桥铺石阶，凌空跨越水道。库房里放满了金玉珠宝，以及异域的奇珍异品。还从很远的地方求得汗血宝马。又广建园囿，堆土成山，十里之内修成九个山坡，模仿崤山分东西两山的样子，密林深涧，就像天然的一样，奇禽驯兽游走其间。梁冀和孙寿一同乘坐辇车，张开羽毛做的车盖，用金银装饰，在园囿中游玩观赏，众多艺人跟在后面，敲钟吹奏，一路尽情欢唱。有时一连几个昼夜不断，尽情娱乐。有客到梁冀家却得不到通报，只能请求并送礼给守门人，连梁家看门的人都积攒了千金资财。梁冀又命人进一步开拓林苑，实行皇族苑林同样的禁令，西到弘农，东至荥阳，南到鲁阳，北达黄河、淇水，内含山岭湖泽，并有丘陵荒坡，领地辗转回绕，方圆将近千里。又在河南岸城西边修建菟苑，绵延数十里，调发属县的士卒徒役，整修楼宇观阙，历经多年才最后竣工。建成后梁冀向所在县里发公文，调运活兔，在兔毛上刻上标记以便识别，如有人犯禁伤害了兔子，最高会处以死刑。曾经有一位西域商人，不知道禁令，误杀了一只兔子，并转告诉了他人，以至于后来有十几人受牵连被处死。梁冀的二弟曾私自派人到上党打猎，梁冀听说后抓捕他二弟的宾客，一次就杀死三十多人，无一生还。梁冀又在城西另建宅第，用来收留奸邪亡命之徒。有时把无辜的老百姓抢来，都让他们做奴婢，多达几千人，还称他们为“自卖人”。

元嘉元年（151），桓帝认为梁冀有辅佐登基的功劳，想用一种特殊的典礼来尊崇他，于是就召集公卿，共同商议具体的礼制。这样就有相关官员上奏梁冀上朝时可以不用快走，可以佩剑穿靴上殿，觐见称说时不必自报姓名，这样就赶上高祖对待萧何的礼仪了；把定陶、成阳剩余民户全部封给梁冀，让他的封县增至四个，与邓禹相当；赏赐金钱、奴婢、彩色丝织品、车马、衣服、最好的宅第，与霍光相同；以此与其他功臣区别。每次朝会，梁冀与三公分席就座。他可以十天入朝一次，处理尚书省事务。并把这些特殊待遇公布天下，为万世沿袭。但梁冀却还觉得有关官员所奏请礼制不够厚重，心里很不高兴。他独掌大权，擅自行事，凶狠恣肆日甚一日，政事无论大小，都要由他决断。宫中的守卫及皇帝身边的侍从，都由他亲自安排。而皇宫中饮食起居等一切生活状况，无论大小他都知道。百官升迁、被召见，都要先到梁冀府上投书谢恩，然后才敢去拜见尚书。下邳人吴树任宛县令，上任前到梁府辞行，梁冀的宾客都在宛县，梁冀以私情嘱托吴树关照，吴树回答到："小人奸邪败坏，就是百姓都可杀他们。英明的将军以皇亲贵戚的尊贵显位，又身处上将重职，本应该举荐贤能良官，以补朝廷的不足。宛县是个大都邑，是士人聚集之地，从我来辞行到现在，没听您称颂一位有德行的人，而所托付的大多是小人，我实在不敢听到这些！"梁冀听了不高兴也没说什么。吴树到宛县任职后，就将梁冀的门客中为非作歹的杀了几十个，梁冀由此更恨他。后来吴树又出任荆州刺史，临行前又去向梁冀告辞，梁冀为他设酒席送行，趁机在酒菜中下毒，吴树在回来的路上死在车里。另有辽东太守侯猛，最初授任时没去拜见梁冀，梁冀便以其他的事为借口，把侯猛腰斩处死。

当时有个汝南人郎中袁著，年仅十九岁，看到梁冀凶残恣肆，非常气愤，于是到朝廷上书说："我听说孔子曾叹息凤凰不来，黄河不出图，为自身卑下低贱，不能招致这些祥瑞而哀伤。现在陛下有能使凤凰来、河出图的地位和能力，但祥和之气却没有出现，这是因为贤才愚人颠倒次序，专权大臣占去了您的权力和势力，君臣上下的沟通被阻隔。按照四季运转的规律，功成后就应该退下，高高的爵位和过度的宠幸，很少有不招致灾祸的。如今大将军地位已到顶端，功成名就，就应该深深自戒，遵循薛广德高悬安车的礼制，辞官回家，高枕养神。《传》上说：'树上果实过于繁盛的话，就会折断树枝伤害自身。'若现在不压制减损梁冀的权势，恐怕以后都无法保全他的性命了。陛下左右侍臣听到我的话，将会对我侧目怒视，咬牙切齿，但臣年纪轻轻就被提拔重用，因此敢违忌直言。从前舜、禹相互告诫不要像丹朱那样，周公告诫成王不要像殷纣王那样，今天也希望陛下撤销诽谤的罪名，以让天下百姓敢于开口说话。"奏书得以进呈皇帝，但梁冀听说后秘密派人抓捕袁著。袁著于是改名换姓，后来又装病假死，扎蒲草为草人，购买棺材出殡下葬。梁冀经过查访知道了他的骗局，就暗中派人抓来袁著，把他鞭打至死，并将此事隐瞒。桂阳学生刘常，是当时的著名儒生，平素与袁著的关系很好，梁冀就召他补任令史一职来羞辱他。当时太原的郝絜、胡武，都喜欢高谈阔论，他们也与袁著关系很好。之前郝絜等人曾联名给三府上奏记推荐海内有高才之人，但没去拜见梁冀，加上这次袁著的事梁冀更是愤怒，怀疑他们都是袁著的同党，就命令中都官发檄文抓捕先前上奏记的人，并处死他们，结果胡武全家被诛杀，死了六十多人。郝絜起初是跑掉了，但知道脱不了一死，于是用车拉着棺材到梁冀府投书。书信拿进去之后，郝絜就服毒而死，这样他的全家才得以幸免于难。后来到梁冀被杀后，皇帝才下诏按礼制祭祀袁著等人。回看梁冀种种残忍疑忌的表现，都与这些类似。

梁不疑爱好经书，并且善待士人，梁冀暗地里妒恨他，就通过中常侍向桓帝进言，把梁不疑转为光禄勋。他又暗示众人一起推荐梁不疑之子梁胤为河南尹。梁胤又名胡狗，当时仅十六岁，长相很难看，衣帽都穿不得体，路上见到他的人没有不嘲笑他的。梁不疑为自己兄弟之间有矛盾感到耻辱，于是辞官回家，和弟弟梁蒙在家闭门自守。梁冀不想让他和宾客们来往，就私下派人乔装守在梁不疑门前，记录与他来往之人。南郡太守马融、江夏太守田明，初任太守时，路过梁不疑处就去拜见，结果梁冀便暗示州郡官员拿别的事陷害他们，结果都受到剃发、鞭打之刑，然后发配到北地。后来马融自杀未遂，田明则死在路上。

永兴二年（154），桓帝封梁不疑之子梁马为颍阴侯，梁胤之子梁桃为城父侯。梁冀一家先后有七人封侯，出了三位皇后、六位贵人、两位大将军，夫人、子女有食邑称君的有七人，娶公主的有三人，其他做卿、将、尹、校的有五十七人。梁冀在位二十余年，权势达到了极点，威权横行朝廷内外，百官都不敢正视，没有谁敢违抗他的命令，天子恭敬谦让而不能亲自主持政事。

桓帝早就对他愤愤不平。延熹元年（158），太史令陈授通过小黄门徐璜，向桓帝陈言灾祸、日食的异常，并归咎于大将军，梁冀听说后，暗示洛阳令逮捕、拷打陈授，陈授最终死在狱中。桓帝因此发怒。

当初，掖庭人邓香之妻宣生了个女儿叫邓猛，邓香死后，宣改嫁给梁纪。梁纪是梁冀之妻孙寿的舅舅。孙寿带邓猛进入掖庭，受到桓帝宠幸，被封为贵人，梁冀于是想认邓猛为自己的女儿以巩固自己的地位，就把邓猛的姓改为梁。当时邓猛的姐夫邴尊是议郎，梁冀怕邴尊动摇宣的意见不同意改姓，就勾结偃城（今湖北襄阳县北）的刺客，让他们刺杀邴尊，而后又想杀宣。宣家在延熹里，与中常侍袁赦是邻居。梁冀派刺客爬上袁赦的屋顶，想由此进入宣家。袁赦察觉了，就敲鼓召集众人，让宣知道。宣快马进宫将此事报告桓帝，桓帝大怒，于是与中常侍单超、具瑗、唐衡、左悺、徐璜等五人谋划诛杀梁冀。详细的记载在《宦者传》中。

梁冀心里怀疑单超等人，便派中黄门张恽入宫宿卫，以防出现变故。具瑗命令属隶逮捕了张恽，借口是他擅入宫禁，想要图谋不轨。桓帝因此亲临前殿，召集各位尚书进殿开始实施计划，派尚书令尹勋持符节令丞郎以下官员都操兵器守住宫门，并把各种符节收缴上来，送入宫中。派黄门令具瑗率领左右厩驺、虎贲、羽林、都候剑戟士，共一千多人，与司隶校尉张彪一起包围梁冀府第。又派光禄勋袁盱持符节收回梁冀的大将军印绶，降封他为比景都乡侯。梁冀与妻子孙寿当天双双自杀。梁冀之子河南尹梁胤，叔父屯骑校尉梁让，以及他的亲戚卫尉梁淑、越骑校尉梁忠、长水校尉梁戟等全被逮捕，各梁姓及孙姓内外宗亲都被送入牢狱，无论老幼全部处死，梁不疑、梁蒙在此之前就已经死了。其他受牵连被处死的公卿、列校、刺史、太守有几十人，梁冀过去的属官和宾客被罢职免官的有三百多人，经此一事朝廷几乎没有了官员，只有尹勋、袁盱及廷尉邯郸义还在任。当时事件是突然在宫中发动，使者往来奔跑通报，公卿们都失了分寸，官府和市井就像炸了锅一样，很多天以后才安定下来，百姓没有不称赞和庆祝的。

没收梁冀财物，然后由官府变卖，价值有三十多亿，用来充实国库，因此而减免了天下百姓的一半租税。拆除梁冀的苑囿，让穷苦百姓用来生产。记录统计诛除梁冀有功的人，封赏了尚书令尹勋官职以下几十人。

【评述】

东汉后期，皇帝很多都是未成年的孩子，以致造成宦官和外戚轮流专权的局面。梁冀就是外戚专权的代表。梁冀作为皇亲贵戚，从小就过着纨绔子弟的奢华生活，嗜饮酒，爱女色，好赌博，擅长各种斗鸡走狗、骋马射箭的娱乐游戏。就是这样一个纨绔子弟，在其父梁商死后，竟然一跃成为大将军。顺帝死后，他先后立冲、质、桓三帝，在朝廷里横行二十几年，专断朝政近二十年。执政期间，骄奢横暴，穷奢极欲，为所欲为达到了极点，人称“跋扈将军”。所建苑方圆近千里，强迫数千人为奴婢。有一个人，因为误杀了梁家兔园里的一只兔子，结果“坐死者十余人”。正直大臣李固、杜乔等人多次弹劾梁冀，但他们最后都被梁冀杀害了。朝廷内外所有官吏无不畏惧，无不俯首听命，甚至连皇帝也不能过问任何政事。这二十多年是东汉外戚掌权的鼎盛时期，也是梁冀及其家族的“黄金时代”，一门七封侯，三个皇后，两个大将军……后来抄家所得银钱竟多达三十多亿，为当时国家税收的一半；受牵连被清除、查办的官员有三百多人，以至于朝廷内外一时为空。有他这样的大蠹虫，国家这个庞大机器是否还能正常运转就可想而知了。

梁冀这些罪行，确实是令人发指，然而，盛极而衰，自古已然。梁冀飞扬跋扈到了极点，也离灭亡的日子不远了。一朝被扳倒，马上就面临着自杀、抄家、内外宗亲弃市的命运。在他飞扬跋扈的时候，他应该是不会想到有这样的下场的。从这个角度看，他的权势是到了极点，但他何其不是愚蠢到了极点！贪欲，最后断送的往往是性命，应为世人所警！

（徐云平注译、评述）